HISTORIA IRREVERENTE DEL ARTE

Alberto Garín

HISTORIA IRREVERENTE DEL ARTE

De la caída del Imperio romano
de Occidente al final de la Edad Media

la esfera ✠ de los libros

Primera edición: julio de 2025

© Alberto Garín García, 2023, 2025
© La Esfera de los Libros, S. L., 2023, 2025
Avenida de San Luis, 25
28033 Madrid
Tel.: 91 443 50 00
www.esferalibros.com

ISBN: 978-84-1094-110-6
Depósito legal: M.11.027-2025
Composición: Versal CD, S. L.
Impresión y encuadernación: Cofás
Impreso en España–*Printed in Spain*

Índice

Para Gabriel.

Prólogo
UNA HISTORIA
MUY DIFERENTE DEL ARTE

Por Fernando Díaz Villanueva

Las artes, cualquiera de las seis que componen la taxonomía canónica, se llevan mal con la teoría. A pesar de ello, hay una ingente bibliografía sobre el tema e infinidad de libros que clasifican estilos, periodos y escuelas. Si sobresale un fleco crean de la nada un nuevo estilo y asunto arreglado. Muchos académicos, en su afán por ordenarlo todo desde el presente, ven el arte como una sucesión de compartimentos estancos en los que colocan con esmero a los artistas y a sus obras. Desde ahí va descendiendo todo por los distintos niveles educativos hasta terminar en los guías turísticos y las conversaciones informales. El gótico es luminoso y elevado, no puede ser otra cosa, el románico es oscuro, el tenebrismo es sinónimo de Caravaggio y los arcos de herradura un componente inevitable de la arquitectura andalusí.

No, esto no funciona así y esa es la razón por la que nos dormimos en las clases de historia del arte, y por la que solemos desconectar en una visita turística cuando el guía desgrana una a una y con parsimonia las características formales de un monumento. La pintura, la escultura o la música son actividades prácticas. Un músico se sienta delante del piano e interpreta una pieza, a veces desde cero componiéndola él mismo. Un pintor hace lo propio frente a un lienzo, un escultor frente a un bloque de mármol y un novelista frente a una página en blanco. En todos los casos casi siempre lo hacen por encargo. Los artistas son seres humanos de carne y hueso con las necesidades propias de cualquier ser humano. Necesitan comer, vestirse y guarecerse. Tratan de hacer las tres cosas de la mejor manera posible, como cualquiera de nosotros. No suelen ser artistas a tiempo completo. Se dedican también a otros afanes, a veces incluso sucede que se tienen por una cosa y resultan ser otra.

Antonio Vivaldi, por ejemplo, era sacerdote, pero la mayor parte de su vida la dedicó a impartir clases de violín y componer piezas para el Hospital de la Piedad, un hospicio veneciano que acogía a niños abandonados. Giotto llevó una vida muy tranquila con su mujer y su numerosa prole mientras atendía los encargos que le iban llegando. Se ganaba la vida honradamente pintando y esculpiendo en el estilo que esperaban sus clientes. Vivía en el lugar adecuado, la Florencia del siglo XIV, una ciudad próspera en la que la demanda de objetos artísticos era muy alta. Eso le dio bienestar económico y, como trabajó mucho y bien, sus obras han llegado hasta nosotros. En ocasiones a los artistas les gusta figurar y ser reconocidos. Lanfranco, un arquitecto lombardo del siglo XI, se preocupó de aparecer en una serie de miniaturas en las que dirigía las obras de la catedral de Módena. En otra de las miniaturas se le puede ver junto al Papa, el obispo y Matilde de Canossa, la margravina de Toscana. El maestro Mateo se encargó de inmortalizarse a sí mismo en la columna del parteluz del pórtico de la gloria de la catedral de Santiago de Compostela. Esta dimensión humana rara vez se observa. El artista ha de inscribirse en una época como si fuese un autómata que hace lo que le toca hacer. Pero no, no es así por más que se empeñen los teóricos, que confunden una actividad humana con una enciclopedia en la que todo tiene que caber dentro de la clasificación.

No hay diferencia entre artista y artesano. Se trata de simples seres humanos con un don específico para las actividades que hemos convenido en llamar arte. De ahí que se asigne esa condición también a los fotógrafos, los actores, los directores de cine o, más recientemente, a quienes diseñan videojuegos y páginas web. No son nada especial, tan solo gente con una habilidad especial para crear objetos, imágenes, textos o edificios. En el denominado arte contemporáneo ni siquiera hace falta una habilidad especial en tanto que un niño de seis años garabateando una cuartilla es indistinguible de un pintor de los llamados abstractos. Pero en nuestro tiempo existe un mercado del arte que valora esos garabatos, luego ciertos autores que los perpetran pueden vivir de ello, a veces muy bien. Visto de este modo, un artista es esencialmente un artesano a quien le toca vivir una época concreta exponiéndose a las condiciones del mercado del arte que se dan en ese momento.

En los libros de historia del arte sus autores crean primero los compartimentos a los que me refería antes y luego van rellenándolos de obras y autores. Cada compartimento obedece a unas pautas de las que no se puede salir. Lo llenan todo de «ismos» con su retahíla de rasgos distintivos. Eso convierte a la historia del arte en un vía crucis para los genuinos aficionados a la historia. Yo, por ejemplo, la aborrecía en mis años de estudiante universitario. Tenía a esta asignatura como una colección interminable de diapositivas que había que aprender de memoria, fichas con la fotografía, el nombre de la obra, el autor, el año, el estilo y las características. Para los memoriones y opositores es la mejor de las noticias, tan solo tienen que memorizarlo todo y repetirlo punto por punto en el examen. Si llegan a profesores someterán a idéntica tortura a sus alumnos. En el camino nada habrán entendido, pero la asignatura historia del arte no suele ir de eso, sino de aprender los estilos y los autores como si fuesen los artículos del código civil. Si algo tenía claro ya entonces era que no estudiaba historia para memorizar nombres, fechas y categorías, sino para entender lo que hicieron nuestros ancestros y por qué lo hicieron. Dejé entonces de prestar atención a la historia del arte y, aunque soy aficionado a visitar museos y todo tipo de monumentos, procuraba siempre mirar primero y leer después.

En esas estaba yo cuando conocí hace unos años a Alberto Garín. Fue una epifanía por partida doble. Primero en el aspecto personal, ya que nos hicimos amigos en el acto, fue lo nuestro una amistad instantánea como esas fotografías de las antiguas Polaroid. Segundo, porque Alberto y yo, que somos casi de la misma edad, estudiamos la misma carrera en la misma universidad, la Autónoma de Madrid. Yo me decanté por la historia contemporánea y luego me dediqué al periodismo. Alberto se especializó en historia del arte, se doctoró en arquitectura y se convirtió en un arqueólogo prestigioso. Eso le llevó por medio mundo, pero Alberto no es un viajero accidental, es un observador nato.

La ciencia, cualquier ciencia, nace de la observación. Alberto no mira una iglesia tratando de adivinar el estilo para que encaje en la casilla que le corresponde, la observa y empieza a hacerse preguntas. La principal tarea del historiador no es memorizar, es plantear las preguntas adecuadas. ¿Por qué está ahí?, ¿cuándo se hizo y qué proceso constructivo tuvo?, ¿cómo organizaron el espacio los distintos arquitectos que, a lo largo de un periodo seguramente muy largo, intervinieron en ella?, ¿qué relación tiene esa iglesia con los edificios circundantes?, ¿qué elementos arquitectónicos se fueron empleando y, lo más importante de todo, por qué los emplearon sus autores?

Tras más de media vida observando y haciéndose preguntas ha llegado a tener una idea muy completa del hecho artístico y de su evolución a lo largo de la historia. Para ello ha necesitado incorporar elementos traídos de otros ámbitos como la política, la economía, la geografía, la ingeniería e incluso la psicología. Los hombres del siglo XII no eran diferentes a nosotros, les movían las mismas pasiones y urgencias; de lo que no disponían era de la inmensa variedad de materiales e información que tenemos ahora, pero en todo lo demás actuaban como lo haríamos en nuestra época. Mirar así el arte es hacerlo de un modo irreverente, de ahí el título de este libro. No es el primero de Alberto, pero si al que más tiempo y devoción le ha dedicado. De ello puedo dar fe, porque lo que tiene entre las manos no es fruto de unos meses de estudio, sino de toda una vida reuniendo ejemplos, acumulando conocimientos y estableciendo relaciones. Había tanto material que a Alberto no le quedó otra que delimitar un periodo y condensar lo mucho que quería contar.

La brevedad y la concisión son dos virtudes que se dan cita en esta obra. Hay, eso sí, que sumar a estas dos una erudición propia de un sabio de la antigüedad y una serie de tesis originales que provocan un centelleo inmediato en las neuronas. Da comienzo con el fin del imperio romano de occidente y termina con la eclosión del llamado renacimiento. Un recorrido largo, de unos mil años, en los que Europa y sus expresiones artísticas fueron adoptando diferentes formas y rumbos inesperados. Recorrerlos de la mano de Alberto Garín es un lujo que hasta hace no mucho tiempo era un privilegio del que disfrutábamos sus amigos y alumnos, ahora, gracias su programa Sierra de Historias en YouTube, a *La ContraHistoria* y al presente libro, está al alcance de todos. No le deseo que lo disfrute, sé que lo va a hacer.

Introducción

LOS RELATOS QUE NOS CUENTAN LAS OBRAS DE ARTE

En el antecoro y el coro alto de la Encarnación de Madrid, convento construido a comienzos del siglo XVII y que aún cuenta con una comunidad de monjas agustinas, hay una colección de arte católico, pinturas y esculturas, dedicadas a la pasión y muerte de Jesús. Parece un sitio apropiado, pues el coro alto era donde habitualmente las monjas seguían aquellas misas en las que no tomaban la comunión. Cuando habían de comulgar, bajaban al coro bajo y allí, a través de la cratícula, una ventanilla con rejas, el sacerdote les daba la hostia consagrada.

Estaba yo visitando la Encarnación y pensé que todas esas obras del coro alto, dedicadas al sacrificio que Jesús hizo por la salvación de todos los hombres, habían de ayudar a las monjas a interiorizar aún más la eucaristía, esa misa que seguían desde el coro, por aquello de que cada vez que se celebra la misa se está recordando una y otra vez ese sacrificio de Jesús. Y todo el sufrimiento, no solo de Jesús, sino también de los últimos que le acompañaron, sobre todo, su madre, la Virgen María, estaba hermosa y dolorosamente representado en aquellas obras de arte.

Pero la guía de la Encarnación que nos acompañaba se limitaba a repetir listados de estilos, algunas fechas y unos pocos autores, como si aquellos cuadros y esculturas estuvieran en una sala anodina, reunidos de forma casual y solo fueran dignos de ser tenidos en cuenta por responder a una determinada tipología.

Me pregunté entonces si era posible entender la obra de arte sin ser consciente del relato que encierra, aún más pronunciado por el lugar donde está colocada. No, no es posible.

En 1560, los superiores benedictinos de San Giorgio en Venecia encargaron la reconstrucción del refectorio de su convento al arquitecto Andrea Palladio. El convento de San Giorgio, situado en la isla del mismo nombre, ubicada frente a la plaza de San Marcos, era el principal cenobio de la ciudad, nacido prácticamente al mismo tiempo que la propia Venecia. Entre sus tesoros, los benedictinos guardaban unas reliquias de san Esteban, en cuya festividad las autoridades venecianas visitaban el convento y podían compartir mesa con los monjes. Es más, sabemos que Cosme I, el Viejo, el patriarca de la familia florentina de los Medici, durante su exilio en Venecia en 1433, se alojó en San Giorgio.

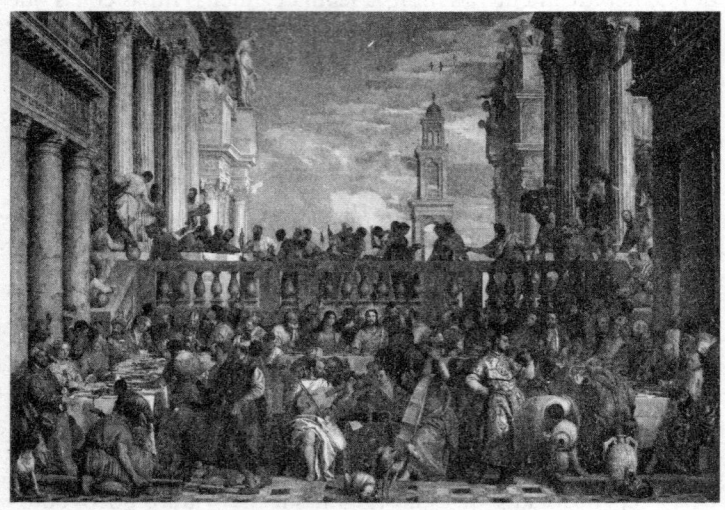

Las bodas de Caná, por El Veronés (1563). Dominio público.

El refectorio del convento no era, por tanto, solo el sitio donde los monjes se reunían a diario a comer. Podía ser uno de los lugares donde los benedictinos de la ciudad mostraban el prestigio de Venecia a sus visitantes.

De ahí que, aprovechando esa reforma encargada al arquitecto Palladio, solicitaron un cuadro de grandes dimensiones a Paolo Veronese, el Veronés, dedicado a las bodas de Caná, esa historia del Evangelio de san Juan donde se narra cómo Jesús convirtió el agua en vino, su primer milagro oficial.

Era habitual poner cuadros rememorando banquetes en los refectorios conventuales. Por lo general, una Última Cena. Pero la elección de las bodas de Caná permitía exhibir un banquete con un claro simbolismo religioso y a la vez un fuerte componente político.

Bien es cierto que en el centro del cuadro aparecen Jesús y María, especialmente iluminados, y en el lado derecho el maestresala de pie, vestido con un traje muy ornamentado, ve cómo sirven el vino sacado de las tinajas de agua. Es posible que los criados que preparan la comida en la galería superior estén sirviendo cordero, quizás una llamada al Cristo como cordero místico que habrá de sacrificarse por los hombres. Hasta aquí la simbología religiosa.

Porque el resto del cuadro es mucho más mundano. La escena se desarrolla en el patio interior de un palacio que con gusto habría firmado el propio Palladio. Entre los comensales se sientan los principales líderes cristianos y musulmanes del siglo XVI, desde Carlos V hasta Solimán el Magnífico. Todos reunidos en torno a la católica mesa de Venecia.

Cuando se pinta el cuadro, en 1562, el imperio veneciano se encuentra en plena lucha contra los otomanos. Pocos años después, en 1570, perderá una de sus joyas, Chipre. Pero en 1562, los venecianos aún se veían con fuerza. Los comensales que fueran invitados por los benedictinos en los momentos más destacados así habían de verlo. *Las bodas de Caná* del Veronés se convertían en una proclama del poder veneciano.

Por supuesto, es una proclama que se apoyaba en el buen hacer del Veronés, que supo crear esa perspectiva arquitectónica múltiple —las líneas no fugan todas hacia un único punto— que abría el espacio y le permitía acoger a todos los invitados. Además, fue repartiendo las luces —y las sombras— según quería realzar el protagonismo de los representados: los halos brillantes en torno a Jesús y María en el centro; el traje blanco con ornatos dorados del maestresala para marcar dónde se está produciendo el milagro; un nuevo foco de luz alrededor de los músicos, destacando el intérprete de viola con otro traje blanco, que es un autorretrato del propio Veronés, y luego nuevos manchurrones blancos —golpes de luz— a izquierda y derecha donde se sientan los grandes dignatarios, con una amplia paleta de colores en sus trajes para que queden bien identificados.

Pero todos estos rasgos técnicos, compositivos y estilísticos están al servicio del relato previo: el mensaje religioso del Jesús que inicia su evangelio en ese primer milagro oficial y que habrá de concluir con su propio sacrificio; y el relato político de la Venecia poderosa donde todos acuden a reconocer su prestigio.

Podemos construir una historia del arte basada en repertorios técnicos. Hablaremos de frescos y acuarelas, tablas o lienzos. Explicaremos la diferencia entre un alto y un bajorrelieve. Qué es un mampuesto y un sillar. Pero también la importancia de la clave de sol o la clave de fa.

Igualmente, podemos establecer una tipología estilística: románico, gótico, renacentista, manierista, barroco, rococó. Etiquetas que nos permitirán clasificar un largo listado de obras de arte.

Sin embargo, en este libro vamos a centrarnos en los relatos que los artistas quisieron comunicarnos a través de sus obras. Porque el arte es la habilidad de ciertas personas con una sensibilidad especial para contarnos historias de una forma bella.

En definitiva, lo que acabamos de ver con el Veronés, dando una lección de fe y alta diplomacia veneciana a través de una elegante representación de un banquete en un palacio clásico.

Por tanto, no va a ser una historia del arte al uso. No va a ser el listado de las que los expertos consideran las grandes obras del arte universal y que habitualmente aparecen en los manuales escolares. Ni va a ser un recetario de cómo distinguir el arte románico del gótico.

La historia del arte de este libro se centrará en la Europa occidental y el Mediterráneo desde el comienzo de la Edad Media, con la caída del Imperio romano de Occidente, hasta el siglo xv, con la caída del Imperio romano de Oriente.

Considero que la mejor forma de poder explicar una obra de arte es conociendo esa obra de arte. De ahí que la mayor parte de la producción artística que voy a explicar he tenido ocasión de visitarla o contemplarla en persona. Por supuesto, no conozco todas las obras de arte que se produjeron en Europa occidental entre el siglo v y el xv. De partida, porque la mayoría ya se perdieron. Pero la contemplación directa resulta clave. Pongo un ejemplo rápido. Los manuales tradicionales explican, simplificando mucho, que las iglesias románicas son oscuras y las góticas luminosas. No es así. En ambos casos, el espacio inferior por donde se mueve la feligresía, es oscuro. Luego ya, es posible ver más luz en las bóvedas de las iglesias góticas, en esa parte superior que simboliza el cielo. Lo llamativo es que hoy, para los turistas, las grandes catedrales, románicas o góticas, están bien iluminadas para favorecer el recorrido de los visitantes. De modo que hay que ir, lograr visitar el lugar sin esas luces eléctricas, tratar así de meterse en la piel del hombre medieval y solo entonces podemos entender el relato que contaban a través de esos templos: el espacio de los hombres, pecadores, es oscuro. El espacio divino, el cielo, las bóvedas, es brillante. Obviamente, para poder entender ese relato, yo lo acabo de contar aquí, pero es mejor si visitamos el lugar. Por eso, mi empeño en tratar de hablar, sobre todo, del arte que sí conozco.

¿Eso significa que corro el riesgo de olvidar un monumento, una escultura, un ejemplo de orfebrería o ebanistería que pudieron ser claves para terminar de explicar una creación artística dada sencillamente porque no la he visitado o no la he contemplado?

Pudiera ser. Quizás lo tenga presente gracias a la bibliografía. Pero quizás, incluso teniéndolo presente, no tenga conciencia de su valor real al no conocerlo. No es una cuestión baladí. El arte apela a nuestra emoción estética. Es algo que no solo hemos de saber que existe, sino, además, hemos de disfrutarlo. Salvo que seas músico profesional y puedas leer una partitura, para la mayoría de nosotros no supone lo mismo ver esa partitura que oírla cuando la interpretan. Lo mismo con el resto del arte. *Las bodas de Caná* del Veronés que explicaba antes impresionan aún más cuando las ves en directo y descubres que los personajes en primer plano están pintados a tamaño real. Es decir, que cuando los invitados de los benedictinos se sentaban a comer con los monjes de San Giorgio, se sentaban a la par de un Carlos V de tamaño natural.

Por tanto, en las siguientes páginas, vamos a tratar de explicar los relatos con los que los artistas que vivieron entre los siglos v y xv en Europa Occidental trataron de satisfacer las necesidades de arte de sus clientes.

Un mundo que parte de la caída del Imperio romano de Occidente, aquel que sentó las bases de la tradición clásica greco-latina, pero que también vio surgir el cristianismo.

Bien es cierto, y así tendremos ocasión de verlo, el Imperio romano, tal cual, no desapareció. Había de pervivir con su nueva capital en Constantinopla por mil años más. El llamado Imperio bizantino. Soy consciente de los problemas que lleva aparejado el término bizantino que los «bizantinistas» rechazan. Apelando a la economía del lenguaje, a pesar de todo, hablaremos de bizantinos.

Adelantemos un titular: es imposible explicar el arte entre los siglos vi y x —e incluso, hasta el xv— sin entender el peso de Constantinopla en esa creación artística. Constantinopla fue la capital de la creación artística y del mercado del arte de la Alta Edad Media. Prácticamente, no hay una iglesia, una iconografía religiosa o política, una indumentaria o una joyería de prestigio en la Europa occidental y el Mediterráneo entre los años 500 y 1000 que no sea un pálido reflejo de lo que se hacía en Constantinopla.

A partir del siglo xi y hasta el xv, la Europa occidental irá rompiendo sus ataduras con Bizancio y surgirán nuevos focos de creación artística en la cristiandad latina, encabezada por el papa de Roma.

De nuevo, otro titular: en esta Baja Edad Media, sin olvidar a Constantinopla, la larga relación de intercambios —pacíficos y violentos— con el islam va a marcar el mercado del arte. Por copia o por oposición. Los musulmanes de Occidente utilizarán el arco de herradura del mundo hispanogodo. Los cristianos, el arco ojival del Próximo Oriente. Los alminares islámicos serán el antecedente de las torres campanario, al contrario de lo que nos han contado habitualmente, si bien es posible que las monodias de los muecines subidos a esos alminares llamando a la oración les deban la solución musical a los primitivos cantos monásticos cristianos. El paulatino rechazo a la iconografía entre los musulmanes habrá de provocar la vuelta al realismo entre los cristianos —como siglos después, la iconoclasia entre los protestantes hará que los católicos aboguen por una iconografía aún más realista y expresiva—. Las indumentarias y los objetos de prestigio de Occidente ya no copiarán tanto las modas de Constantinopla, sino a las de los diferentes califatos.

Llegados al siglo xv, trataremos de mostrar los motivos políticos que impulsaron a Florencia a volver al arte clásico del Imperio romano. Lo que los florentinos pongan en marcha en torno a 1400 terminará por expandirse a partir de 1500 por toda la cristiandad occidental, así como por el Nuevo Mundo descubierto en 1492. Un largo siglo xv que además vio cómo caía Constantinopla en manos de los turcos en 1453, y cómo se ponía fin a los dos últimos sultanatos islámicos de Occidente herederos de los viejos califatos: el reino nazarí de Granada en 1492 y el sultanato mameluco de Egipto en 1517.

De esta forma, los grandes centros innovadores del arte medieval desaparecieron. Por ello, nos ha parecido oportuno detenernos ahí, antes de entrar en un mundo diferente a la hora de concebir el arte, un mundo donde no solo los centros de creación variaron —Constantinopla, Damasco o Granada cedieron el protagonismo a Florencia, Roma, Madrid o París—, sino que las condiciones del mercado del arte también cambiaron.

Los artistas medievales podían llegar a tener gran renombre si lograban el éxito entre sus clientes. No eran anónimos los que triunfaban. Vamos, tal como ocurre hoy. Tendremos ocasión de volver sobre ese supuesto anonimato en los capítulos por venir.

Sin embargo, el mercado del arte medieval tenía ciertas limitaciones. Fuera de objetos de lujo muy preciados, las distancias para el intercambio eran relativamente limitadas, no solo por la dificultad del transporte, sino por la inestabilidad de buena parte del mundo occidental. En el siglo XVIII, un artista italiano podría ofrecer sus servicios a los zares de Moscú. Pero diez siglos antes, Moscú no existía y para llegar a las orillas del río Moscova, ese italiano habría tenido que cruzar un montón de territorios peligrosos dominados por bandas nada amigables de lombardos, eslavos y magiares.

Otra característica importante en la que insistiremos mucho a lo largo de este libro es cómo se firmaban los contratos entre los artistas y sus clientes. En esencia, se basaban en la recomendación. Un artista solía ser contratado si era recomendado previamente. Era un sistema de boca a boca con claras limitaciones. Desde mediados del siglo XIV, cuando el modelo gremial se asiente —así como los contratos escritos en papel—, los artistas se apoyarán sobre estos nuevos sistemas para ampliar su campo de acción. Pero, sobre todo, cuando la imprenta se ponga en marcha a mediados del siglo XV y comiencen a multiplicarse los grabados de arte, el cambio será radical. Ya no resultará necesario que un maestro viaje desde Damasco a Córdoba para mostrar cómo hacer una mezquita. El grabado viaja más ligero y más rápido, y las novedades artísticas podrán así difundirse sin límites.

En definitiva, la historia del arte que se abre más allá del siglo xv puede resultar tan atractiva o más que la del mundo medieval que vamos a estudiar. Con lo que, quizás, estemos dejando la puerta abierta a futuros libros irreverentes sobre el Renacimiento, el Barroco o el arte contemporáneo. Pero, de momento, vamos a centrarnos y a disfrutar del arte medieval y, sobre todo, de los relatos que los artistas quisieron transmitirnos a través de sus obras.

Capítulo 1
EL ARTE DEL PODER ROMANO
EN EL ARTE COTIDIANO

¿Hay un punto de partida para el arte medieval? Si buscásemos una fecha concreta, la respuesta sería que no. Lo que vamos a ver es que existe un largo periodo de transición que comienza a finales del siglo III, en tiempos de Diocleciano, y concluye en el siglo VI, en tiempos de Justiniano; un periodo durante el cual en el Imperio romano surgieron nuevos relatos artísticos para legitimar a los emperadores, resaltar el prestigio de los pudientes y mostrar el éxito del cristianismo.

Podría parecer entonces que solo estamos centrándonos en el arte del poder, del poder político, el económico o el religioso. En efecto, así es. Si bien es cierto que en el más humilde rincón podía surgir un artista, alguien con capacidad para contarnos un relato de forma bella, el arte del poder tiene algunas ventajas que ayudan a su conservación: es donde hay mayor cantidad de recursos para demandar más arte; este arte no solo se crea por placer, sino también con el objetivo de impresionar a los contemporáneos, y como suele ser de mayor calidad, en cuanto a sus acabados, asegura su pervivencia por largo tiempo.

De modo que vamos a ver cómo ese arte del poder fue evolucionando desde finales del siglo III.

Bien es cierto que, si hablamos del arte del poder, de partida podríamos estar pensando en las grandes obras públicas. Para el siglo III, serían las termas o los teatros, mientras que en el siglo V ya serían las iglesias; de igual manera que para el siglo XVIII esperaríamos palacios reales y fortines, o para el siglo XX edificios de la administración pública y museos.

O quizás pensaríamos en cómo se hacían representar los emperadores a través de las estatuas que repartían por los foros de las grandes ciudades del imperio, o los retratos oficiales en los despachos públicos actuales.

Pero en ambos casos, el de los grandes edificios o el de los retratos oficiales, había que ir a buscar esa representación del poder. Había que ir a la terma, al teatro o al foro donde estaban las estatuas —u, hoy, a una oficina pública—. De modo que si el poder quería marcar a sus ciudadanos con su arte y los ciudadanos no acudían al foro o al teatro, el arte tenía que llegar hasta los ciudadanos, de una forma sencilla y cotidiana.

En realidad, la manera más cercana que desde la Antigüedad tenemos de entender cómo quiere el Estado que estéticamente lo veamos es a través de las formas de pago, en esencia, las monedas. Porque las monedas las llevamos con nosotros, las apreciamos y hasta las atesoramos.

¿Podemos entonces hacer una historia del arte fijándonos en objetos tan pequeños como una moneda —o, si pensáramos en el mundo contemporáneo, un billete o un sello postal—? En realidad, no solo podemos, sino que es necesario. Los medios de pago son el mejor soporte para difundir una determinada estética estatal y, sobre todo, para transmitir un mensaje fundamental del poder político.

El triunfo del cristianismo de mano en mano

Vamos a detenernos en dos ejemplos concretos: una moneda de finales del siglo III, de los tiempos de Diocleciano cuando aún el cristianismo era perseguido, y otra moneda, ya de comienzos del siglo v, cuando el cristianismo se ha convertido en la religión oficial del Imperio romano.

Comencemos con esta moneda de bronce.

Es un antoniano acuñado entre el 293 y el 295. En el anverso aparece el perfil del emperador Diocleciano. Su nombre está también grabado alrededor de su rostro: *Imp C C Diocletianus*. Diocleciano había tomado el poder en noviembre del 284, poniendo fin a medio siglo de guerras civiles. En el momento que se acuña la moneda que estamos viendo, había logrado frenar a los sármatas más allá del Danubio, había firmado la paz con los persas y había establecido un modelo de gobierno, la tetrarquía, que dividía todo el imperio entre cuatro gobernantes y parecía garantizar la estabilidad para los romanos. Todos estos éxitos quedan reflejados en el reverso de la moneda. Ahí vuelve a aparecer Diocleciano, de pie, a la izquierda, ataviado de militar y recibiendo una imagen de la Victoria alada de manos del mismísimo Júpiter, padre de los dioses, también de pie, desnudo, con una lanza o un cetro largo en una mano y la Victoria en la otra.

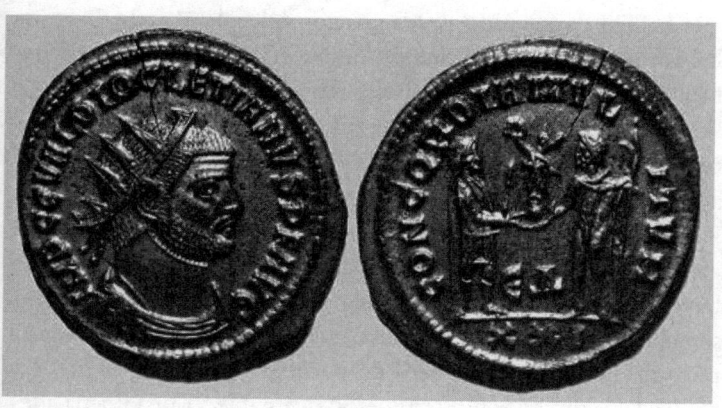

Antoniano, moneda del emperador Diocleciano (293-295).
Foto: Manuel Pina (*www.tesorillo.com*).

Es cierto que hoy solo los especialistas son capaces de distinguir las figuras de Júpiter o la Victoria alada. Pero a finales del siglo III, la mayoría de los romanos conocían esa iconografía —como nosotros hoy podemos reconocer la silueta de Marilyn Monroe o del Che Guevara—, que, además, no solo fue utilizada por Diocleciano, sino por todos los emperadores anteriores y algunos posteriores a él que querían cantar sus victorias, en un mensaje rápido y claro.

Por los bustos que se conservan de Diocleciano, sabemos que el perfil que figura en la moneda se parece mucho a los rostros de esos bustos. Es decir, sí había una intención de apegarse a la realidad. Quizás idealizando un tanto. Pero todo apunta a que era un hombre de frente fruncida y que solía llevar barba. Ese realismo choca con la representación de Júpiter. Fijémonos que el dios aparece con el rostro de perfil, pero con el cuerpo de frente, una postura incómoda, antinatural. Es cierto que esa postura ya es conocida desde el tiempo del Egipto faraónico, por lo que podemos pensar que, a finales del siglo III, el arte romano está dando pasos atrás, volviendo a esas etapas más primitivas, dejando a un lado todos los logros en la representación del cuerpo humano que habían conseguido ya los griegos del siglo V a. de C. y que habían llegado a Roma tiempo después. Pero sería un error hablar de un arte decadente en esta representación de Júpiter o de un Imperio romano que ya ha perdido su saber hacer. Si nos detenemos a observar con detalle la Columna de Trajano levantada a comienzos del siglo II d. de C. para celebrar la conquista de la Dacia por el propio Trajano una obra considerada como todo un ejemplo del arte romano más clásico, entre sus cientos de bajorrelieves narrando la campaña militar tenemos todo tipo de representaciones de la figura humana, incluida, numerosas veces, esta postura incómoda del rostro de perfil y el torso de frente. En realidad, los romanos no terminaron de establecer una forma adecuada de representar la tercera dimensión en una pintura o un relieve. Habría que esperar hasta comienzos del siglo XV, con Brunelleschi, para lograr esa captura veraz de la tercera dimensión. Tendremos ocasión de verlo. De ahí que el Júpiter de la moneda de Diocleciano no es un arte decadente, sino una de las fórmulas habituales que los romanos tenían de representar el cuerpo humano desde hacía siglos.

Si se optó por representarlo así, quizás fuera porque el grabador de la moneda quiso dejar claro los principales atributos del dios: su rostro barbado, más fácil de distinguir de perfil; su cuerpo desnudo de frente, mostrando tanto el torso como el sexo, para que no cupiera duda de a quién estaba representando. Es decir, sacrificó el realismo por el afán de ser didáctico. Quedémonos con esta idea que habrá de mantenerse a lo largo de todo el arte medieval: la clave era dejar muy claro lo que se estaba pintando, más allá de que el resultado fuera más o menos realista.

Este modelo de la efigie del emperador en una de las caras y el símbolo de la Victoria con Júpiter o, progresivamente, sin él, había de repetirse en cientos de monedas acuñadas a lo largo del siglo IV para una veintena larga de emperadores, hasta que, a finales de ese siglo, la divinidad pagana desaparece por completo.

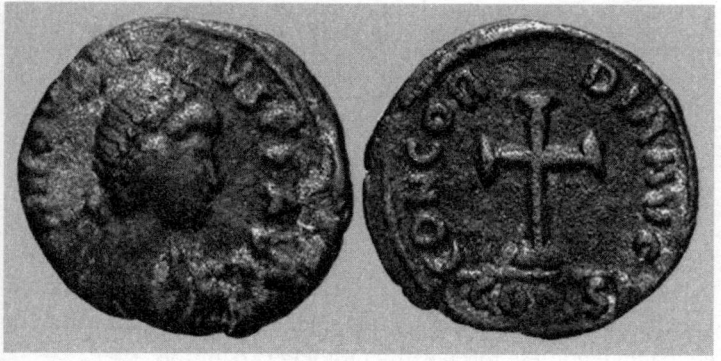

Moneda del emperador Honorio (404-406).
Foto: Manuel Pina (*www.tesorillo.com*).

Podemos verlo en este otro bronce, acuñado entre el 404 y el 406, pero en este caso del emperador Honorio, el hijo de Teodosio, que quedó gobernando la parte occidental del imperio. En el anverso, muy desgastado, aparece el perfil de Honorio y su nombre: *Honori VS*. En el reverso, una cruz cristiana.

Es cierto que tenemos otras muchas monedas de Honorio donde no aparece la cruz, sino representaciones antropomorfas de la ciudad de Roma o Constantinopla. O el mismo Honorio en compañía de su hermano Arcadio y su sobrino Teodosio II, emperadores en Oriente. Pero lo que ya no vamos a encontrar es a Júpiter.

No es de extrañar si recordamos que Constantino, sucesor de Diocleciano, había dado libertad de culto a los cristianos en el edicto de Milán del 313, en un proceso de fortalecimiento de la Iglesia cristiana que había culminado en el 392, cuando Teodosio I, padre de Honorio, en el edicto de Constantinopla de ese año prohibió los cultos paganos.

En las monedas de los emperadores posteriores a Teodosio ya no podía aparecer Júpiter.

El cambio no debió de ser sencillo. Para los tiempos de Constantino, se calcula que no más del 15 por ciento de la población romana era cristiana. Para los tiempos de Teodosio, casi todos los romanos se habían convertido, por fe o por obligación. Si entre las dos monedas que hemos visto colocásemos los otros cientos de monedas que se fueron acuñando a lo largo del siglo IV, podríamos ir viendo cómo los cultos paganos iban cediendo frente al auge del cristianismo. Pero para poder entender mejor ese tránsito, esa transformación estética y el relato que se fue fraguando a lo largo del siglo IV, vamos a cambiar de soporte artístico y vamos a detenernos en el mosaico de Aquiles de la villa romana de Olmeda, en Palencia, al norte de España, construida en ese siglo IV cuando se estaba viviendo ese fortalecimiento del cristianismo.

La historia resiste mejor a ras de suelo

Los mosaicos habían formado parte de la decoración de las viviendas romanas durante todo el imperio, pero fue a partir del siglo IV cuando su cantidad aumentó de forma notable —prácticamente, cada villa romana bajoimperial excavada por los arqueólogos cuenta con mosaicos.

La mayor parte de las veces presentan motivos geométricos o florales. Son auténticas alfombras en piedra. Es más, podemos preguntarnos si lo que ocurre en ese siglo IV no es, precisamente, una petrificación de las alfombras.

Pudo ser una moda, o una forma de establecer una decoración de larguísima duración. Las villas romanas tenían muchos otros elementos decorativos: las paredes pintadas, casi siempre con motivos geométricos, pero alguna vez también figurativos; además hay que pensar en cortinas, muebles, cerámicas de lujo, bustos y estatuas. Con todo, los mosaicos, por ese carácter de larga duración, estaban llamados a reflejar bien las tendencias artísticas de los dueños de las casas que los encargaron, unas tendencias aún más visibles en el momento que los mosaicos se disponían mayoritariamente en el suelo. En ese sentido, hemos de recordar la importancia que para la articulación de un espacio tiene todo aquello con lo que decoramos los suelos. Desde los diferentes tipos de baldosas que podemos encontrar en un templo indicando un área de procesión, a la alfombra mullida que ponemos en la sala de nuestra vivienda en aquel rincón que queremos que resulte más acogedor.

Entendiendo ese valor añadido que un mosaico —insistimos, verdaderas alfombras de piedra— daba a un espacio, es más fácil comprender el peso notable que un mosaico figurativo como el de Aquiles podía tener para los dueños de la villa de la Olmeda: era el mosaico más hermoso, en la habitación más importante —el *oecus*— y narrando un relato que para esa familia era verdaderamente significativo.

Este mosaico se encuentra dividido en dos partes. En la superior, se nos cuenta cuando Ulises, disfrazado de mercader, fue a buscar a Aquiles a la isla de Esciros. Aquiles vivía entre las mujeres vestido de mujer, pero cuando Ulises le presenta una espada y un escudo, Aquiles no puede evitar deshacerse de sus ropas femeninas y tomar las armas. Ese es el momento que vemos en el mosaico. Aquiles ha tomado el escudo, abrazado por las hijas del rey Licomedes de Esciros, que quieren evitar que se vaya a la guerra, mientras Ulises, a la derecha, disfrazado de mercader, observa el resultado de su artimaña. En el marco de motivos florales y geométricos que rodean la escena de Aquiles, vemos varios medallones con los rostros de nuevos personajes. Posiblemente, el dueño de la villa y su familia que se hicieron retratar junto a la que debía ser una de sus escenas mitológicas favoritas.

El mosaico tiene una segunda composición, debajo de la anterior, dedicada a la caza, con diferentes escenas donde se mezclan leones, antílopes, tigres, osos, jabalíes y perros con cazadores a pie o a caballo que atrapan a las fieras o son devorados por estas.

Al igual que la escena de Aquiles, aquí se está representando una cacería novelesca. No hay leones ni tigres en Palencia. Por lo que el dueño de la Olmeda volvió a pedir a los artistas una segunda composición literaria de su gusto y en absoluto un reflejo de la fauna local.

La cacería podría verse como un tema universal, ajeno a las vicisitudes religiosas. La historia de Aquiles ya queda en el límite entre la mitología clásica y la nueva religiosidad cristiana.

En realidad, estamos en lo que los especialistas han denominado el estilo costumbrista, una forma de hacer mosaicos propia del Bajo Imperio, de este siglo IV, donde las historias siguen teniendo una tradición clásica indudable, pero las divinidades van desapareciendo. Aún es posible encontrar al dios Baco en la villa de la Santa Cruz, en Baños de Valdearados (Burgos), villa contemporánea de la de la Olmeda. Pero lo normal es que la mitología

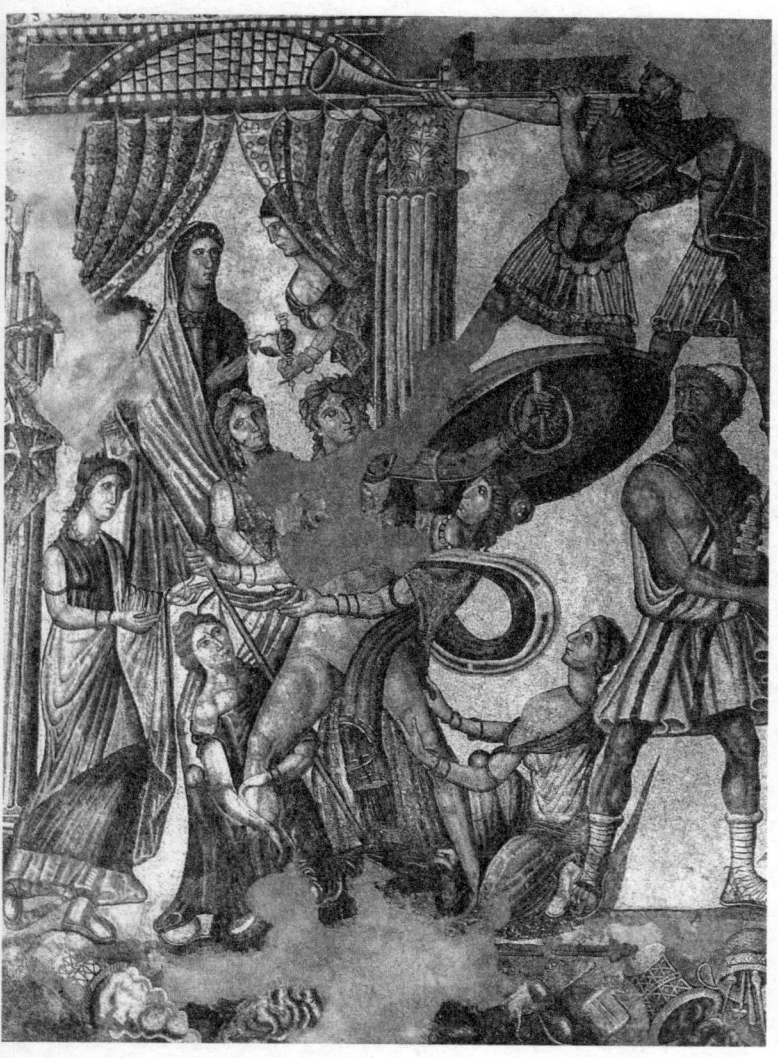

Detalle del mosaico de Aquiles de la villa de La Olmeda, Palencia (siglo IV).
Foto: Diputación de Palencia.

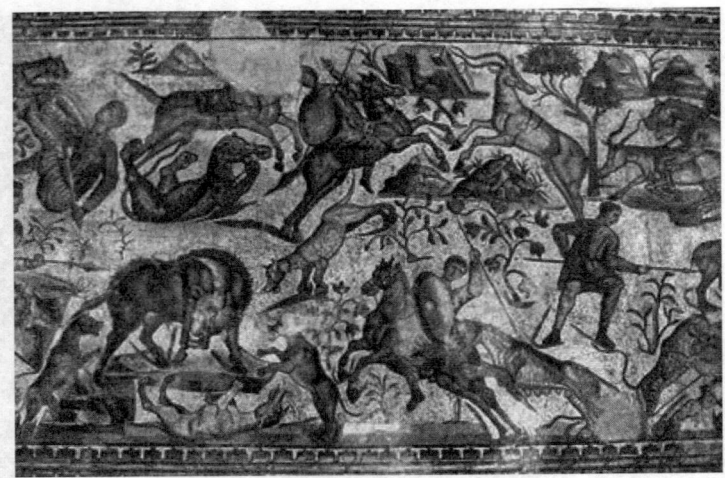

La cacería, detalle del mosaico de Aquiles de la villa de La Olmeda, Palencia (siglo IV). Foto: Diputación de Palencia.

pagana se vaya diluyendo, como en el caso del Pegaso de la villa de Puras-Almenara (Valladolid), también del siglo IV, donde encontramos un caballo sin alas que más parece el corcel preferido del dueño de la casa que el caballo mitológico.

Es decir, el peso de la cristianización se hacía sentir, posiblemente a la vez como camino de fe y de prestigio, pero también de presión política, de modo que los hispanorromanos que querían engalanar sus casas sin renunciar a sus tradiciones clásicas optaron por representaciones históricas, legendarias, costumbristas, pero se fue evitando el uso evidente de dioses paganos.

Una actitud prudente a juego con los tiempos. Hablábamos de antes del edicto que Teodosio promulgó en el 392 prohibiendo los cultos paganos. La prohibición no llegó de un día para otro. Ya los herederos de Constantino habían tratado de acabar con los sacrificios rituales. Pero fue sobre todo con Teodosio, a partir del 381, cuando el proceso de proscripción del paganismo se aceleró. Así

Teodosio renegó del título de pontífice máximo —principal cargo religioso de la Roma precristiana— y fue prohibiendo paulatinamente los sacrificios, los oráculos, el acceso a los templos si era para orar —para contemplar las obras bellas o reunirse, aún era posible—, o cualquier ceremonia vinculada a esos cultos, ya considerados como supersticiosos, hasta llegar a esa prohibición total del 392.

En el momento que se fabricaron estos mosaicos, en ese siglo IV, la situación política y económica de la Hispania romana era muy estable. Los propios mosaicos son prueba de ello. Es cierto que la Olmeda dista una veintena de kilómetros del camino de Santiago, antigua e importante vía romana. Pero no deja de ser un lugar periférico del imperio, donde, sin embargo, el propietario hizo venir a unos buenos mosaiquistas o musivaras a decorar su casa.

¿Hasta qué punto los terratenientes de la meseta castellana estaban al tanto de esas vicisitudes religiosas que se vivían en el siglo IV? Probablemente, mucho. Por un lado, las comunicaciones en el Imperio romano eran fluidas. Pero, además, esos terratenientes, con esa salud económica que mostraban sus villas, habían de estar al tanto de lo que ocurría en Roma y en Constantinopla. Hay un tercer elemento importante, los propios musivaras.

En principio, eran talleres itinerantes, en donde había un buen dibujante que era el que traía y ajustaba los temas con el cliente, y luego el equipo, más o menos numeroso y más o menos especializado, que colocaba las teselas —de piedra, terracota o vidrio— de los mosaicos. Estos talleres no solo podían explicar qué temas estaban de moda en cada momento, sino también sugerir por qué esos temas y no otros eran los más adecuados.

Por supuesto, el dibujante del taller podía tener mejor o peor mano. Pero si volvemos al caso de la Olmeda, encontramos toda una serie de recursos técnicos y estilísticos que hablan el mismo lenguaje de las monedas. En la escena de Aquiles es fácil entender que estamos en el interior de un palacio, con la puerta ornamentada cerrada por cortinajes. La profundidad se consigue mediante la superposición de planos. El escudo se coloca encima de Aquiles. Aquiles encima de una de las princesas, quien a su vez está superpuesta a la dama que entra en la habitación. Y así el resto. Los personajes son fácilmente identificables. Es decir, el espectador podía reconocer, a poco que tuviera los rudimentos de la iconografía clásica, quién era quién en la historia. Pero de nuevo prima el esquematismo frente al realismo. Todo lo que se representa ha de ser reconocible, didáctico, aunque no sea estrictamente real. No hay más que ver la figura de Ulises, con el cuerpo y una de sus piernas girados hacia su izquierda, la otra pierna hacia el frente y la cabeza hacia su derecha, una postura en verdad incómoda, pero que al artista le permitió mostrar sus conocimientos de anatomía.

Quizás la propia técnica del mosaico, pegando piezas de diferentes colores unas junto a otras, no facilite el realismo. La transición entre las figuras tiende a ser abrupta y se imposibilita la suavidad de los contornos o de un difuminado.

En cualquier caso, esta solución didáctica triunfó y el arte medieval asumió esta forma de representar las figuras. Bien es cierto que en ese arte medieval podemos hallar, y lo veremos más adelante, representaciones muy realistas. Pero en ese mundo medieval importaba mucho más el qué se quería contar que hacerlo de forma naturalista.

Llegados aquí, podríamos preguntarnos hasta qué punto los artistas medievales pudieron conocer los mosaicos bajoimperiales, una forma decorativa que se impuso en todo el imperio a partir de ese siglo IV. La respuesta es sencilla, los conocieron, precisamente, por ser mosaicos de suelo.

Por un lado, en la parte oriental del imperio, en el llamado Imperio bizantino, las villas siguieron funcionando durante siglos, con lo que los pintores cristianos podían ver los mosaicos con solo ser invitados por el dueño de la casa. En la parte occidental, a partir del siglo V, las villas cambiaron de uso, fueron saqueadas, se arruinaron y terminaron por olvidarse. Pero fue un largo proceso de abandono: los tejados se caían, los muros se quemaban y se venían abajo, los suelos, en cambio, permanecían, aunque se fueran tapando progresivamente con el tiempo. De esta manera, los artistas medievales contaban con toda la iconografía cristiana que se estaba creando en el Imperio bizantino, siguiendo esta estética de los mosaicos. Pero, además, los artistas de la Alta Edad Media aún pudieron observar con sus propios ojos esos mosaicos de unas villas mejor o peor conservadas. Tendremos ocasión de ver cómo varias de las cortes de los príncipes altomedievales están relacionadas con antiguas villas romanas.

El arte del poder que llegaba al final del Imperio romano, por tanto, abogaba por un didactismo esquemático, pero muy expresivo, donde la profundidad se alcanzaba superponiendo planos y la figura humana podía ser representaba de manera forzada. Puede sorprender que esto sucediese en un imperio que se había caracterizado por el gran realismo de sus esculturas. Porque, ¿qué ocurrió con todos esos bustos y estatuas de cuerpo entero, muy naturalistas, a los que eran tan aficionados los romanos como soporte para sus retratos? Veámoslo a continuación.

Capítulo 2

LAS IMÁGENES DEL BAJO IMPERIO ROMANO: EL INICIO DEL COMBATE CONTRA LA IDOLATRÍA

Cuando pensamos en arte romano, más allá de los edificios más significativos como el Coliseo o los numerosos teatros repartidos por todo el mundo mediterráneo, la primera idea que nos viene a la cabeza son las esculturas de mármol que representan a las divinidades clásicas o a los emperadores.

Es más. La mayor parte de las esculturas griegas más populares —el *Discóbolo* de Mirón, el *Doríforo* de Policleto…— las conocemos a través de las copias en mármol hechas por los romanos de los originales en bronce. Además, los escultores de tradición griega, ya en tiempos del Imperio romano, siguieron haciendo esculturas en mármol que ya no eran copias de las estatuas previas, aunque las imitaban en su estilo, como el caso de la Dama de Cogolludo, obra de Zenón de Afrodisias, arquitecto y escultor del siglo II.

Excavé y tuve el privilegio de sacar la Dama de Cogolludo durante los trabajos de restauración del palacio de esta localidad en enero de 2007. Por su acabado, la Dama bien podría haber sido realizada por un escultor no ya del siglo II d. de C., sino del siglo II a. de C. Tal como señalábamos, el mercado de arte del Imperio romano gustaba de consumir esta estatuaria griega, eso sí, en mármol, incluyendo la amplia panoplia de las divinidades clásicas.

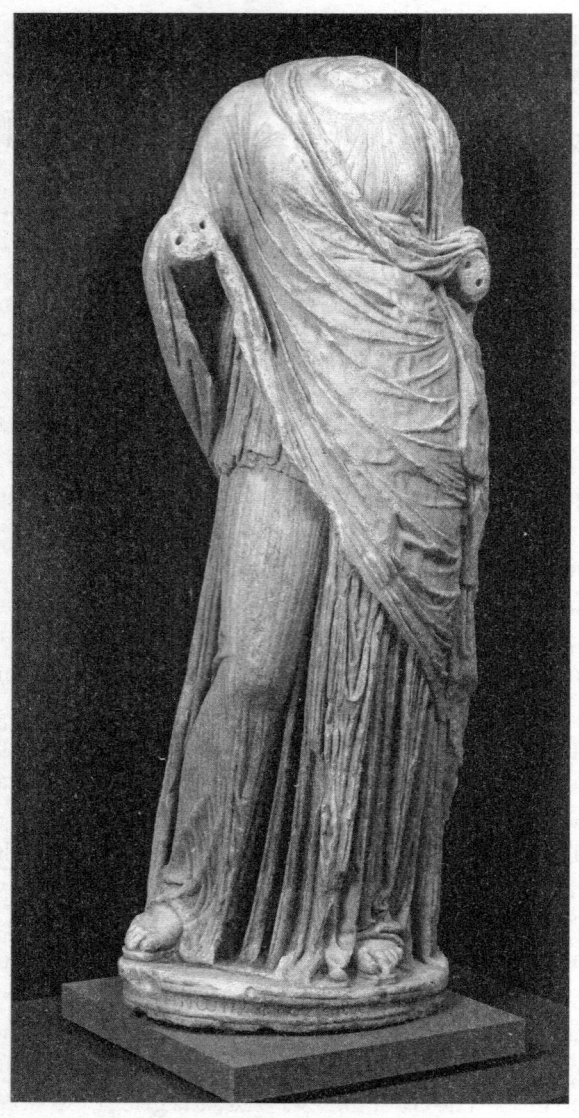

La Dama de Cogolludo (siglo II). Foto: Museo de Guadalajara.

Obviamente, al ser imágenes de bulto redondo, el problema de la tercera dimensión que veíamos antes en los mosaicos desaparecía y el grado de realismo que se podía conseguir era amplio.

A esto se une que los romanos tenían una tradición previa que nos permite entender el gusto por la estatuaria griega naturalista.

En la religión romana tradicional, existían una serie de dioses domésticos cuyo culto podemos remontar a la historia más antigua de Roma. Destacaban los lares y los manes.

Los lares eran los guardianes de las casas, solían estar representados por pequeñas figurillas que se colocaban en el atrio de las viviendas.

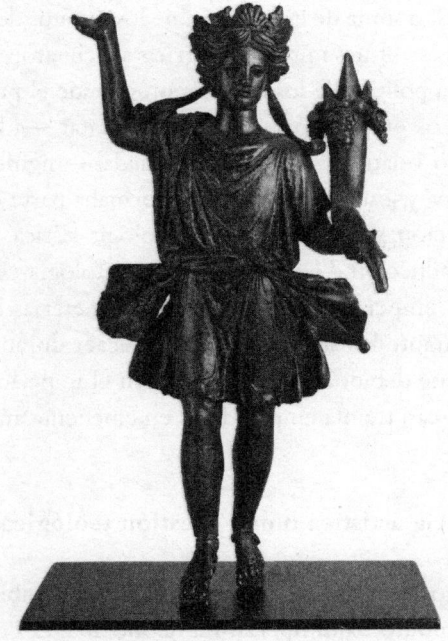

Lar romano (siglo I).
Foto: Museo Arqueológico Nacional de Madrid.

Los manes eran las almas de los antepasados, que también protegían las casas. De partida, entre las familias patricias. Más adelante, la costumbre se extendió y cualquier familia romana pudiente aspiraba a mostrar sus manes.

Al fallecer, al difunto se le hacía una máscara en yeso de su rostro. Más tarde, esta máscara podría emplearse para realizar un busto en mármol o bronce, con un resultado muy realista.

Las máscaras se guardaban en la casa. Cuantas más máscaras tuviera una familia, mayor era su importancia. Ahí nació ese gusto por la escultura realista, un gusto que habría de verse colmado siglos después, cuando todas esas copias que venimos comentado de la estatuaria griega inundaron el mercado romano.

Es más, la suma de la tradición de los retratos de los antepasados más las esculturas mitológicas griegas facilitaron la creación de la estatuaria política de los emperadores, desde el propio Octavio Augusto. Los emperadores se hacían retratar —idealizados, sin duda, como veíamos antes en las monedas— siguiendo la tradición romana y, a su vez, su escultura formaba parte de su proceso de divinización, vinculándose a la mitología clásica.

La producción de esculturas de la mitología clásica, de estatuas de los emperadores y de máscaras funerarias tuvo un auge notable durante los siglos I y II, para decaer durante el siglo III, posiblemente debido a la crisis vivida en el imperio, en la que se sucedieron casi treinta emperadores en cincuenta años.

¿Decadencia artística o una cuestión teológica?

A comienzos del siglo IV, encontramos la que posiblemente sea la escultura-retrato bajoimperial más conocida: *Los cuatro tetrarcas*, hoy ubicada en la fachada de la basílica de San Marcos de Venecia. No se sabe bien quiénes son los representados.

Ya hemos hablado antes de la tetrarquía, sistema creado por Diocleciano, que dividía el imperio en cuatro partes, dirigidas por dos augustos —los verdaderos emperadores— apoyados sobre dos césares —sus futuros sucesores—. Desde que Diocleciano estableció la tetrarquía, en el 293, hasta que Constantino I vuelve a asumir todo el poder, en el 324, fueron varios los candidatos que ostentaron los títulos de augustos y césares, de ahí la dificultad de saber quién es quién en esa escultura de San Marcos.

Pero lo que más llama la atención, de partida, es que, si bien los representados aún aparecen de forma figurativa, se ha perdido parte del realismo clásico por una solución más esquemática, más

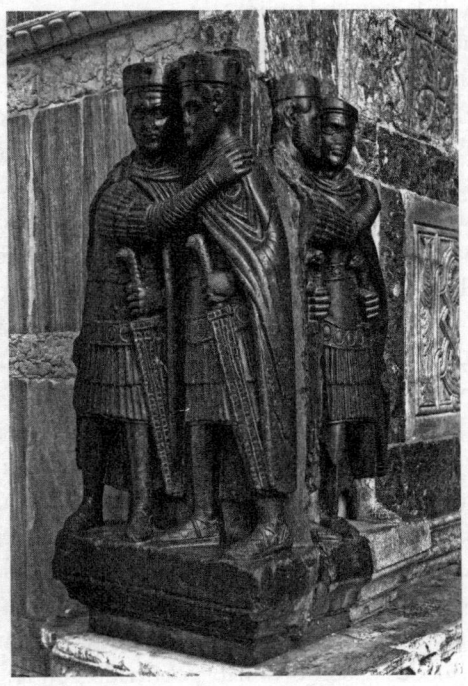

Los cuatro tetrarcas (siglo iv). Foto: Nino Barbieri.

rígida. Esto se ha considerado como una prueba de la decadencia artística que estaba viviendo Roma. Hemos visto que eso ya se decía también de los mosaicos del siglo IV, aunque esos mosaicos seguían unas formas compositivas similares a las del clásico siglo II, como señalábamos al citar la columna trajana. Pero en este caso de los cuatro tetrarcas, esa decadencia sí parece más evidente al compararlo con toda la estatuaria previa de tradición griega.

Sin embargo, hemos de matizar mucho esa supuesta decadencia. De partida, la escultura trataba de reflejar el nuevo sistema político impuesto por Diocleciano, donde los emperadores asumían un poder político *de iure* que no habían dispuesto sus predecesores. Quizás por ello se buscó esa representación más hierática, más alejada de la muchedumbre.

Pero además, esta escultura está hecha en pórfido, una roca metamórfica, generalmente morada, y más dura que el mármol. Su empleo para la construcción y las esculturas lo podemos remontar al mundo egipcio. Hay estatuas de pórfido en la Roma del Alto Imperio. Pero es ahora, desde comienzos del siglo IV, cuando se convierte en el material predilecto de la corte imperial. ¿Pudo tener alguna dificultad el artista de los tetrarcas al enfrentarse a un material relativamente nuevo y más duro? Pudiera ser. En cualquier caso, veinte años después, cuando se hace el sarcófago de santa Elena, los artistas muestran que ya habían aprendido cómo trabajar el pórfido.

Además, en los otros retratos que podemos conocer del siglo IV, tanto en mármol como, sobre todo, en pórfido, el grado de realismo vuelve a ser equiparable al del Alto Imperio romano. Es decir, ni desapareció la tradición de las grandes esculturas ni estas necesariamente perdieron realismo. Sin embargo, sí es cierto que las estatuas de los dioses paganos fueron disminuyendo y que los retratos imperiales empezaron a ser menos abundantes, hasta que en los tiempos de Teodosio, como ya había ocurrido con las representaciones en monedas y mosaicos, se produce el cambio definitivo.

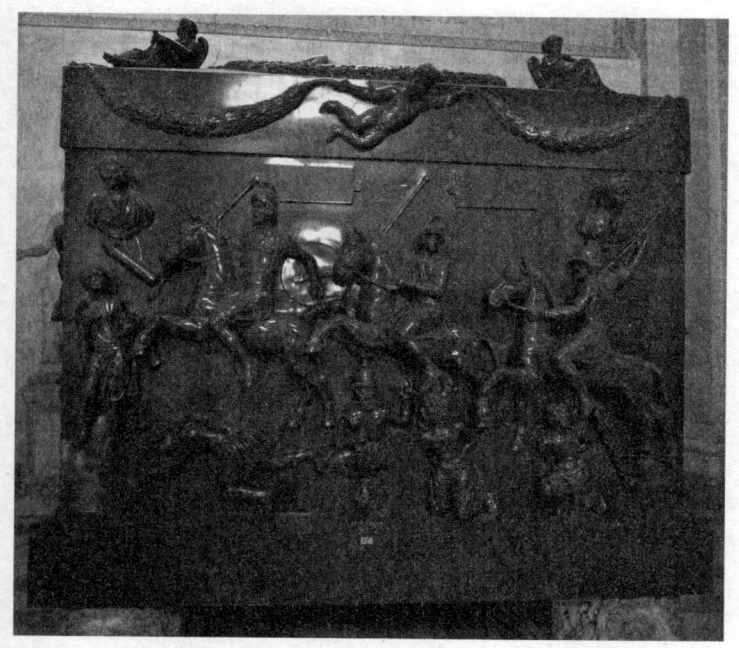

Sarcófago de la emperatriz Elena (siglo IV). Foto: Francesco Gasparetti.

En el 382, ya con Teodosio en el poder, solo se podía acudir a los templos paganos para reuniones informales y para admirar las obras de arte, pero no para rendirles culto. Estas disposiciones se fueron endureciendo hasta la total prohibición de esos cultos paganos en el 392 y la retirada de las estatuas de los templos en el 407, gobernando Honorio, momento en que muchas de esas esculturas se pierden hasta la reaparición de unas pocas a partir del siglo XVI por obra de los anticuarios y arqueólogos.

Mientras las grandes esculturas desaparecían, ¿qué ocurría con las otras esculturas, más pequeñas, del culto doméstico?

En el caso de las estatuillas de los lares, corrieron la misma suerte que las grandes esculturas mitológicas y de los emperadores divinizados. Fueron vistas como demonios y, tras prohibir su culto, como con el resto de las liturgias paganas en el 392, se obligó en los años siguientes a que desaparecieran de los vestíbulos de las casas, donde hubo que ir colocando imágenes cristianas.

¿Y qué pasó con los manes y el culto dedicado a estos a través de las máscaras funerarias?

Pues que hasta el mismísimo san Agustín, en el Libro II de su *Ciudad de Dios,* puso en duda la capacidad de esos ancestros de ser divinidades propicias para sus descendientes, con lo que también pasaron a formar parte de la religiosidad proscrita.

Obviamente, las prohibiciones de Teodosio no habían de cumplirse de un día para otro y el temor a la idolatría sería una constante en la Iglesia cristiana durante la Edad Media. De ahí el empeño especial que pondrían en evitar unas representaciones demasiado realistas en las que las figuras sagradas cristianas se asemejaran en exceso a los dioses paganos. Es decir, puesto que los dioses mitológicos, los emperadores divinizados, los lares y los manes eran tremendamente realistas, el cristianismo abogará durante siglos por una representación de lo sagrado reconocible pero no realista, lo que nos permite explicar esa práctica ausencia de naturalismo que vamos a ver en el arte medieval. No sería, por tanto, una cuestión de decadencia artística, sino toda una apuesta teológica en contra de la idolatría. Es más, tendremos ocasión de ver cómo episódicamente aparecen estatuas muy naturalistas. Pero muy pocas y para clientes muy selectos. Porque para el público en general, el empeño era ser figurativo pero no realista, didáctico pero evitando la idolatría.

Para entender cómo se fue dando esa deformación didáctica, veamos el caso de los sarcófagos y cómo fueron evolucionando a lo largo del siglo IV.

Ya hemos mencionado el de santa Elena, en pórfido, hecho hacia el 320, y que narraba una serie de avatares militares que hacen pensar que quizás no fuera un sarcófago previsto para santa Elena, sino para su propio hijo Constantino. Las figuras aparecen, como ya dijimos, dentro de una tradición clásica, muy realistas, en una línea similar a sarcófagos clásicos más antiguos. El cambio, una vez más, se produce según avanza el siglo IV.

Así podemos verlo en el sarcófago de Junio Baso, realizado después del 359, que se exhibe en el Museo del Tesoro de San Pedro del Vaticano.

El sarcófago está rodeado por dos pisos de escenas sucesivas donde se van relatando eventos bíblicos. En la imagen adjunta podemos ver, empezando por la parte superior y de izquierda a derecha, el sacrificio de Isaac; el prendimiento de san Pedro; Cristo en Gloria; Jesús ante Pilatos, quien se lava las manos; y ya en la fila inferior, Job con los leprosos; el pecado original; Jesús entrando en Jerusalén; Daniel entre los leones, y el apresamiento de san Pablo.

Obviamente, la temática ha cambiado de forma radical. No hay temas mitológicos. Pero, además, la forma de representar las figuras también presenta ciertas modificaciones. Siguen siendo re-

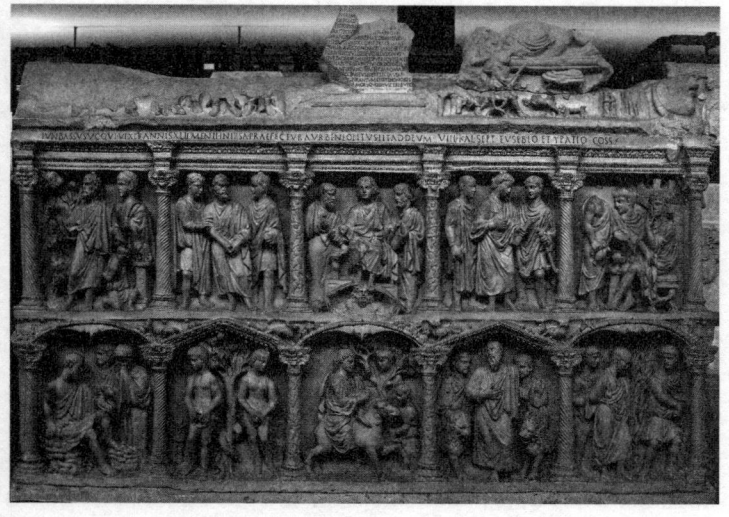

Sarcófago de Junio Baso (siglo IV). Foto: Miguel Hermoso.

alistas, pero con algunas alteraciones. Las cabezas son demasiado grandes para sus cuerpos. Isaac más que un niño es una persona diminuta. El burro que monta Jesús en su entrada en Jerusalén es demasiado pequeño. Pero lo más interesante es cómo se amontonan las figuras, por ejemplo, en esa doble escena donde Jesús, rodeado por dos soldados, se presenta ante Pilatos, que está a punto de lavarse las manos. Se trata de contar todo lo que se desea, sin importar que las figuras se deformen o se amontonen. Una vez más, comprobamos cómo el realismo deja su sitio al afán didáctico. Cuando, además, como hemos visto más arriba, ese exceso de realismo puede verse asociado con la idolatría, las figuras se alteran más y pueden estar mucho más amontonadas, pero siempre han de ser capaces de transmitir el relato sagrado que se busca contar.

Las imágenes cotidianas: el caso de la cerámica

Quizás un último ejemplo aún más claro de esta huida de la mitología tratada de forma realista y de esta necesidad de acabar con cualquier resquicio de paganismo, podemos verlo en la decoración de la cerámica sigillata.

La sigillata era la cerámica de lujo más habitual entre las familias pudientes romanas. Caracterizada por un singular barniz rojizo antiadherente, fue tan abundante que los arqueólogos podemos saber que hemos llegado a un sitio romano por la presencia, aunque sea en fragmentos mínimos, de este tipo de cerámica.

En terra sigillata se podían fabricar todo tipo de recipientes, desde vasos a ollas, siendo el más habitual unos cuencos de pequeñas dimensiones empleados para comer. Es una cerámica que se producía en serie en talleres que podemos encontrar desde Italia a la Galia, Hispania o el norte de África; talleres bien conocidos y documentados que, incluso, dejaban su sello en las bases de los recipientes. La sigillata se fabricaba a partir de moldes, donde, en bajorrelieve, estaba grabada la decoración. La mayor parte de las veces, tiras con motivos geométricos. Pero en bastantes ocasiones, también aparecían representaciones figurativas de temas mitológicos. Dado que, como acabamos de decir, eran producciones en serie, los mismos motivos mitológicos eran compartidos por centenares de usuarios, al contrario, por ejemplo, del mosaico de una villa, que estaba personalizado para su dueño.

Las sigillatas se emplearon hasta el siglo v, pero las producciones tardías a partir del siglo IV se caracterizaron, entre otros elementos, por la mala calidad de sus motivos figurativos. Tanto las personas como los animales representados son muy esquemáticos

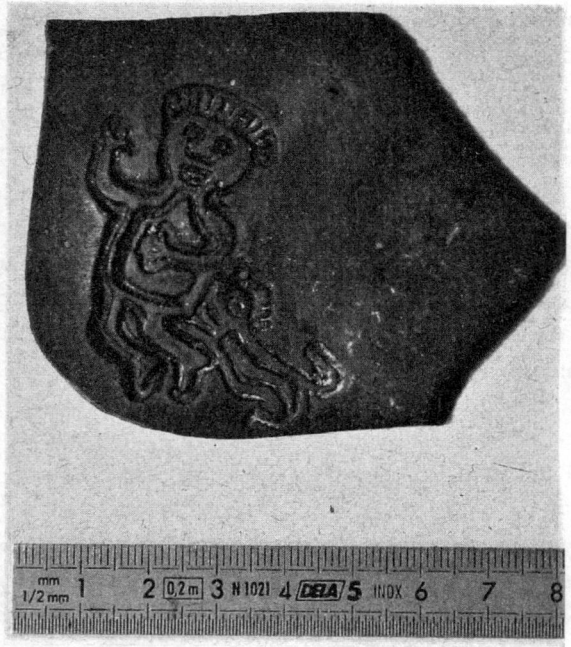

Fragmento de cerámica sigillata (siglo v). Foto: Museo del Louvre.
Departamento de Antigüedades etruscas y romanas.

y hasta difícilmente distinguibles. De nuevo, se habla de una crisis artística para explicar esa esquematización: los alfareros que elaboraban los moldes habrían perdido la capacidad para hacer unas figuras realistas. Sin embargo, resulta difícil imaginar que durante doscientos años nadie tuvo la habilidad para recuperar ese saber hacer, sobre todo, cuando era posible ver obras con motivos naturalistas previas. Por ello, consideramos que volvemos a estar frente a la necesidad de difuminar los motivos mitológicos paganos. Los clientes que compraban la sigillata estaban acostumbrados a unas producciones en las que o bien solo había motivos geométricos, o bien aparecían personas y animales. Pero para finales del siglo IV y el siglo V, esas personas ya no pueden ser dioses o héroes, de modo que mejor convertirlos en figuras indeterminadas. Bien es cierto que podrían haber cambiado los motivos iconográficos y utilizar temas cristianos, como en los sarcófagos. Pero de nuevo hemos de ponernos en la piel de los romanos de finales del IV y el V: colocar figuras sagradas en el sarcófago que te va a acompañar para la eternidad parece apropiado, pero hacerlo en el plato donde comes cada día puede resultar un tanto irreverente. Quizás por eso, a partir del siglo V y hasta el siglo VII, en las cerámicas de lujo que trataban de imitar las sigillatas que podemos encontrar en el norte de África o en Hispania la decoración figurativa, sencillamente, desaparecerá.

Capítulo 3
EL ESPACIO LITÚRGICO COMO ESPACIO DE PODER

De forma casi mecánica, cuando el feligrés accede a la iglesia, sabe dónde ha de dirigirse para seguir la ceremonia. Así, tradicionalmente, los católicos se colocaban unos detrás de otros, mirando al altar, para celebrar la eucaristía. No importaba la forma de la iglesia. Si era de planta basilical, en cruz latina, octogonal o en cruz griega. Los creyentes se organizaban como si siempre fuera un rectángulo: el altar en uno de los lados cortos y los parroquianos a continuación, a lo largo de ese teórico rectángulo, por tanto, en su eje longitudinal.

Si en vez de participar en la eucaristía los cristianos asistían a un bautizo, este se realizaba en la pila situada en el centro del baptisterio, con los feligreses situados alrededor de esa pila. Es decir, se organizaban de forma centralizada, con el bautizado, protagonista de la ceremonia, en ese centro. De nuevo, aquí no importaba si el baptisterio era circular, octogonal, rectangular o basilical. Lo que importaba es que el rito se efectuaba en el centro del baptisterio y no en un extremo, como en el caso de la eucaristía.

A esta forma de entender el espacio en la manera de utilizarlo, es lo que llamamos planta funcional. No solo hay dos posibilidades, longitudinal y central. Pero estas dos son las más habituales.

Luego, que ese espacio sea, como hemos venido enumerando, basilical, en cruz latina, octogonal o circular, a eso lo llamaremos planta formal.

Hemos de ser cuidadosos de no confundir la planta funcional con la formal. Así, por ejemplo, podemos tener una iglesia de planta formal circular, como San Francisco el Grande en Madrid, en la que si asistimos a la eucaristía, los fieles estarán ordenados unos tras otros mirando al altar, es decir, creando una planta funcional longitudinal, a pesar de que casi todos los libros de historia del arte dirán que automáticamente un edificio de planta circular tiene una planta central. No. Todo dependerá de cómo se utilice, cómo funcione ese edificio.

Si bien es cierto que esta distinción entre planta formal y planta funcional parece apropiada en cualquier momento de la historia de la arquitectura, resulta clave a la hora de explicar la construcción de los templos cristianos desde el siglo IV en adelante. Es más, no podemos entender cómo cambiaron las iglesias cristianas desde el final de la Antigüedad hasta el Concilio Vaticano II si no entendemos cómo funcionan, cuál es el uso de cada uno de los espacios que conforman la iglesia y cómo se ordenan el sacerdote o los fieles en esos espacios. En definitiva, si solo nos fijamos en la planta formal y no en la planta funcional, no comprenderemos lo que estamos viendo.

De necrópolis a iglesias

Ya había espacios sagrados cristianos antes de comienzos del siglo IV, cuando reinó Constantino. Básicamente, en los cementerios. Las leyes romanas prohibían enterrar en el interior de las ciudades. Las necrópolis se situaban, por ello, en el exterior, por lo general a los lados de las calzadas que entraban a esas ciudades. Estas necrópolis podían ser visibles, como es el caso de Segóbriga (Cuenca), o subterráneas, como las famosas catacumbas de Roma.

En cualquier caso, eran un espacio de refugio o de reunión para los cristianos perseguidos. La importancia de estas necrópolis es que algunos de los enterrados fueron considerados santos y en torno a ellos se fue generando un culto que se materializó en forma de oratorios, ya a partir de los siglos IV y V. Eso explica por qué las iglesias más antiguas suelen estar fuera de los núcleos urbanos romanos. Podemos verlo en tres ejemplos de ciudades romanas en Hispania. En el caso de la catedral de Astorga (León), estuvo fuera del recinto amurallado romano hasta el siglo XVI, cuando fue trasladada al interior. En Sigüenza (Guadalajara), la catedral quedó extramuros hasta que la ciudad creció e incluyó el recinto catedralicio a finales del siglo XV. O la primitiva basílica hispanogoda de Segóbriga, que también se ubicó fuera de la ciudad, en el área de la necrópolis.

Pero no adelantemos acontecimientos. Decíamos que hasta Constantino no hay espacios cristianos oficiales, solo hay espacios discretos como esos enterramientos y algún oratorio familiar, como la iglesia doméstica de Dura-Europos, en Siria, de la primera mitad del siglo III.

Con la libertad de culto concedida por Constantino, la situación cambia. En la propia Roma, el emperador entregó una serie de propiedades en la colina del Celio, en el interior de las murallas, al obispo de la ciudad, Silvestre I. Este acondicionó allí su residencia e hizo edificar una iglesia, conocida como del Santísimo Salvador, la actual San Juan de Letrán, y un baptisterio, también dedicado con buen criterio, a san Juan Bautista.

La iglesia de San Juan de Letrán fue concebida imitando las basílicas romanas. En Roma, una basílica era el lugar, pegado al foro, donde se impartía justicia, pero donde también era posible llevar a cabo reuniones comerciales o políticas. Las basílicas tenían planta rectangular, dividida en varias naves por medio de hileras de columnas. En ocasiones, la cubierta de la nave central podía ser más elevada que la de las naves laterales y estar rematada en uno de los extremos o en ambos por espacios semicirculares que sobresalían del rectángulo, las exedras, que ya en las iglesias cristianas se conocerían como ábsides. En estas exedras, se colocaba una estatua del emperador y es donde podía situarse el juez.

Para acceder a estas basílicas judiciales desde el exterior, era posible entrar por uno de los lados largos del rectángulo —solía ser lo más habitual—, como ocurría en la basílica Julia en el foro de Roma, o por uno de los lados cortos, como sucedía en la basílica del foro de Pompeya.

En el momento que el obispo Silvestre I decidió construir una basílica para convertirla en iglesia es posible que estuviera reteniendo esas ideas de espacio de reunión y la exedra como lugar de prestigio. Por supuesto, desde, al menos, el Neolítico, ya tenemos espacios litúrgicos organizados de forma longitudinal. En el Antiguo Egipto o en la Grecia clásica, el espacio religioso seguía un eje en el que los ambientes se iban cerrando y reduciendo a medida que se avanzaba desde el exterior, completamente abierto, hasta el *sancta sanctorum*, la habitación más sagrada, pero también la más pequeña y que tenía el techo más bajo.

Silvestre, que conocía muchos de esos templos paganos, siguió aprovechando esa reducción del espacio, del exterior abierto al ábside con el altar. Pero si algo había cambiado es que la iglesia había de ser el espacio para todos los fieles, no solo para los sacerdotes, como ocurría en muchos de los templos precristianos; y, en ese sentido, quedaba clara la imitación de las basílicas como lugares de reunión.

Ahora la exedra sería el lugar sagrado para el altar, ya no para el juez, mientras que las naves quedarían para los fieles que seguían la liturgia. Además, como ocurría en las basílicas romanas, el tener varias naves podía permitir una circulación más fluida dentro del templo, pues la nave central podía reservarse para la liturgia, mientras que las laterales se usaban como pasillos para circular dentro de la iglesia, incluso, durante la ceremonia.

Pero, además, Silvestre añadió dos elementos nuevos a la basílica tradicional: por delante de la iglesia había de quedar un patio cerrado por columnas, el atrio. Y entre el atrio y la iglesia, uno de los pórticos columnados que había de funcionar como nártex o vestíbulo.

Estos nuevos espacios respondían a la organización litúrgica que se estaba poniendo en marcha. Frente a la tradición previa que señalábamos antes, donde los fieles solían permanecer en el exterior del templo y solo los sacerdotes y unos pocos elegidos entraban en el interior, en el cristianismo todos los fieles han de acceder a la iglesia, que es el espacio donde se reúne la comunidad. Pero a partir de ahí, se marcaba claramente la diferencia entre los que aún seguían siendo paganos, que no podían pasar del atrio; los catecúmenos, que se estaban preparando para ser bautizados y se quedaban en el nártex, y los cristianos que sí entraban a la iglesia.

Es cierto que dentro de la propia iglesia había una nueva separación: las naves, donde se reunían o por donde circulaban los fieles, y el presbiterio, con el altar colocado en la exedra o ábside, donde solo podían estar los sacerdotes. Con el tiempo, incluso, se llegó a instalar una cancela entre las naves y el presbiterio, que se cerraba en el momento de la transustanciación, una cancela que derivaría en los iconostasios que aún podemos ver hoy en las iglesias ortodoxas.

Obviamente, en este eje atrio-nártex-naves-presbiterio, claramente estamos ante una planta funcional longitudinal. Todo se organiza en base a ese eje único cuyo punto de atracción principal está en el extremo donde se halla el altar, lo más sagrado, la presencia de Dios.

Pero volvamos a esta idea de separar a los cristianos de los no cristianos. Aun manteniendo esa diferencia en el interior entre el sacerdote y su parroquia, lo más importante era esa clara cesura entre los creyentes y los que empezaban a creer, entre los que podían estar dentro de la iglesia y los que habían de permanecer en el exterior, una separación que debió ser una herramienta de conversión notable. El no cristiano quedaba claramente excluido de la liturgia. Fuera de ella literalmente hablando. Hemos de pensar que a comienzos del siglo IV la mayor parte de los romanos no eran cristianos, mientras que al final del siglo V, prácticamente no quedaban paganos. Para lograr esa conversión masiva, todos los medios eran válidos, incluida esa segregación espacial.

Diez siglos después, cuando los europeos llegaron a América y hubieron de convertir a cientos de miles de americanos al cristianismo, utilizaron un sistema parecido. En las llamadas iglesias de indios también se habilitaron, de forma sistemática, atrios exteriores para concentrar a los que habían de ser convertidos, reservando las naves interiores solo para los naturales que ya eran cristianos. ¿Conocieron los religiosos del siglo XVI cómo habían funcionado estas iglesias tardoantiguas como la primitiva San Juan de Letrán? Posiblemente, no. Sencillamente llegaron a la misma solución espacial, esa segregación entre convertidos y no, ante el mismo problema: cristianizar a cientos de miles de paganos.

La basílica de San Juan de Letrán, como decíamos anteriormente, se completó con la construcción de un baptisterio exento de planta octogonal. De nuevo, los baptisterios eran edificios exentos, por aquello de que los no bautizados no habían de entrar aún en la iglesia, una tradición que en Italia se mantuvo durante toda la Edad Media. Con el tiempo, los baptisterios se situaron a los pies de los templos —en la península ibérica, ya desde los tiempos hispanogodos, como se puede ver en la iglesia de Recópolis—, justo al lado de la entrada, marcando siempre esa necesidad de bautizarse antes de formar parte de manera plena de la comunidad cristiana. Observemos que en el caso de este baptisterio, y de todos los demás, desde un punto de vista funcional, la planta era central. Ya lo explicamos antes: el elemento protagonista quedaba en medio. En este caso, el bautizado, ya fuera por inmersión, ya fuera por infusión —el método que habitualmente se practica con los bebés en la Iglesia católica—, era el verdadero protagonista de la ceremonia, pues en torno al nuevo cristiano giraba todo el rito.

Este juego entre espacios longitudinales orientados a Dios y espacios centrales con una persona de protagonista tendrá mucho recorrido en los siglos venideros.

Junto a la basílica de San Juan de Letrán, hoy muy transformada por las sucesivas acciones de los papas tanto en la Edad Media como sobre todo en los siglos XVII y XVIII, la otra gran iglesia que se levantó en Roma a comienzos del siglo IV fue la de San Pedro.

Santa Sofía, modelo para la cristiandad y el islam

Legendariamente, se le ha atribuido al propio Constantino la construcción de esta iglesia. Quizás en su tiempo ya se levantó alguna construcción sobre el lugar donde la tradición situaba la tumba de san Pedro, en la colina vaticana a las afueras de Roma, cerca de la vía Cornelia, como ya dijimos, los romanos no enterraban dentro de sus ciudades. Pero es muy posible que la basílica fuera ya levantada en tiempos de Constante I, tercer hijo de Constantino, que le sucedió en el gobierno de Italia y, más tarde, de la parte occidental del imperio.

La basílica de San Pedro era similar a la de San Juan de Letrán: el atrio, el nártex, cinco naves en el interior de la iglesia —siendo la central más alta—, y el presbiterio al fondo, con un tramo previo al ábside, el transepto —a modo de brazo corto de una cruz si consideramos que las naves son el brazo largo— y el ábside situado sobre la tumba de san Pedro, consolidando la costumbre de edificar las iglesias sobre tierra santificada por huesos, en este caso de un apóstol.

Como bien sabemos, no nos queda prácticamente nada de esta basílica primitiva, derribada a comienzos del siglo XVI para construir la actual San Pedro. Pero durante los diez siglos que permaneció como la iglesia más grande de Roma, logró convertirse paulatinamente en el modelo litúrgico en el que habían de mirarse todos los templos de la cristiandad latina. No fue un proceso inmediato, pues en esta primera mitad del siglo IV, a la propia ciudad de Roma le había surgido una rival en Oriente: Constantinopla, donde había de levantarse otra iglesia de grandes dimensiones, Santa Sofía, que había de rivalizar con éxito hasta el siglo XI, en contra de San Pedro.

Constantinopla era una urbe refundada por Constantino sobre Bizancio, una ciudad de origen griego ubicada en el margen occidental del estrecho del Bósforo. En ella, [...] Junto a las estancias palaciegas, los edificios más significativos habían de ser las nuevas iglesias cristianas.

La primera en levantarse, en tiempos del propio Constantino, fue la iglesia de Santa Irene, la Santa Paz. Esta primera iglesia sufrió numerosos avatares y la que vemos actualmente ya es del siglo VIII. Con todo, los estudios arqueológicos nos han permitido ver que

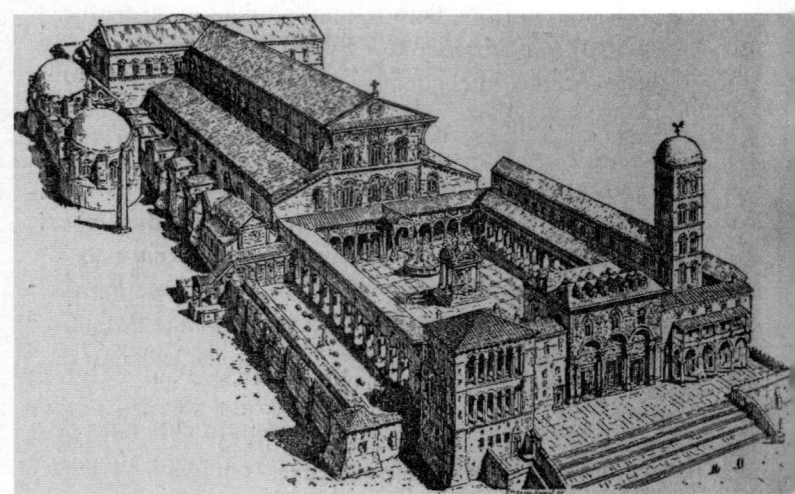

Reconstrucción hipotética de San Pedro del Vaticano en época medieval.
Dibujo: Hartmann Grisar.

era una basílica similar a las de San Juan de Letrán o San Pedro. Disponía de un gran atrio rodeado de columnas que llegaba hasta el nártex que daba acceso a la iglesia. Esta tenía planta formal basilical, rematada en un ábside. El modelo romano, por tanto, también fraguaba en la Nueva Roma. Así habría de ser con la segunda gran iglesia levantada en la ciudad, la de Santa Sofía, consagrada en el 360 en tiempos de Constancio II, hijo de Constantino y que había sucedido a su padre a la cabeza de la parte oriental del imperio. Su hermano Constante I, que era quien había ordenado levantar San Pedro, gobernaba la parte occidental. De esta forma, los dos hijos de Constantino rivalizaban, cada uno en su capital, por levantar la basílica más grande posible.

Quizás pudo haber ya una Santa Sofía previa, de los tiempos de Constantino. Todo apunta a que es una leyenda forjada *a posteriori,* como el San Pedro que también se atribuye a Constantino. Lo que sí parece cierto es que Santa Sofía fue levantada sobre un antiguo templo de Apolo. Esta idea de ajustar a la nueva religión, en este caso el cristianismo, un espacio sagrado previo tuvo largo predicamento en los siglos venideros y por parte de todos los credos. Sin ir más lejos, Santa Sofía hoy ya no es una iglesia, sino una mezquita.

La primitiva Santa Sofía era una iglesia similar a Santa Irene, pero de mayores dimensiones, y llegó a conocerse como la Iglesia Grande. Es decir, en la primitiva Santa Sofía teníamos el atrio, con su nártex, y una planta basilical cubierta con un techo de madera. La iglesia de Constancio II fue reconstruida por Teodosio II en el 415 y, de nuevo, por Justiniano a partir del 532, cuando el Imperio romano de Oriente ya se había convertido en lo que los historiadores siglos más tarde denominaron Imperio bizantino.

Esta Santa Sofía de Justiniano es el edificio que aún contemplamos hoy.

Conocemos bien las vicisitudes de su construcción: un proyecto inicial desarrollado por Isidoro de Mileto y Antemio de Tralles; una reparación posterior de la cúpula central concluida en el 562 por Isidoro el Joven. Pero detengámonos en la planta funcional, en el espacio litúrgico y, sobre todo, de poder que se hizo construir Justiniano en esta nueva Santa Sofía y que había de marcar la arquitectura religiosa, en toda la cristiandad, pero también en el mundo islámico, durante siglos.

De partida, para acceder a Santa Sofía, aún se conservó el atrio con un nártex doble que daba acceso a la iglesia. Podemos preguntarnos por qué un atrio en un tiempo en el que el paganismo ya había prácticamente desaparecido. Primero, por tradición. Y segundo, porque estos atrios pasaron a convertirse en un espacio procesional.

En cualquier caso, la presencia del atrio impidió que Santa Sofía tuviera una fachada monumental ornamental como las que podemos ver, por ejemplo, en las catedrales góticas de siglos más tarde.

El elemento exterior más significativo serían entonces las cúpulas, sobre todo la central. Ahora acudamos a nuestro imaginario. Cuando pensamos en las iglesias ortodoxas o de la cristiandad oriental, pero también en las mezquitas, no tenemos presente cómo son sus fachadas, pero sí que están cubiertas por cúpulas. Por tanto, una primera herencia de Santa Sofía.

Sobrepasado el doble nártex, Santa Sofía tiene una planta basilical, con tres naves y con el altar situado en el ábside principal, al extremo de la nave central. Sobre las naves laterales y el propio nártex hay un segundo nivel de galerías. Podían servir de gineceos, espacios para las mujeres, que así evitaban amontonarse con los hombres. Pero, sobre todo, era el lugar para que el emperador y su corte siguieran buena parte de la liturgia.

Sin embargo, el elemento más significativo es la gran cúpula.

El hecho de cubrir con una cúpula la nave central no fue una novedad de Santa Sofía. En la propia Constantinopla, Justiniano había ya ordenado la construcción de la iglesia de los Santos Sergio y Baco, entre el 527 y el 536, con esa solución: planta basilical cubierta por una cúpula.

Pero en Santa Sofía, Justiniano logra desarrollar la idea de la cúpula de los Santos Sergio y Baco en una dimensión gigantesca. Sin embargo, esa cúpula no está sobre el altar, sino que se colocó en el crucero. Es decir, el espacio más vistoso de la iglesia, el que tenía la mayor altura, no estaba dedicado a Dios. En realidad, durante la eucaristía, el emperador podía abandonar la galería superior y colocarse frente al altar, no en el presbiterio, espacio reservado al sacerdote, sino un tramo antes, justo debajo de la cúpula. Esa cúpula enmarcaba así la cabeza real de la Iglesia cristiana del siglo VI: el emperador. No el patriarca de Constantinopla, ni el papa de la lejana Roma.

En realidad, poner de manifiesto que el personaje más poderoso dentro del espacio religioso era el que se podía situar bajo la cúpula no fue una invención de Justiniano y sus arquitectos. Ya se había hecho antes, en el Panteón de Roma, en el siglo II, en ese templo dedicado a todos los dioses.

El Panteón había sido reedificado por el emperador Adriano hacia el año 125. Vino a sustituir un templo previo, de finales del siglo I a. de C. Ese templo rectangular se reconstruyó cambiando su planta por una circular. Las estatuas de los diferentes dioses se exhibían en las hornacinas, incluido el divino Julio César. Pero el verdadero protagonista del espacio era Adriano, cuando llegaba a rendir culto a los dioses, o a impartir justicia, y ocupaba y circulaba en el espacio bajo la cúpula.

Posiblemente, esa idea del emperador enmarcado por la gran cúpula es la que tenía Justiniano en mente. La que había empezado a desarrollar en la iglesia de los Santos Sergio y Baco y que pudo llevar a su cénit cuando hubo de reconstruir Santa Sofía, destruida en la revuelta de la Niké el año 532.

Hemos de pensar que solo tres años más tarde, en el 535, las tropas de Justiniano entraban en la Italia ostrogoda y recuperaban Roma en el 536. El empeño por restituir la gloria del viejo Imperio romano era evidente y Santa Sofía, vista como el nuevo Panteón, formaba parte del plan.

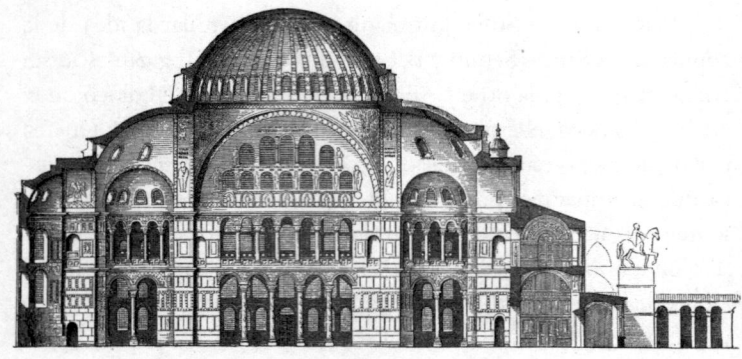

Alzado de Santa Sofía de Estambul.
Dibujo: Wilhem Lubke y Max Semrau.

No podemos dejar de señalar que, al tiempo que se construían estas iglesias cupuladas en Constantinopla, se levantaba en Rávena, capital de la Italia ostrogoda, la iglesia de San Vital, con una solución espacial similar a Santa Sofía. La obra había comenzado en el 526 y concluyó en el 547, cuando Rávena ya había sido tomada por los bizantinos. Esto provoca que no tengamos del todo claro dónde está el límite entre la obra auspiciada por los ostrogodos y la promovida por los bizantinos. Pero muestra bien que en ese mundo tardoantiguo del siglo VI se está experimentando con estas recreaciones del Panteón.

A partir de ahí, Santa Sofía y San Vital se convertirán en un referente para las iglesias de la cristiandad occidental. Pero un referente incomprendido. Bien es cierto que cuando Carlomagno, a finales del siglo VIII, se haga levantar su capilla palatina, no solo copiará San Vital de Rávena, sino que se hará llevar piezas de esta iglesia para la suya.

Pero hablamos de un referente incomprendido porque en Santa Sofía, la cúpula principal se hallaba en un tramo anterior al presbiterio. El presbiterio era el espacio de Dios. La cúpula, para el emperador.

Sin embargo, ese doble juego de poder se perderá en las iglesias románicas, góticas y posteriores. Prácticamente, todos estos templos tendrán un tramo previo al presbiterio muy elevado, cubierto por una cúpula, un cimborrio, una torre de crucero… Pero debajo de ese espacio, no habrá nada realmente significativo. Sencillamente se trasladará la forma de Santa Sofía: hay que poner una nave alargada, dentro de esa nave, en un tramo previo al presbiterio, ponemos el techo muy alto y luego el ábside para el altar. Pero no se trasladó el símbolo de poder que en Santa Sofía suponía el espacio bajo la cúpula. Ese espacio de poder heredado del Panteón.

Con todo, para el siglo VI, más allá de la comprensión de la simbología de poder emanada de Santa Sofía, lo más importante es que el emperador de Constantinopla se había convertido en la cabeza de la cristiandad, un claro ejemplo de cesaropapismo, y las pautas religiosas que salían del palacio imperial se extendían por toda la cristiandad. De partida, por los patriarcados orientales sobre los que gobernaba el propio emperador: coptos, siriacos y también para los armenios.

Pero los bizantinos también dejaron sentir su influencia en el Mediterráneo occidental, entre los reyes hispanogodos —los bizantinos llegaron a ocupar una parte de la península ibérica— o los merovingios, sobre todo porque estos monarcas germanos también aspiraban a constituir sus propias iglesias nacionales, con ellos a la cabeza, imitando al emperador.

El papa de Roma quedaba así marginado. Más aún considerando que los bizantinos habían ocupado Italia, por lo que la capacidad real del sumo pontífice para hacerse oír más allá de su ciudad era limitada.

De ahí que el modelo eclesiástico que fue imponiéndose en Bizancio a la hora de desarrollar la liturgia, pero también los motivos de ornato, los vestidos de gala o los muebles de lujo, era imitado en el resto de la cristiandad. En el caso de la liturgia, y los espacios litúrgicos, lo más destacado fue la complejidad en la que fueron cayendo las ceremonias religiosas. En muchos casos, como resultado de enrevesados debates teológicos —las discusiones bizantinas—, pero también porque esa mayor complejidad le permitía a la Iglesia, encabezada por el emperador, aumentar su poder sobre la sociedad. Cuanto más alambicado era el rito, más prestigio ganaba la institución eclesiástica capaz de desarrollar toda la ceremonia como en principio se había de hacer para agrado de Dios.

Ya hemos hablado de la cancela que se empezó a poner entre el presbiterio y las naves, y que se cerraba completamente en el momento de la transustanciación. Empezó siendo una celosía de baja altura hasta convertirse en toda una barrera, el *templon*, que tras la disputa iconoclasta se convertiría en el iconostasio. El *templon* podía hacerse con una cortina gruesa, con una pared de madera o, incluso, ser de fábrica.

Otro cambio en el espacio litúrgico fue la multiplicación de los altares. De partida, solo estaba el principal, situado en el ábside y conocido en el mundo bizantino como *bema*. Pero pronto se añadieron dos ábsides más, uno a cada lado de esta. El *diakonikon*, al sur de la *bema*, y el *prothesis*, al norte. Aunque en un principio pudieron haberse concebido como sacristías para cambiarse el sacerdote y para guardar los objetos litúrgicos, pronto sirvieron para colocar altares secundarios donde el oficiante realizaba parte de los ritos preparatorios de la eucaristía. Esta aún se complicó más cuando, tanto durante la preparación como durante la celebración, las lecturas que acompañaban al rito empezaron a ser cantadas y no solo leídas. Hubo que empezar a adaptar espacios para el coro que acompañaba al sacerdote y que se podía situar por detrás del altar o en las naves. Pero también el uso de la música fue obligando a los arquitectos de las iglesias a buscar las soluciones constructivas que mejoraran la acústica de los edificios y permitieran una mejor reverberación de la música, lo que no necesariamente facilitaba la comprensión de lo que se cantaba.

Además, con objeto de hacer más participes a los fieles de la liturgia, los religiosos empezaron a realizar procesiones en las naves o al exterior de la iglesia, lo que obligó a establecer vías sacras por doquier.

Hoy, cuando buena parte de las ceremonias de católicos o protestantes son relativamente estáticas, nos puede sorprender la cantidad de espacio «libre» que hay en las iglesias antiguas o la buena sonoridad de las mismas. Son las últimas reminiscencias de esta liturgia bizantina de los siglos VI y VII, cuando los emperadores de Constantinopla aspiraron a ser la cabeza política y religiosa de la cristiandad.

Llegados aquí y dado que los ejemplos que hemos venido explicando han sido muy modificados, si quisiéramos ver cómo eran las iglesias originales que se establecieron en los tiempos de Justiniano, solo nos quedaría acudir a la basílica de la Natividad de Belén.

Esta iglesia fue levantada en los tiempos de Constantino. De esa época aún quedan algunos mosaicos bajo el suelo actual, esencialmente con motivos florales y geométricos. Pero fue durante el gobierno de Justiniano cuando se rehízo por completo el edificio. Contaba con un atrio, la actual plaza del Pesebre, donde aún se pueden ver algunas basas y fustes de las columnas que rodeaban ese patio tiradas aquí y allá, utilizadas como bancos por los vendedores de souvenirs. El nártex de acceso fue fortificado tras las cruzadas, ofreciendo esa puerta de pequeñas dimensiones por la que hoy se entra a la iglesia.

El templo tiene una planta de cruz latina, con cinco naves, más ancha y alta la central. A continuación, tenemos el transepto, ya elevado, con sendos ábsides en cada extremo y al fondo el ábside principal. Debajo del transepto se encuentra la cripta donde la tradición marca que nació Jesús.

En tiempos de Constantino, en vez de tres ábsides había solo uno, de planta octogonal, situado siempre encima de la cripta de la Natividad. Los peregrinos podían así o seguir la liturgia desde las

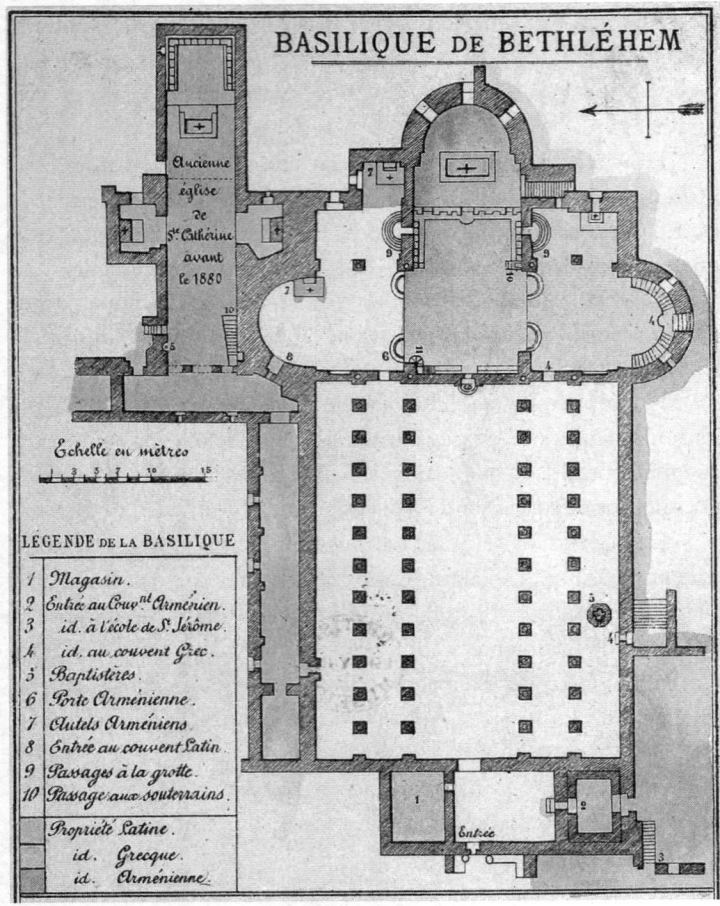

Plano de la basílica de la Natividad de Belén (1881). Archivo del autor.

naves, la planta longitudinal que mira a Dios, o girar en torno a la cripta cuando querían visitarla, en esta ocasión para venerar al Niño Jesús. Esta solución de circular alrededor del objeto de veneración será la que veremos en los deambulatorios o girolas del mundo románico.

Hoy en el ábside principal tenemos el altar mayor cerrado por un iconostasio. En los ábsides laterales tenemos otros altares e imágenes. Si bien todos estos retablos ya son tardíos, posiblemente esta triple cabecera contó desde antiguo con varios altares, el principal para la misa y los laterales para la preparación de la ceremonia.

Pero, además, en Belén podemos ver bien cómo estaban iluminadas estas iglesias bizantinas. La entrada de luz se producía a través de las ventanas abiertas en la parte superior de la nave central y en el muro de la cabecera, orientada al este y que, por tanto, iría recibiendo la luz del sol según avanzaba la mañana hasta lograr la máxima iluminación antes del mediodía. Esto hace que las naves laterales, salvo en momentos muy precisos, quedasen —y quedan— en penumbra. De ahí la necesidad de iluminar con velas —algo que aún se hace hoy, incluso pese al uso de la electricidad—, unas velas que atenuarían un tanto la penumbra. En cualquier caso, el principal chorro de luz se situaría en torno al altar mayor, el espacio más sagrado dentro de la iglesia, pero también habría una gran cantidad de luz en las bóvedas, ese cielo que quedaba dentro del propio templo.

Capítulo 4

LA ROMANIZACIÓN DE LOS PUEBLOS GERMANOS

En 1988, mi colega Inés Díaz encontró un peine roto hecho de hueso en un relleno arqueológico al pie de las murallas de Castro Ventosa, el Bergidum de los romanos, en el municipio de Cacabelos (León). El peine estaba decorado con motivos geométricos grabados en su empuñadura que permitieron asociarlo a la cultura de Cherniajov. Cherniajov es un término bajo el que se agrupan las manifestaciones artísticas de los pueblos asentados en buena parte de lo que hoy es Ucrania, Moldavia y Rumania entre los siglos II y V. De allí, partieron los pueblos godos que entraron en el Imperio romano a finales del siglo IV. No estamos seguros si realmente es un peine para peinarse, o más bien un adorno para llevar en el cabello a modo de peineta.

Junto con el peine, en el relleno donde se encontró pudimos estudiar numerosos fragmentos de cerámica bajoimperial, sobre todo de sigillata hispánica tardía, que bien podían fecharse en el siglo IV, sobre todo en su segunda mitad.

Todo ese material que estudiamos y publicamos —el peine, la sigillata, pero también otros tipos de cerámica, huesos, restos metálicos— no parecía estar asociado a un momento de destrucción, sino que había sido desechado como basura, al otro lado de la muralla, posiblemente cuando ya había dejado de servir. Ahora bien, ¿por qué había llegado un peine de la cultura Cherniajov a las lejanas tierras del noroccidente de Hispania en algún momento de finales del siglo IV o poco después?

Habría que especular un tanto, siguiendo la pista que nos dio el historiador José Soto Chica. Quizás ese peine se pudo hacer en Barlad-Valea Saeca, hoy en Rumania, y de allí lo trajo un vándalo asdingo, que junto a su tribu acompañó a los suevos y los alanos cuando decidieron asaltar las Galias a comienzos del siglo V, hasta llegar a la lejana Galicia, olvidando su peine antes en Castro Ventosa.

Arte para llevar de un lado a otro

Pero más allá de los avatares que pudo vivir nuestro peine de Cacabelos para llegar desde la Dacia al noroeste de Hispania, lo interesante es el valor dado al objeto, hasta el punto de ser testigo de tan larga inmigración. Porque ese es uno de los elementos clave de los pueblos germanos que invadieron el Imperio romano desde

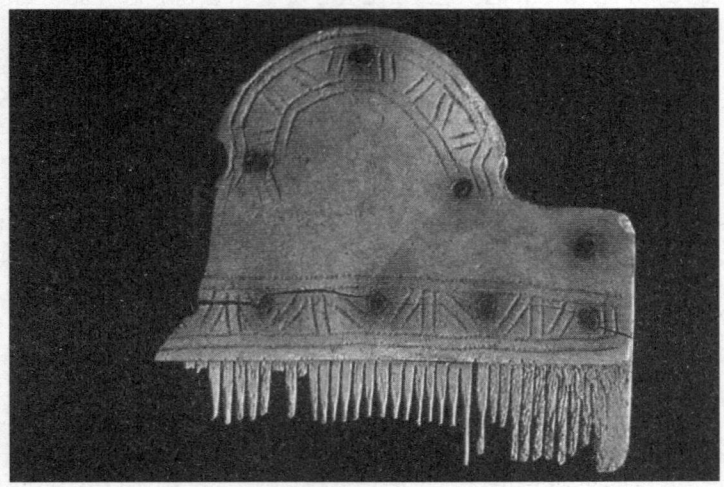

Peine de Cacabelos (siglo IV). Foto: Ayuntamiento de Cacabelos.

finales del siglo IV y, sobre todo, durante todo el siglo V: su carácter seminómada, que les pudo empujar a desarrollar un arte mueble, que podían llevar consigo, como el peine de Cacabelos.

De ahí que cuando estudiamos el arte germano, buena parte de los ejemplos conservados son objetos fáciles de desplazar, como la fíbula —objeto similar a un imperdible— en metal de Alovera, o las hebillas de cinturón de metal de Aguilafuente, todos estos objetos propios del mundo hispanogodo del siglo VI.

Por supuesto, hemos de pensar que esas fíbulas y hebillas son lo que nos queda de unas indumentarias que habían de ser toda una prueba del prestigio de sus dueños. Para unos pueblos que podían verse en la obligación de desplazarse de una generación a otra, la importancia de este arte mueble era clave.

Con todo, nos equivocaríamos si pensásemos que solo los germanos tenían este tipo de arte móvil. Es más, en gran medida los ejemplos que conservamos derivan de tradiciones artísticas romanas, si no es que están elaborados directamente en los talleres de algunos artesanos bizantinos e incluso por la población romana que quedaba bajo el dominio germano.

Un buen ejemplo es la hebilla del cinturón de san Cesáreo, de comienzos del siglo VI. Hecha en marfil de elefante, representa a dos soldados dormidos frente al sepulcro de Cristo justo antes de que Jesús resucitase. Aunque muy esquemáticos, el estudio anatómico de los hombres dormidos con brazos y piernas cruzadas está muy logrado. La idea es representar la realidad, pero haciendo ver que solo es una representación, no la realidad *per se*. El sepulcro aparece como un mausoleo circular de dos niveles, cubierto el superior por una cúpula. Dios como hombre muerto, no como la divinidad inmortal, quedaba así debajo de la cúpula. Este uso de la planta circular para un mausoleo no ha de sorprendernos. La tumba del emperador Octavio Augusto en el Campo de Marte, de finales del siglo I a. de C., es un mausoleo circular. Al igual que la tumba del emperador Adriano, hoy conocida como el castillo de

Sant'Angelo, de la primera mitad del siglo II, también es circular. Es posible que ambos mausoleos pudieran tener algún tipo de remate semicircular que se ha perdido con el tiempo y las sucesivas transformaciones que han sufrido. Eso hace que la tumba de Cristo de la hebilla de san Cesáreo parezca más clásica que las tumbas de los emperadores.

Todo indica que este cinturón con su hebilla perteneció al mismísimo san Cesáreo, un santo de origen galorromano, que ejerció de obispo de Arlés durante buena parte de la primera mitad del siglo VI. Es muy posible que la hebilla fuera hecha en un taller bizantino. No ha de sorprendernos esta producción ebúrnea si pensamos en los numerosos ejemplos que conservamos de dípticos consulares de los siglos V y VI. Los primeros fabricados en Roma, pero ya desde fines del siglo V hechos en Constantinopla. Los dípticos eran dos tablillas unidas por bisagras, la mayoría de ellas hechas en marfil, que se les entregaban a los cónsules en el momento de su nombramiento. Aunque el cargo de cónsul como máxima magistratura había perdido su sentido con la llegada del imperio, el nombramiento de estos se mantuvo hasta que Justiniano abolió el consulado en el 541. De hecho, el último díptico conservado es del 540.

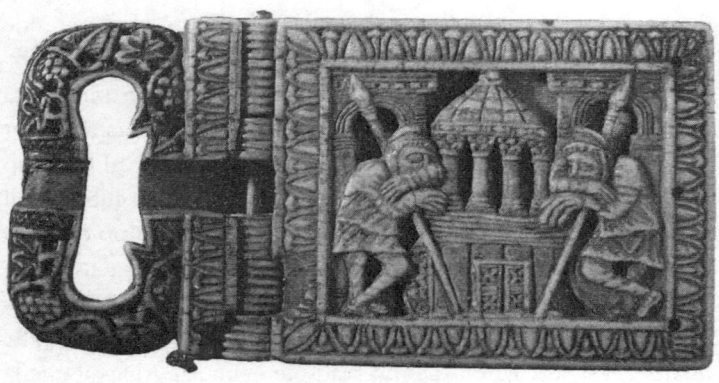

Hebilla de san Cesáreo (siglo VI).

En los manuales, la hebilla de san Cesáreo suele incluirse entre los marfiles merovingios. Si bien no lo hizo un franco ni lo utilizó un franco, sí es cierto que, como reliquia tras la muerte de san Cesáreo, fue ampliamente venerada y se convirtió en un modelo para ese mundo merovingio.

Esta absorción del arte tardorromano y bizantino por parte de los gobernantes germanos resultó fundamental. A la larga, todos estos monarcas bárbaros buscaron su legitimación mediante el vínculo con el mundo romano, el mismo que en Occidente ellos habían hecho caer. Una imitación que podía ser a una pequeña escala o buscar algo grandioso como lo que se había hecho en Roma o se estaba haciendo en Constantinopla.

Pensemos en el caso de Teodorico, caudillo de los ostrogodos. Se coronó rey de toda Italia en el 493, tras derrotar a otro grupo germano, los hérulos, y en nombre del emperador bizantino Zenón. Años más tarde, en el 507, Teodorico se convirtió en regente de hecho del reino visigodo, que incluía buena parte de Hispania y el sur de la Galia. Además, contaba con el vasallaje de los vándalos del norte de África y los burgundios del área central de la Galia. Teodorico prácticamente había recuperado el Imperio romano de Occidente y con esa legitimidad de actuar en nombre del emperador de Constantinopla.

Para rematar su romanización, hizo levantar su mausoleo en las afueras de Rávena a partir del año 520, por esa ley romana que exigía enterrar fuera de las ciudades. Ya hemos hablado de Rávena en el capítulo previo. Antes de ser la capital de Teodorico, Rávena había funcionado como capital del Imperio romano de Occidente de forma casi continuada desde los tiempos de Honorio, a comienzos del siglo v. Con la conquista bizantina de Italia, Rávena seguiría siendo la capital del exarcado italiano.

Por tanto, Teodorico levanta su mausoleo en la ciudad que desde hacía un siglo y por dos siglos más se considerará la capital de la parte occidental del imperio. Este mausoleo consiste en un edificio circular de dos niveles en mármol de Istria. El nivel superior, de menores proporciones que el inferior, está rodeado por una columnata que fue desmontada. Además, está cubierto por una cúpula semiesférica de granito. En esencia, la representación del mausoleo es la que veíamos en la hebilla de san Cesáreo, realizada aproximadamente por las mismas fechas: un edificio de planta circular, el nivel inferior macizo, el superior rodeado por columnas y todo rematado por una cúpula. En el imaginario de la época, estaba claro cómo había de ser una tumba de prestigio. Es posible que la tumba de Teodorico estuviera decorada con mosaicos y estatuas que pudieron ser pillados cuando los bizantinos recuperaron Italia, como ocurrió con las columnas del deambulatorio del nivel superior. Lo que sí se conserva es el sarcófago del rey, una gran bañera en pórfido, esa roca de gran dureza que ganó fama entre los emperadores desde los tiempos de Constantino.

Bien es cierto que la cúpula es de una sola pieza de once metros de diámetro y trescientas toneladas. Su desplazamiento y ubicación sobre la tumba debió suponer un gran reto, que podríamos asociar con la rudeza, por no decir, la brutalidad, de un pueblo bárbaro. Pero eso supondría olvidar que estamos aún en el mundo tardoantiguo, donde la ingeniería romana seguía siendo plenamente conocida. De modo que mover ese gran bloque de granito podía resultar dificultoso, pero no imposible para unos ingenieros que conocieran esa tradición. De esta manera, hasta en el menor de los detalles, Teodorico lograba asociarse a los grandes emperadores romanos. Su tumba se construyó utilizando los materiales y siguiendo las técnicas que habría empleado cualquiera de ellos.

Por supuesto, junto a este vínculo que trataron de desarrollar los monarcas germanos con los emperadores del Alto Imperio, también tenemos ese otro vínculo con la Iglesia cristiana, lo que suponía la aceptación tanto de su credo, como de sus formas litúrgicas y, con ello, sus espacios eclesiásticos.

Aunque había un problema teológico con buena parte de los pueblos germánicos, por ser seguidores del arrianismo —una doctrina cristiana que negaba el dogma de la Santísima Trinidad—. Basado en las prédicas de Arrio, un sacerdote de Alejandría, el arrianismo había sido debatido y condenado en el Concilio de Nicea del año 325 en tiempos de Constantino. Pero sus sucesores, Constancio II y Valente, habían permitido su resurgir. Fue en tiempos de Constancio II, a mediados del siglo IV, cuando Ulfilas, nombrado obispo del país godo, se dedicó a la cristianización de los germanos de la Dacia siguiendo la doctrina arriana. No fue una conversión ni sencilla ni inmediata, pero tanto los visigodos como los ostrogodos se encontraban plenamente asentados en el Imperio romano de Occidente y ambos grupos seguían el arrianismo, pese a que esta doctrina ya había vuelto a ser condenada y marginada en el imperio.

Esta controversia teológica sería causa de enfrentamiento entre las nuevas autoridades germanas y los pueblos romanos sometidos, algo que habría de perdurar largo tiempo, por ejemplo, en Hispania, donde los monarcas visigodos no se harían católicos hasta finales del siglo VI.

Es posible que en las representaciones religiosas sí se dieran diferencias entre los motivos empleados por los católicos y los arrianos, y esto explicaría por qué se eliminaron, como mencionamos anteriormente, los mosaicos de la tumba de Teodorico, arriano él.

Pero en los espacios litúrgicos parece que no se dio una gran diferencia entre católicos y arrianos.

Una liturgia y una arquitectura cada vez más complejas

Sin abandonar la corte de Teodorico en Rávena, este monarca ostrogodo hizo levantar, a comienzos del siglo VI, la iglesia palatina de Nuestro Señor Jesucristo. La advocación no era gratuita. Arrio había negado el dogma de la Santísima Trinidad, considerando que

Jesús fue creado por Dios Padre. Se rebajaba así la divinidad de Cristo, una de las críticas habituales que los católicos lanzaban a los arrianos. Que Teodorico hiciese dedicar su iglesia principal a Jesucristo era, por tanto, una clara respuesta a los ataques católicos. Cierto que no tenía la categoría de Dios, pero Cristo era el personaje religioso más importante solo por debajo de Dios.

Desde el siglo ix, la iglesia se conoce como San Apolinar el Nuevo, cuando las reliquias de san Apolinar, primer obispo de Rávena, fueron trasladadas a este templo desde su ubicación original en Classe, el puerto de Rávena, donde corrían el riesgo de ser saqueadas por los piratas.

La iglesia de Nuestro Señor Jesucristo-San Apolinar el Nuevo fue concebida como un edificio de planta basilical; con un atrio con nártex en el exterior; tres naves, la central más alta y de mayores dimensiones, separada de las laterales por una serie de columnas, y un ábside al fondo. En definitiva, el modelo de San Juan de Letrán de Roma. Una vez más, la doctrina arriana habría de quedar establecida en los mosaicos que decoraban la iglesia, buena parte de los cuales fueron reemplazados décadas más tarde, cuando los bizantinos ocuparon Rávena.

Bien es cierto que la iglesia de San Apolinar el Nuevo ha sufrido una serie de transformaciones importantes. Perdió su atrio porticado, el nártex es una reconstrucción del siglo xvi, junto a él se levantó una torre campanario en los siglos ix o x, y en el lado norte también se construyeron una serie de capillas tardías, así como a cada lado del ábside. El propio ábside fue rehecho en el siglo xviii. Sin embargo, la idea longitudinal, ese tránsito desde el atrio exterior hasta el que era ábside único a través de la nave central, permanece; sobre todo, enfatizada por los mosaicos, ya bizantinos, de las procesiones de las vírgenes y los mártires situados en la nave central y que marcan claramente el camino a seguir hacia el altar.

San Apolinar el Nuevo, por tanto, aun siendo una iglesia arriana, se ajustaba al espacio litúrgico planteado por los obispos de Roma, a comienzos del siglo IV. En definitiva, el espacio propio de la liturgia romana que terminaría por imponerse en toda la cristiandad occidental siglos más tarde.

A las afueras de Rávena, en el puerto de Classe —hoy la costa del Adriático ha retrocedido un par de kilómetros y Classe ya no está en la orilla del mar—, los bizantinos que habían ocupado Italia a mediados del siglo VI hicieron levantar un nuevo templo, este sí dedicado al primer obispo de Rávena, de ahí que se le conociera desde su origen como la iglesia de San Apolinar en Classe.

Hay cuarenta años de diferencia entre los dos San Apolinares. En ese tiempo, Justiniano se ha convertido en emperador en Constantinopla y ha comenzado toda la complejización de la liturgia cristiana. Por un lado, con esa solución central de Santa Sofía, que en la propia Rávena llevó a la construcción de San Vital —iglesia concluida al mismo tiempo que San Apolinar en Classe— y que ya vimos en el capítulo previo.

Pero los espacios longitudinales también se han complicado con esas cabeceras múltiples. Por un lado, el ábside principal, la *bema*, que podía estar separada por una cancela. Y luego los ábsides laterales, el *prothesis* al norte y el *diakonikon* al sur. Esta cabecera múltiple la tenemos en San Apolinar en Classe. El espacio litúrgico del emperador le comía terreno al de los obispos de Roma.

La iglesia de San Apolinar en Classe también ha sufrido algunas modificaciones con el paso del tiempo, tanto en sus estructuras como en su decoración. Queremos señalar la construcción del campanario exento, en la parte posterior, posiblemente hacia el siglo IX, como ocurrió en San Apolinar el Nuevo. Es importante destacar que estas iglesias primitivas no tenían torres campanario, un elemento que se incorporaría siglos más tarde. Pese a que hoy la presencia de las campanas forma parte del imaginario de toda iglesia cristiana, como vemos, fue un añadido relativamente tardío.

Esta complejización del espacio litúrgico también podemos observarla en las iglesias hispanogodas del siglo VI, si bien con la

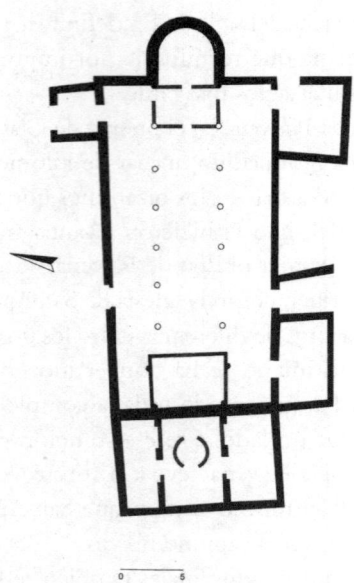

Planta de la iglesia de El Tolmo de Minateda, Albacete (siglo VI).
Dibujo: Loren Lemus.

dificultad de que las conservadas están a nivel arqueológico, por lo que su lectura no resulta evidente.

Un primer caso interesante es la basílica de Segóbriga, en la provincia de Cuenca. La cabecera fue en su origen un mausoleo, quizás del siglo V, de ahí su ubicación a las afueras de la ciudad romana. A ese mausoleo, que se convirtió en el transepto de la iglesia, se le añadieron las naves, una central y dos laterales, y un pórtico de acceso a modo de nártex. En el transepto tendríamos el ábside principal, de planta de herradura, y los compartimentos laterales.

Más elaborada resulta la iglesia de El Tolmo de la Minateda, en Hellín (Albacete), quizás la antigua ciudad de Eio. A los pies de la iglesia, pero claramente separado de esta, había un baptisterio que debió funcionar por inmersión hasta que se rehízo para colocar una pila bautismal. Recordemos que el fiel no podía entrar en la iglesia si no estaba bautizado, de ahí esa marcada cesura entre el templo y el baptisterio.

La iglesia tenía tres naves, rematada la central por un ábside semicircular. Pero posteriormente se incorporaron dos nuevas estancias, al norte y al sur del ábside, formando una especie de transepto. Volvemos a encontrarnos esa cabecera múltiple.

Más complejo aún es el caso de la iglesia de Recópolis, en Zorita de los Canes (Guadalajara). Recópolis fue una ciudad de nueva fundación, creada por el rey Leovigildo, a partir del año 578 un tiempo en el que era excepcional fundar ciudades nuevas en el occidente de Europa.

En Recópolis, se accede a la iglesia por un pórtico que deja a su izquierda el baptisterio —de nuevo, hay que bautizarse antes de entrar en el templo—. La iglesia propiamente dicha tiene una sola nave central que desemboca en el transepto, en el que vamos a encontrar un ábside semicircular al fondo y sendas estancias auxiliares al norte y al sur. Lo llamativo aquí es que cada una de estas estancias tenía sus propios pasillos de acceso desde el pórtico. Es decir, pareciera una iglesia de tres naves, pero en realidad es una iglesia de una sola nave, con dos pasillos, al norte y al sur, claramente separados de esta nave por altos muros, sin comunicación.

El caso de Recópolis muestra bien cómo se había complicado la liturgia, lo que prueba que se construyó tras el gobierno de Justiniano en Constantinopla y la posterior expansión de su influencia por todo el Mediterráneo. Muchos de estos nuevos espacios —los extremos del transepto, los pasillos rodeando las naves— estaban previstos no tanto para la participación de los fieles, que debía ser muy reducida, como para la realización de procesiones en los pasillos, y rezos y cánticos en los altares para la preparación de la liturgia. Es más, quizás los fieles ni siquiera pudieran ver todo este proceso de preparación. Tal como señalamos antes, cuanto más alambicado era el rito, de mejor manera justificaba la institución eclesiástica su papel de mediadora entre los hombres y Dios.

Por supuesto, las dimensiones de Recópolis se alejan mucho de las grandes iglesias imperiales de Constantinopla. Ya lo decíamos estos monarcas germanos tratan de imitar al emperador, aunque sea en pequeña escala. Pero lo importante es cómo se traslada tanto la idea de un rito complejo que refuerza a la autoridad religiosa como que ese rito se vincula a la iglesia del príncipe. Después de todo, aquí estamos en el templo principal de la nueva ciudad fundada por el rey. Leovigildo supo aprovechar, dentro de sus posibilidades, todos los recursos a su alcance para tratar de asemejarse al emperador de

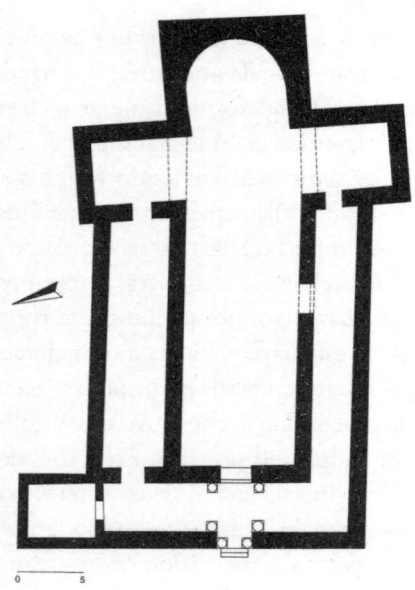

Planta de la iglesia de Recópolis, Guadalajara (siglo VI).
Dibujo: Loren Lemus.

Constantinopla, siguiendo el modelo que ya vimos de Teodorico en Rávena ocho décadas antes.

A la larga, esa cabecera múltiple será uno de los elementos que definió la liturgia hispana y que habría de sobrevivir hasta el siglo XI, pese a la conquista islámica del VIII y la presión de los carolingios y el papado de Roma a partir del IX.

El arco de herradura

Junto a ese empeño por imitar el arte religioso bizantino, incluso desde la oposición arriana, hay otro elemento en la arquitectura hispanogoda que se hace exclusivo de la región: el uso del arco de herradura.

Este elemento ya se utilizaba en relieves funerarios romanos, como las estelas frigias de los siglos II y I a. de C., o la estela de Valens, que se encuentra en el Museo Arqueológico Nacional de Madrid, y es del siglo II d. de C. En todos estos casos, el arco de herradura enmarca o bien el rostro del difunto o bien algún motivo importante para el fallecido. Esa función de enmarcar se difumina cuando el arco de herradura se utiliza como estructura arquitectónica.

El arco que da acceso al interior del Panteón de Roma es de herradura. Se ha señalado que, en determinadas fechas, el haz de luz solar que entra por el óculo que corona la cúpula del Panteón ilumina por debajo de esa entrada, con lo que dicho arco estaría enmarcando al propio haz.

En el caso de la iglesia de Mar Yakob o San Jacobo de Nisibis —hoy Nusaybin, en el sureste de Turquía, cerca de la frontera con Siria—, hay varios arcos de herradura del siglo IV que dan acceso a la iglesia y al presbiterio dentro de la iglesia. La idea de enmarcar algo notable se vuelve todavía más sutil.

Ya los arcos de herradura del foro, hoy zoco de Damasco, del siglo V, son totalmente estructurales y parecen perder cualquier función de enaltecimiento de una figura funeraria o sagrada de no ser por el hecho de que son los arcos que separaban las naves de la catedral de Damasco. Es decir, el concepto de enmarcar lo sagrado se llevaba a la totalidad del templo.

Probablemente, cuando los hispanogodos comienzan a utilizar los arcos de herradura, tienen en mente los que aparecen en relieve en las estelas, como marco simbólico. Acabamos de citar el caso del ábside de la iglesia de Segóbriga, cuya planta es un arco de herradura. Otro buen ejemplo lo tenemos en la cueva de los Siete Altares, en las Hoces del Duratón (Segovia). Se trata de un eremitorio donde, en una de las paredes, se han excavado varias hornacinas con forma de arco de herradura. Aquí, la idea de que el arco está enmarcando los objetos sagrados que podían custodiarse en estas hornacinas parece evidente. Es cierto que no sabemos cuándo se habilitó como eremitorio, más allá de que ya existía en los tiempos hispanogodos.

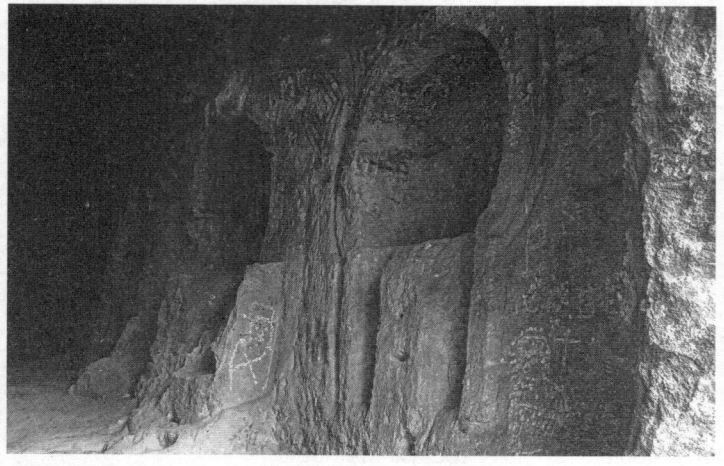

Cueva de los Siete Altares en las Hoces del Duratón, Segovia (siglo VII). Foto: archivo del autor.

A partir de aquí, el uso del arco de herradura se vuelve habitual en las pequeñas iglesias rurales de los siglos VII y VIII, a medio camino entre la función simbólica, cuando el arco da acceso al presbiterio, y la estructural, cuando los arcos actúan como formeros que separan las naves, pero que estarían en línea con lo que se había hecho en Damasco.

Es cierto que hoy se debate la cronología de algunas de esas iglesias consideradas habitualmente hispanogodas, como la de San Juan de Baños, en Baños de Cerrato (Palencia), que se creía levan-

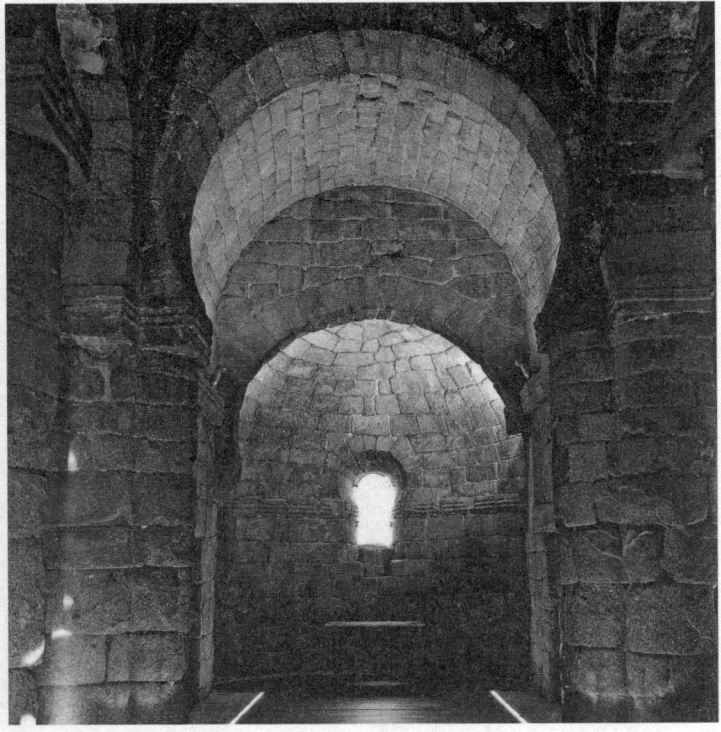

Interior de la iglesia de Santa María de Melque, Toledo (siglo VIII).
Foto: Hugo Canales.

tada en el 661 y que quizás se hiciera varios siglos más tarde. Pero en el caso de Santa María de Melque, en Toledo, tenemos una cronología a partir de radiocarbono que nos ofrece una fecha en el salto del siglo VII al VIII. En Melque, no solo se emplean arcos de herradura, sino que las bóvedas que cubren las naves también son de herradura.

Tras la conquista islámica, el arco de herradura será utilizado tanto por los hispanos que siguieron siendo cristianos y lo usaron como parte indisoluble de su espacio litúrgico; como por los musulmanes, que como veremos, traerán ese arco de la tradición damascena y la unirán a la propia costumbre hispana. Pero eso lo veremos más adelante.

Capítulo 5
LAS PRIMERAS CRUCES DEL CRISTIANISMO

Hacia el año 586, el monje escriba Rábula terminó de redactar su copia de los Evangelios en el monasterio de San Juan de Zagba, situado quizás en el noroeste de Siria. Lo hizo en siriaco, un idioma derivado del arameo. Junto al texto incluyó varias miniaturas. Aún hoy se debate si esas miniaturas son de los tiempos de Rábula o un intercalado posterior.

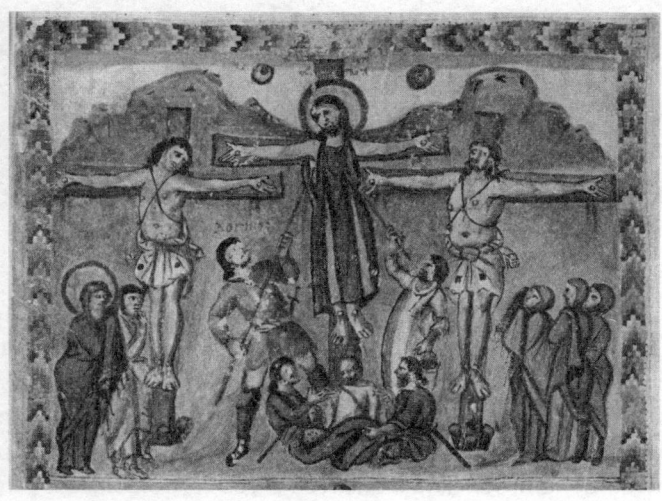

Miniatura de la Crucifixión en el *Evangelio de Rábula* (siglo VI).

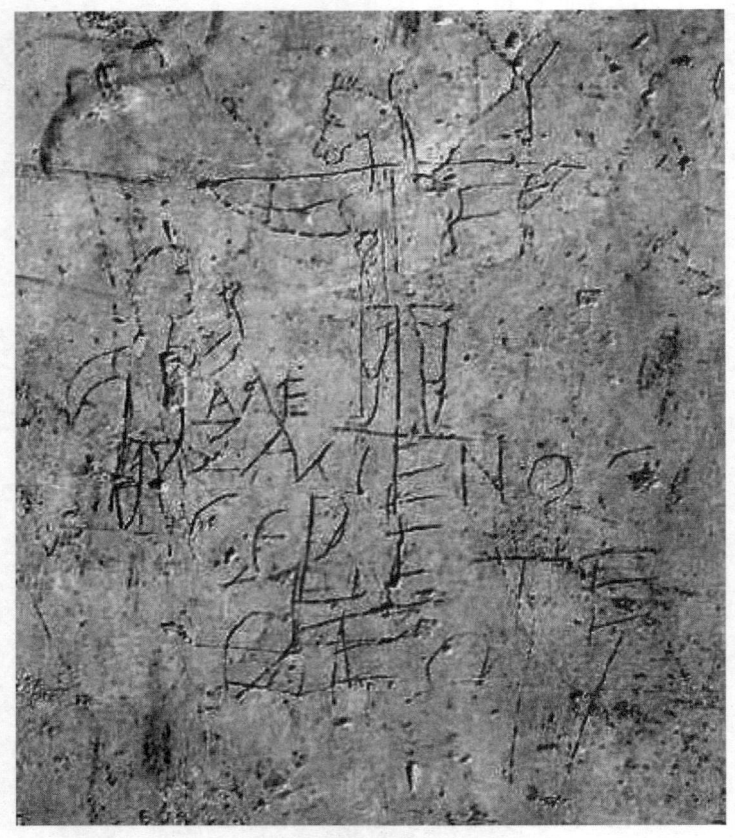

Grafiti de Alexámenos (siglo I).

Lo interesante es que en una de ellas aparece la Crucifixión de Jesús. Cristo está clavado en la cruz, entre los dos ladrones, también crucificados. Es un Cristo barbado, va vestido, su cabeza está rodeada por una aureola y tiene la mirada perdida hacia un lado con más gesto de tristeza que de sufrimiento. A sus pies, a la izquierda, Longinos le clava la lanza; en el centro, tres soldados parecen jugar a los dados, y aún a la derecha está Estefatón, el legionario que le ofreció la esponja. Completan la escena en el extremo izquierdo, la Virgen María, también con aureola, san Juan, y en el extremo derecho, las Santas Mujeres. Tanto la Virgen, como san Juan y las tres Marías miran a Jesús con abatimiento.

Aunque pueda resultar sorprendente, esta pudiera ser la primera vez que aparece Jesús sufriendo en la cruz. No será un tema que vuelva a emplearse con regularidad hasta el siglo XIII. ¿No hay cruces ni crucificados antes del Evangelio de Rábula, de finales del siglo VI?

Sí. El primer crucificado en realidad es un grafiti burlesco, el grafiti de Alexámenos, hallado en las ruinas de una casa excavada en una de las laderas del monte Palatino, en Roma, un grafiti que ha de datarse a finales del siglo I. Clavado en la cruz, aparece un hombre con cabeza de burro. A sus pies, otra figura masculina y la inscripción, en griego «Alexámenos adora a su dios». Claramente, parece una burla de los cristianos, quienes, en esos primeros siglos, evitan representar a Jesús crucificado, por aquello de que la crucifixión era una muerte reservada para los peores malhechores; o, como en el caso del grafiti de Alexámenos, porque haya quien considere que ese Dios que se deja crucificar es un burro.

Una cruz sin Cristo y un Cristo sin cruz

Con la oficialización del cristianismo, a partir del siglo IV, la cruz va a ser representada en dos variantes. La *crux gemmata*, ornamentada con oro y piedras preciosas, donde no está el Cristo clavado, porque simboliza el triunfo de Jesús como Dios majestuoso sobre la muerte, de ahí la importancia de las joyas.

El ejemplo más antiguo conocido lo tenemos en el ábside de la capilla mayor de Santa Pudenziana, en Roma, de finales del siglo IV. La cruz que veíamos en la moneda de Honorio, de comienzos del siglo V, es una *crux gemmata* esquematizada. En la bóveda del mausoleo de Gala Placidia, en Rávena, construido a partir del 420, también podemos ver una cruz dorada; y sin abandonar esta ciudad, es otra *crux gemmata* la que preside el ábside de San Apolinar en Classe, de mediados del siglo VI. Por esa época, también debió colocarse la *crux gemmata* de la cúpula de Santa Sofía de Constantinopla, hoy perdida. Más tardía aún, en orfebrería, tenemos la cruz de oro hispanogoda que cuelga de la corona de Recesvinto, parte del tesoro de Guarrazar, ya de mediados del siglo VII.

La iconografía de la *crux gemmata* había de perdurar durante buena parte del mundo medieval. Ejemplos notables son la Cruz de los Ángeles, de comienzos del siglo IX, y la Cruz de la Victoria, de comienzos del siglo X, ambas en la Cámara Santa de la catedral de Oviedo.

La otra variante en el uso de la cruz, desde el siglo V, es con la presencia de Cristo clavado en ella. Pero un Cristo que no sufre.

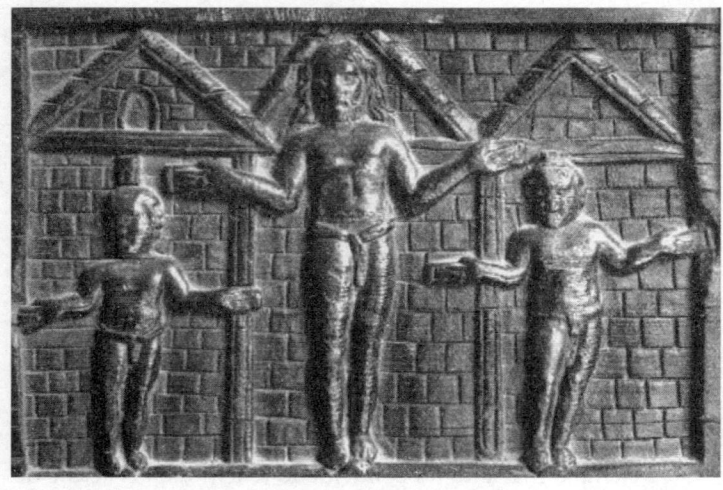

Tablero de la Crucifixión de la puerta de la iglesia de Santa Sabina, Roma (siglo V). Foto: Talmoriayr.

Es cierto que el primer ejemplo conocido presenta una iconografía algo peculiar. Se trata de uno de los tableros de las puertas de la iglesia de Santa Sabina en Roma, datado en el siglo v.

En medio del tablero aparece una posible representación de Cristo, desnudo, solo con el paño de pureza, pelo largo, barbado. Los brazos están medio extendidos y la mano derecha pareciera clavada a un madero. Pero no hay más indicios de la cruz detrás de Jesús. A cada lado tiene otras dos figuras masculinas, quizás los ladrones, más pequeñas, también semidesnudas y con los brazos también semiextendidos; ellos sí, clavados en sendas cruces. Pero son cruces sugeridas, no muy claras. Quizás no se quería hacer demasiado evidente la crucifixión.

Un caso diferente es el de una placa de marfil de un sarcófago, también de la primera mitad del siglo v, posiblemente hecho

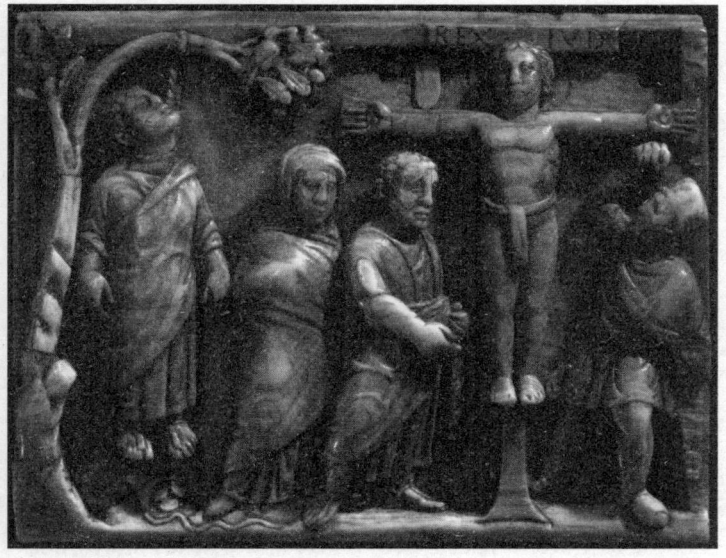

Marfil decorativo de un sarcófago romano (siglo v).
Foto: The Trustees of the British Museum.

en un taller de Roma y que hoy encontramos en el British Museum. Aquí no hay ninguna duda de que Jesús está clavado en la cruz. A sus pies, a la derecha, tal vez un soldado, quizás Longinos. Y a la izquierda, san Juan y la Virgen. En el extremo izquierdo, ahorcado de un árbol, Judas Iscariote. Contrasta la situación de Judas, claramente muerto, con la de Jesús, que parece un atleta clásico algo robusto, más que un moribundo.

En realidad, esta será la variante de Cristo crucificado que podamos ver durante la Antigüedad tardía y la Alta Edad Media, un Jesús que no sufre, que se exhibe en la cruz como el triunfador de la muerte.

De ahí la rareza de la miniatura del Evangelio de Rábula con la que comenzamos este capítulo. A Cristo le hacen sufrir y sufre.

La idea del Cristo sufriente tardará en cuajar en la iconografía cristiana. A partir del siglo X es posible encontrarla, pero hasta el siglo XII, la imagen más habitual será la del *Christus Triumphans*. Jesús en la cruz no sufre, está por encima de la muerte. En definitiva, la iconografía que acabamos de ver en la puerta de Santa Sabina o en el sarcófago del British Museum.

Es cierto que, al ser parte de un manuscrito, las miniaturas del Evangelio de Rábula solo eran conocidas por los lectores que consultaban este códice, de modo que no era una imagen para la feligresía en general. Pero esto no nos ha de hacer olvidar dos ideas importantes. En primer lugar, que el miniaturista estaba tratando de resolver, mediante las imágenes que pintaba, un problema teológico: cómo fue la muerte de Jesús. Y en segundo, que, a su vez, esa representación, al ser vista por otros estudiosos del códice podría ir convirtiéndose en una referencia para los futuros artistas. Es más, posiblemente estos códices fueron la principal fuente de difusión de las ideas artísticas durante el periodo medieval. Los libros era posible moverlos. Los frescos o los relieves de los muros, no.

Pero, además, los miniaturistas tenían un soporte donde su creatividad no estaba especialmente constreñida. Esto habrá de ser

una constante a lo largo de la historia del arte. Serlio, en el siglo
XVI, dibujó en sus tratados soluciones arquitectónicas que no habían de aplicarse hasta años o décadas después, y buena parte de la
arquitectura contemporánea parte de las propuestas establecidas en
los cómics a partir de 1930.

Aún tenemos otra imagen de Jesús, pero sin cruz, que va a
crearse en el siglo V y que sería tremendamente popular hasta el
XII: la *Maiestas Domini*, Cristo en Majestad, un Jesús grandioso,
juez último de la humanidad, que aparece rodeado por evangelistas, apóstoles o santos. Uno de los ejemplos más antiguos lo tenemos en el mosaico del ábside mayor de San Vital de Rávena, de la
primera mitad del siglo VI. Ahí aparece un Jesús joven, sin barba.
Está sentado sobre el mundo, en la mano izquierda lleva un libro
y en la derecha una corona.

Pero esta no será la iconografía más habitual de las *Maiestas
Domini*. De nuevo hemos de regresar al Evangelio de Rábula, donde tenemos otra ilustración en la que se muestran las tablas canónicas, que eran la forma de armonizar los cuatro evangelios antes
de la división a partir de la Baja Edad Media en capítulos y versí-
culos. Dichas tablas están encuadradas en arcos de herradura. Recordemos lo que hemos hablado en el capítulo previo sobre el
arco de herradura como estructura para enmarcar lo sagrado.

Además, en los laterales tenemos otras miniaturas, entre ellas
una *Maiestas Domini*, que aparece en la parte superior izquierda.
En este caso, ya vemos un Jesús barbado y solemne que está sentado en un trono. Con la mano derecha bendice, mientras en la izquierda pareciera tener un orbe, aunque lo normal será que lleve
un libro. Esta sí es la iconografía que habría de tener éxito y, como
decíamos antes, es una imagen que se está produciendo en un
ámbito monástico, donde los teólogos debaten sobre la representación de las Sagradas Escrituras.

Una variante de la *Maiestas Domini* es el Pantocrátor, que
suele mostrar solo el busto de Cristo y sigue bendiciendo con la

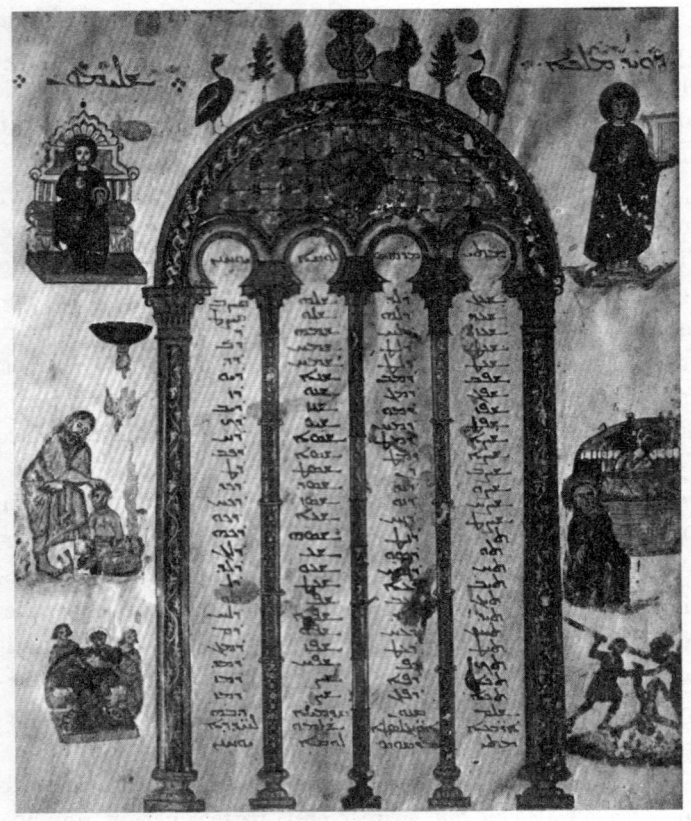

Tabla canónica del *Evangelio de Rábula* (siglo VI).

mano derecha mientras que en la izquierda lleva un libro. Es cierto que esa sutil diferencia entre una *Maiestas Domini* y un Pantocrátor solo la manejan los muy expertos en historia del arte y que, por lo general, son términos que se toman como sinónimos, y así lo haremos aquí.

Estas representaciones del Pantocrátor, del Jesús todopoderoso, pudieron haber surgido ya en el siglo V en los monasterios de Egipto —de nuevo los cenobios como espacio de creación artística—, si bien el ejemplo más antiguo conservado es un icono de mediados del siglo VI, encontrado en el monasterio de Santa Catalina del Sinaí, por tanto, unos cuarenta años antes de la miniatura de Rábula.

En esos momentos, y es una idea en la que queremos insistir, se estaban sentando las bases de la iconografía cristiana y, esencialmente, esta tarea se llevaba a cabo en el Imperio bizantino —en Constantinopla, en Rávena, en Siria, en el Sinaí—, al igual que ocurrió con el espacio litúrgico, como veíamos en páginas anteriores.

Este predominio de Bizancio como generador de arte aún se mantendrá durante el siglo VII. En su primera mitad, destaca la figura de Heraclio, emperador desde el 610 al 641. Heraclio hubo de hacer frente a los persas sasánidas de Cosroes II, a los que logró derrotar; y a los ataques de los ávaros y eslavos, a los que también pudo frenar. Pero ya no logró detener el avance de los árabes que ocuparon la totalidad del Imperio persa —empobrecido tras su larga guerra contra Bizancio— y le arrebataron a Heraclio Siria y Egipto.

Sin embargo, estos reveses militares no impidieron que los bizantinos siguieran marcando la creación artística, no solo en el mundo cristiano —como vimos en esas iglesias hispanogodas cuyo espacio litúrgico es claramente deudor suyo—, sino también entre los musulmanes, donde los califas omeyas imitaron el arte de Constantinopla, y además contrataron constructores y musivaras bizantinos, como tendremos ocasión de ver en el capítulo siguiente al estudiar la Cúpula de la Roca, la gran mezquita de Damasco o los palacios del desierto.

A favor y en contra del culto a las imágenes

Pero todo empezó a cambiar durante el siglo VIII.

Por un lado, los bizantinos siguieron perdiendo terreno: frente a los búlgaros, en los Balcanes; y frente a los lombardos, en Italia.

Además, entraron en un largo conflicto interno, la querella iconoclasta. Mientras tanto, en la península ibérica, el reino hispanogodo desapareció en el 711 ante el empuje islámico; y la dinastía
omeya fue eliminada en el 750 por sus rivales, los abasíes, que
buscaron nuevas fuentes de influencia en Oriente, sobre todo en
el mundo persa.

Esa debilidad del Imperio bizantino —más la desaparición de
los hispanogodos y la crisis omeya— fue aprovechada por los papas
de Roma y sus principales aliados, los carolingios, una nueva dinastía que había conquistado todo el poder sobre las tierras merovingias
—en la actual Francia— desde el 751 cuando Pipino el Breve, padre
del futuro emperador Carlomagno, se hizo coronar rey.

A partir de ese momento iremos asistiendo a un progresivo
crecimiento de la autoridad papal, una autoridad más moral que
política sobre la cristiandad latina, que se evidenciará, entre otros
elementos, por la paulatina imposición de la liturgia romana en el
occidente de Europa.

Aunque esto no supondrá una ruptura inmediata con las formas artísticas de Bizancio.

Hemos citado la querella iconoclasta, un movimiento contrario a la veneración de las imágenes que devino en un enfrentamiento violento entre los partidarios y los detractores de esta
práctica. Hubo una primera etapa, entre el 726, cuando el emperador León III suprimió el culto a las imágenes, hasta el 783, cuando se celebró el II Concilio de Nicea en el que participaron tanto
representantes de la Iglesia de Constantinopla, como de la de
Roma.

¿Por qué León III había decidido suprimir el culto a las imágenes? A pesar de que este emperador logró contener los avances
militares de los árabes, pudo estar influido por la doctrina islámica,
opuesta a las imágenes sagradas —no a las imágenes en general, ya
que en esos años los omeyas decoraban sus palacios con figuras
humanas.

También se ha argumentado la necesidad que León III, y el propio patriarca de Constantinopla, tenían de hacer frente al excesivo poder de los monasterios, poseedores de los iconos más populares y que les había permitido acrecentar su influencia sobre los feligreses. Eliminar las imágenes, por tanto, era quitarles ese poder a los monasterios y devolvérselo al patriarca de Constantinopla, de ahí su apoyo al emperador.

Pero no hemos de olvidar que desde el siglo IV hemos visto una obsesión manifiesta por romper con los cultos paganos, caracterizados por esos dioses representados de forma muy naturalista y, a la larga, por evitar la idolatría. El movimiento del emperador León III no era más que la culminación de esa lucha.

Sin embargo, tras el II Concilio de Nicea, se volvió a permitir la veneración, que no la adoración, de las imágenes, tratando de evitar así la idolatría. A partir de ese momento, se reforzó todo un programa iconográfico, que aún se mantiene en los iconos ortodoxos, en los que las figuras representadas, siendo fácilmente distinguibles —los rostros, el cuerpo, las vestiduras, los atributos…— no habían de ser naturalistas para evitar cualquier equívoco.

Aunque la querella iconoclasta no acabó tras el II Concilio de Nicea. Volvió a activarse en Bizancio entre el 813 y el 843. Los reveses que los sucesivos emperadores bizantinos habían sufrido hasta el 813, se consideraba que eran debidos al error teológico de haber vuelto a aceptar las imágenes. El mayor exponente de la iconoclasia fue el emperador Teófilo, quien gobernó entre el 829 y el 842. Hombre muy culto, versado en teología, admiraba, además, la corte abasí de Bagdad, con lo que a sus dudas doctrinales volvían a unirse la influencia de la iconoclasia islámica. Su agresividad para acabar con los iconos y, a su vez, con los iconódulos —los partidarios de las imágenes— no impidió que a su muerte su hijo Miguel III, bajo la regencia de su madre Teodora, volviera a permitir, ya de forma definitiva, el culto a las imágenes.

Podemos preguntarnos si esa voluntad de acabar con dicho culto supuso la desaparición total de la representación figurativa humana. No fue el caso. De nuevo, hemos de acudir a la numismática, pues ahí podemos ver cómo en las monedas acuñadas en esos tiempos sí aparecían rostros humanos. En un sólido, datado entre el 820 y el 829, en el anverso aparece el rostro del emperador Miguel II. En el reverso, el de su hijo Teófilo —el que volvió a prohibir las imágenes—. Pero toda la representación está dominada por el esquematismo: el rostro esbozado de frente, los ojos almendrados muy abiertos, la mano de Miguel II es pequeña y alargada.

Cabe pensar que, al no tratarse de figuras religiosas, habría resultado posible ser más realistas. Pero hemos de darnos cuenta de que entre los atributos imperiales estaban las cruces, que los dos llevan en las manos y sobre las coronas. Son emperadores cristianos y hacen gala de ello. Aunque es posible que tanta cruz también pueda confundir, de modo que se evitaban líos de idolatría volviendo a acudir a representaciones poco naturales.

Las querellas iconoclastas no fueron solo un problema exclusivo de Bizancio. En la cristiandad occidental, el temor a la idola-

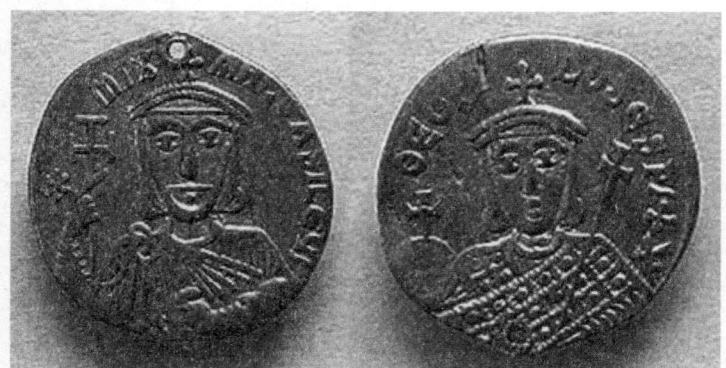

Sólido del emperador bizantino Miguel II (820-829). Foto: archivo del autor.

tría también fue una constante, de ahí que, durante varios siglos, en las imágenes que habían de estar expuestas al público, los artistas se esforzaran por evitar cualquier atisbo de adoración inapropiada, abogando por una representación esquemática de las figuras. No pintaban de forma antinatural por no saber hacerlo de otra manera, sino porque debían hacerlo así.

Capítulo 6
ARTE ÁRABE PREISLÁMICO Y OMEYA

Mahoma murió en Medina en el año 632. Antes había logrado que las tribus que estaban repartidas por toda la península arábiga, ese inmenso territorio que se extiende desde los valles del Jordán y el Éufrates al océano Índico, estuvieran unidas por primera vez en su historia, y había establecido La Meca como capital de ese nuevo Estado y como su principal centro religioso.

Sus sucesores, claramente reforzados por esa unión de los árabes, pudieron atacar a los imperios vecinos del norte, los persas sasánidas y los bizantinos que, como vimos antes, se habían estado peleando entre ellos desde hacía seis décadas.

Los árabes lograron ocupar Persia, Siria y Egipto con relativa facilidad. En el año 658, Muawiya I de la familia de los Omeya, que había estado actuando como gobernador de Siria, fue nombrado califa y trasladó la capital desde La Meca a Damasco. Muawiya siguió adelante con las campañas militares y llegó hasta el Magreb. Sus sucesores fueron más lejos, ocupando desde la península ibérica hasta el valle del Indo, a comienzos del siglo VIII.

En esos inicios del siglo VIII, buena parte de los súbditos de los califas omeyas eran cristianos. Muchos de ellos habían cooperado con los conquistadores árabes. Es conocido el caso de los coptos egipcios, enfrentados a las autoridades de Constantinopla desde hacía largo tiempo, que ofrecieron su maestría en el mar para mover las naves que Muawiya I envió contra los bizantinos; o de algunos señores hispanogodos, como Teodomiro de Murcia, que pactó con los conquistadores musulmanes de la península ibérica para que respetasen sus dominios del levante peninsular.

La presencia de todos estos súbditos cristianos, más la influencia del emperador de Constantinopla que pese a las derrotas seguía siendo un referente, va a hacer que el califato omeya trate de imitar al Imperio bizantino, incluyendo el arte áulico.

Podemos preguntarnos si no había referentes artísticos en Arabia que los omeyas pudieran imitar. Los había, pero en unas pocas regiones, esencialmente tres, y estaban también influidas por la tradición helenístico-romana.

Esas tres regiones con un rico patrimonio artístico eran Palmira; la Arabia Pétrea, en esencia, el Sinaí y el margen oriental del Jordán; y el Yemen.

En el caso de Palmira, en el límite norte del desierto sirio, su origen se remonta a los tiempos helenísticos, siendo convertida por los romanos en uno de los puntos clave de la frontera frente a los persas. Entre el 267 y el 272, fue capital del efímero imperio de la reina Zenobia. Al volver a ser tomada por los romanos redujo su tamaño e importancia, de modo que cuando la ocuparon los árabes en el 634, ya solo era un pálido reflejo de sus tiempos de gloria.

En el caso de la Arabia Pétrea tenemos las ciudades vinculadas con la ruta del incienso, ruta por la que, desde el Yemen, las caravanas traían incienso y especias hacia el mundo mediterráneo. Ahí se desarrolló el reino de Lihyan, también llamado Dedán, en el norte de Arabia, del que conservamos algunos edificios de poder y bastante estatuaria, deudora sobre todo del Egipto de los faraones.

Lihyan fue conquistado por los nabateos, cuya capital, Petra, fue la ciudad más importante de esta región. Petra debía mucho de su arte al mundo helénico y más tarde bebería de los romanos, cuando se convirtió en un estado vasallo de estos en el siglo I a. de C.

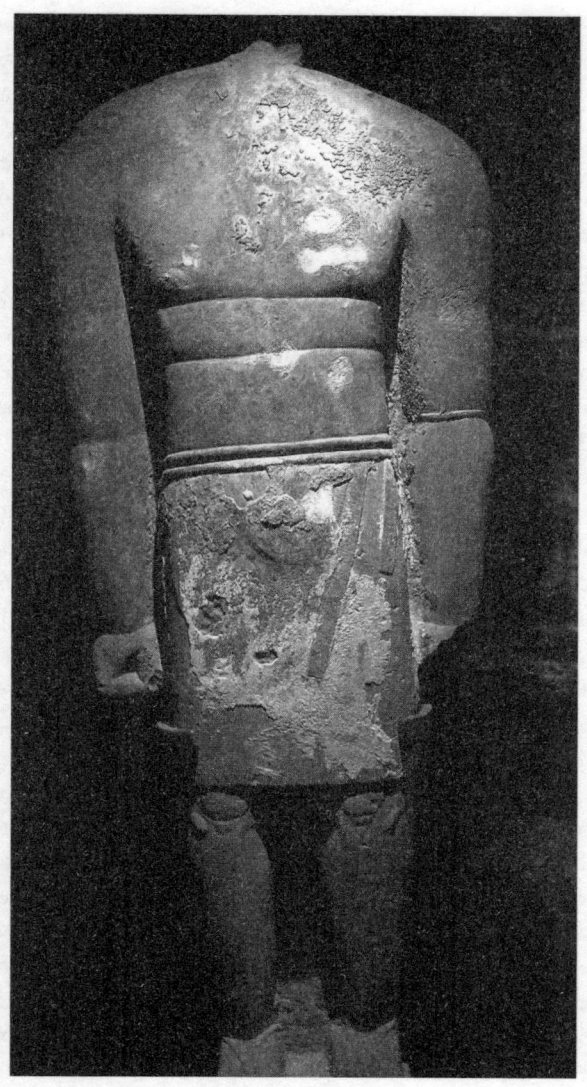

Estatua del reino de Lihyan (siglos IV-III a. de C.).
Foto: Wolfgang Sauber.

Pero esta importantísima ruta comercial que venía desde el Yemen quedó bloqueada cuando en tiempos de Teodosio se prohibió, de manera provisional, el uso del incienso en las prácticas religiosas. Con los años, el incienso volvió a la liturgia y las rutas hacia el Yemen se recuperaron, pero Petra quedó fuera de ellas, cayendo en el olvido la ciudad y todo su conjunto monumental, el de tradición nabatea y las ampliaciones romanas, hasta su redescubrimiento en el siglo XIX.

La tercera región con arte notable de la Arabia preislámica era el Yemen. Lugar de producción de resinas aromáticas como el incienso, que acabamos de citar, o la mirra. El comercio de estas desde el siglo III a. de C. había permitido el desarrollo de una serie de reinos como el de Hadramut, con ciudades como Shabwa y el puerto de Qana; el de Saba, con urbes como Marib y Saná; o el de Himyar, con su capital en Adén. La importancia de esas relaciones mercantiles con el mundo helenístico y el romano se tradujo, entre otras cosas, en la influencia artística que estos dejaron en el Yemen. En Shabwa, por ejemplo, es posible ver las ruinas de un monumento con columnas de tradición griega, o podemos contemplar en el Museo Nacional de Saná la estatua de uno de los reyes himyaritas, Dhamar Ali Yahbur II, gobernante del siglo III o siglo IV, que bien podría haber sido un bronce romano.

La crisis de finales del siglo IV, por la prohibición del incienso de Teodosio, que citábamos antes, afectó de forma notable al Yemen. Pero cuando las rutas comerciales se restablecieron, la región se recuperó y se volvió especialmente atractiva para los reinos vecinos: los bizantinos, los persas, pero también el reino de Aksum —el mítico reino etíope cristiano del preste Juan—. Hasta el punto de que a mediados del siglo VI, Abraha, general enviado por el rey de Aksum, conquistó el Yemen, se hizo nombrar rey e instaló su capital en Saná. Allí hizo levantar una iglesia cristiana, al Qalis, de la que hoy solo se conserva parte de la cimentación. La tradición considera que el mismísimo Justiniano hizo llegar a constructores y musivaras bi-

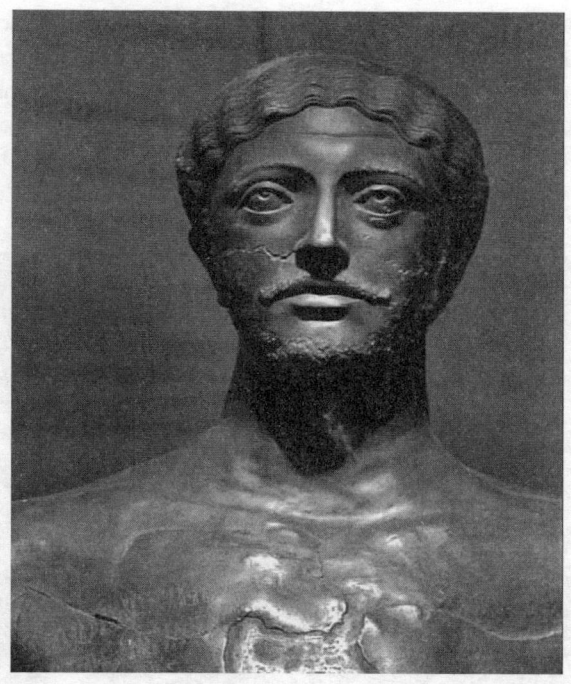

Retrato del rey himyarita Dhamar Ali Yahbur II (siglos III-IV).
Foto: Retllac Snellac.

zantinos para que colaborasen en la edificación de esa iglesia, levantada en piedra y decorada con numerosos mosaicos.

Cuando el Yemen fue conquistado por los musulmanes, la iglesia de al Qalis comenzó a ser desmontada, tanto para la construcción de la nueva gran mezquita de Saná, como, ya a comienzos del siglo VIII, para recuperar parte de sus columnas y mosaicos, y decorar con ellos la gran mezquita de La Meca, la de la Kaaba.

Fuera de Palmira, Petra y el Yemen, todos bajo el influjo del mundo helenístico y romano, ¿no había arte en el resto de Arabia? Sí, pero menos vistoso y más efímero.

De partida, las principales manifestaciones artísticas estaban asociadas al mundo religioso. Estas tribus árabes preislámicas adoraban todo tipo de ídolos. En muchos casos, no eran más que piedras sagradas, la más famosa es la piedra negra de la Kaaba en La Meca. En otros, podían presentar rasgos antropomórficos. De nuevo, los ejemplos más conocidos vienen del Yemen, hechos en ala-

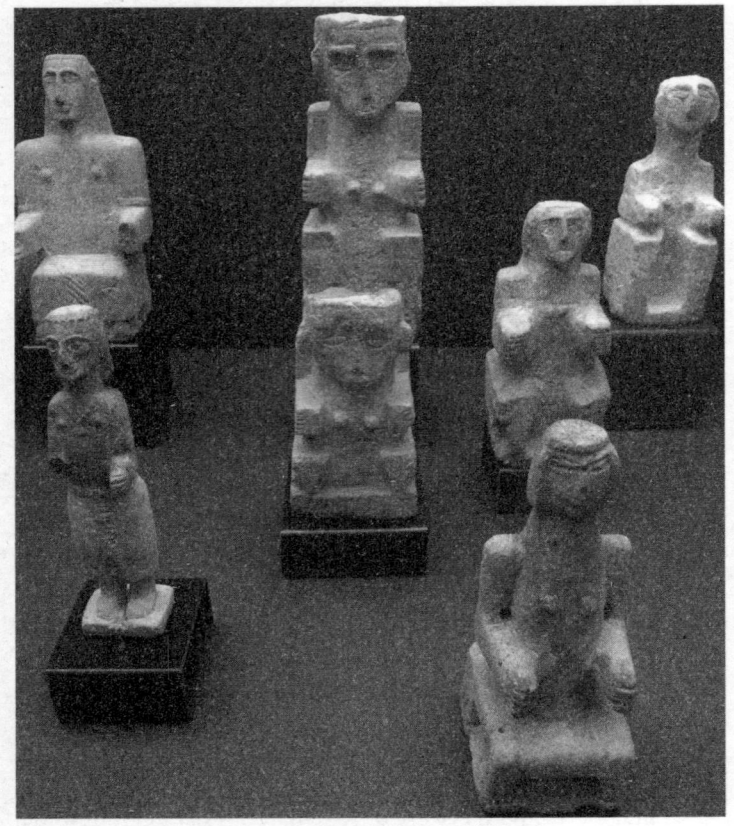

Idolillos en alabastro del Yemen preislámico (siglos iii-i a. de C.).
Foto: Sailko.

bastro, si bien la mayor parte de los ejemplos conservados están fechados antes de Cristo.

Algunos de estos ídolos podían representar a divinidades más o menos populares, como las diosas Al-Lat, Al-Uzza —vistas como diosas de la fertilidad o el amor—, o Manat —el destino—, en algún momento consideradas hijas de Alá, lo que no impidió que su culto también fuera proscrito.

Pero junto a estas divinidades más populares, había otras muchas. Prácticamente, cada familia de ese mundo árabe preislámico contaba con un idolillo en el hogar, al que, en muchos casos, se considera una divinidad *per se*.

La tradición islámica cuenta que cuando Mahoma regresó a La Meca, ya victorioso, hizo destruir cientos de estos ídolos que estaban colocados en la Kaaba. Más allá de que la cantidad sea real, lo que nos muestra esta historia es el empeño iconoclasta, antiidolátrico, de Mahoma y sus seguidores que, como hemos visto, llegaría al mundo bizantino décadas después.

Fuera de estas manifestaciones artísticas vinculadas al mundo religioso, es posible que entre los árabes preislámicos pudiera haber un arte más mundano. Pensemos en la vestimenta tradicional, en esencia, todo tipo de túnicas, de pañuelos para cubrirse la cabeza y de sandalias cuando se iba calzado. Puede parecernos un repertorio relativamente limitado y sin grandes cambios a lo largo del tiempo. Sin embargo, podía haber una gran variedad tanto en los tejidos, como en los bordados y acabados que no solo mostraran diferencias en el estatus social, sino también en los orígenes étnicos, adscripciones religiosas o, sencillamente, modas.

Aún habría un último tipo de arte que aún pervive hoy: el tintado de la piel, el cabello o las uñas utilizando henna o alheña, pudiendo generar unas decoraciones muy complejas. El uso de la alheña aplicado al cuerpo humano con fines artísticos es conocido en el Mediterráneo oriental y Egipto desde el segundo milenio a. de C. No tenemos constancia desde cuándo era empleado en el mundo árabe, pero sí conocemos la leyenda de un grupo de mujeres yemeníes, practicantes de religiones preislámicas, que se decoraron con alheña para celebrar la muerte de Mahoma y fueron condenadas por ello, lo que nos da un indicio de que este tinte formaba parte de los rituales preislámicos. El caso de las mujeres yemeníes no provocó la prohibición de la alheña, puesto que el propio Mahoma se pintaba el cabello y la barba con henna, un hábito que siguen practicando muchos musulmanes.

Llegados aquí hemos de ser conscientes, siempre con excepciones como el Yemen, de que las principales manifestaciones artísticas de una sociedad de recursos limitados y seminómada como los árabes fueron sus idolillos, sus vestidos o sus propios cuerpos, en definitiva, lo que podían cargar con ellos —como les había ocurrido a los pueblos germanos mientras se desplazaron dentro del Impero romano—. Un arte probablemente interesante, pero efímero. Además, ni siquiera tuvieron una orfebrería o una alfarería destacada —de nuevo, con la excepción del Yemen—, por lo que en el momento que los califas omeyas han de construir una verdadera corte, lo hicieron absorbiendo las creaciones artísticas de los imperios ocupados. De ahí la gran dependencia inicial respecto a Bizancio —y también respecto a Persia a partir de los abasíes—, una dependencia aún más agudizada por la propia relación que las regiones árabes con un arte notable —Palmira, la zona nabatea, o el Yemen—, ya habían tenido con el mundo helenístico en el pasado, y con Bizancio en las décadas previas a la conquista islámica.

El primer gran califato

Por tanto, cuando se sentaron las bases del primer gran califato islámico, el de los omeyas, fue inevitable la réplica del modelo bizantino y toda la tradición clásica que traía consigo.

Ya dijimos anteriormente que el primer califa omeya, Muawiya I, había decidido establecer Damasco como su capital, de modo que las obras más destacadas de este califato las vamos a encontrar en el Sham, la gran Siria, o lo que hoy son los estados del Líbano, Siria, Israel, Palestina, Jordania y el sur de Turquía.

Muawiya había llegado al poder en el 661, tras enfrentarse a los ejércitos de Alí, cuarto califa, yerno de Mahoma y líder al que aún hoy consideran como heredero legítimo los chiitas, en la que fue la primera fitna —guerra civil islámica—. A la muerte de Muawiya en el 680, sus descendientes debieron hacer frente a una nueva guerra civil, la segunda fitna, donde los omeyas acantonados en Siria hubieron de combatir contra los otros líderes árabes levantados, por una parte, en la propia Arabia; y por otra, en la zona de Irak y Persia.

Esta segunda fitna concluyó cuando Abd el Malik, de una rama secundaria de los omeyas, pero siempre con base en Siria, acabó con todos sus enemigos. Abd el Malik había sido proclamado califa en el 685, pero no alcanzó esa paz hasta el 692. A partir de ese momento, durante medio siglo, los omeyas lograron una relativa estabilidad interna que les permitió sentar las bases de un verdadero estado califal.

Abd el Malik, bien asentado en Siria, decidió optar por Jerusalén como la nueva ciudad santa de los musulmanes, frente a La Meca o Medina, donde estaban sus derrotados rivales y cuyas mezquitas el propio califa había destruido durante la guerra. Fue así como en el 691 Abd el Malik ordenó la construcción de la Cúpula de la Roca. No fue la primera mezquita edificada, pero sí la más antigua conservada. La Cúpula de la Roca es un templo de planta octogonal con tres naves: dos externas concéntricas, y el espacio central cerrado por una gran cúpula que protege la gran roca natural desde la que la tradición islámica considera que Mahoma ascendió a los cielos. Las naves están separadas por series de arcos ojivales sobre columnas y pilares en el primer uso constatado

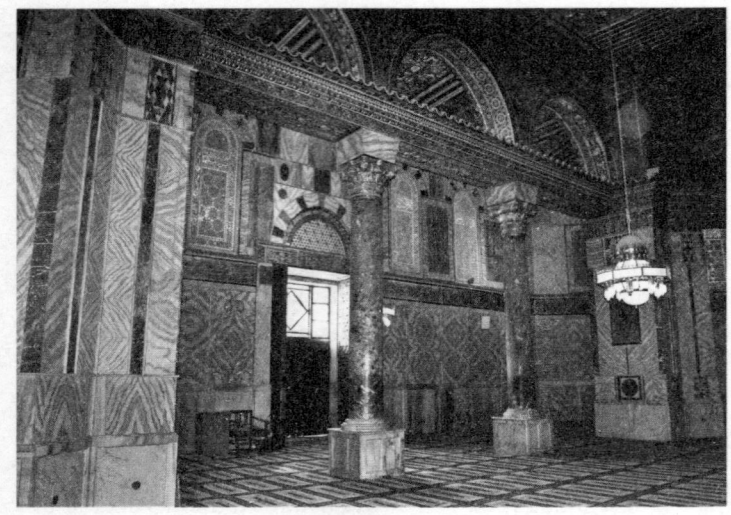

Interior de la Cúpula de la Roca de Jerusalén (siglos VII-VIII).
Foto: archivo del autor.

de este tipo de arco en arquitectura en los territorios del antiguo Imperio romano. A partir de ahí, el arco apuntado se erigió como una de las marcas de la arquitectura islámica de estos primeros siglos. Y fue en Próximo Oriente donde los cruzados que llegaron a Tierra Santa a comienzos del siglo XI hubieron de aprender esta técnica ojival, que se llevaron a continuación a la Europa occidental, donde se convirtió en una de las bases de la arquitectura gótica.

La planta de la Cúpula de la Roca se asemeja más a un mausoleo que a un espacio para la liturgia cotidiana. Quizás los cimientos ya se habían establecido en tiempos bizantinos, acaso para un mausoleo que pudiera estar dedicado a san Esteban. Pero la deuda de los omeyas con los bizantinos no se ciñe a la planta. Prácticamente todo el conjunto es heredero del arte bizantino: las columnas clásicas, la decoración de mosaicos y, sobre todo, la cúpula. Ya vimos antes la importancia que los emperadores habían dado a los espacios cupulados. Debajo de la cúpula se colocaba el monarca. No importaba que fuera un edificio religioso. Era, sobre todo, un símbolo de poder. Y a partir de la Cúpula de la Roca, las mezquitas del islam occidental habrían de tener todas, al menos, una cúpula sobre las naves. No porque encarnase ese poder, sino porque estaban imitando la arquitectura del emperador bizantino, es decir, lo mismo que hacían los monarcas de Europa occidental de ese mismo periodo.

Abd el Malik murió en el 705, siendo sucedido por su hijo Walid I.

Walid I reconstruyó las grandes mezquitas de Arabia —las de Medina, La Meca y Saná—, que habían sufrido severos destrozos durante la segunda fitna. Pero, además, concluyó dos nuevas mezquitas.

La primera en Jerusalén. La mezquita Al Aqsa, no muy lejos de la Cúpula de la Roca, que había sido iniciada por su padre sobre una mezquita más pequeña previa y que Walid terminó hacia el 705. Pese a que la mezquita ha sufrido numerosas reconstrucciones —fruto de los avatares causados por los terremotos y las cruzadas—, sabemos que el templo original contaba en el sur con la quibla, el muro que ha de mirar hacia La Meca y al que se dirige la oración, en medio de la cual se abría el mihrab, el pequeño ábside que había de quedar en eje con la Cúpula de la Roca.

Desde el punto de vista litúrgico, el mihrab no era necesario. Los musulmanes sencillamente habían de orar mirando a la quibla, por servir este muro de referencia en la orientación hacia La Meca. Sin más.

Que a partir de Walid I se insertara el mihrab, no solo en Al Aqsa, sino también en las mezquitas que reconstruyó en La Meca y Medina, nos lleva a preguntarnos si el califa estaba inspirándose en los ábsides de las iglesias cristianas bizantinas, aunque manejando unas dimensiones menores.

A partir de la quibla se desarrollaban una serie de naves, siendo la central más ancha que el resto. Hoy vemos siete, llegó a tener hasta quince, pero no estamos seguros del número que tuvo la mezquita de Walid I —posiblemente, siete, como en la actualidad—. Lo que sí sabemos es que el conjunto era mucho más largo que ancho, una disposición que copiaba claramente a las iglesias cristianas y que se abandonaría muy poco después ya en la gran mezquita de Damasco, en esa búsqueda de una tipología propia para el templo islámico.

Esa gran mezquita de Damasco la inició también Walid I a partir del 706, para lo que desmontó la catedral bizantina existente, que había estado bajo la advocación de san Juan Bautista y que había sido una sala de oración compartida por cristianos y musulmanes —los cristianos orando hacia oriente y los musulmanes hacia el sur—. Aquí ya se sentaron las bases de cómo había de ser una mezquita canónica. Contaría con un patio previo a la sala de oración. En ese patio, se situaría una fuente para las abluciones. Luego, la sala de oración sería más ancha que larga, con veintitrés naves, la central más ancha que el resto, de tres tramos cada nave, separados por columnas soportando arcos de herradura. Unos arcos de herradura que se reemplearon de los que había tenido la catedral bizantina. Hemos dicho antes que el tipo de arco que más emplearon los musulmanes en estos primeros siglos del islam fue el ojival. Sin embargo, durante el periodo omeya, hasta la caída de la dinastía en el 750, junto al ojival es posible encontrar arcos de herradura. Con la llegada de la dinastía abasí los arcos de herradura se dejaron de lado, salvo en la península ibérica, donde se refugió el último omeya, Abderramán I —primer emir independiente de Córdoba—, quien utilizó arcos de herradura en la construcción de la gran mezquita cordobesa, uniendo así la tradición de sus antepasados de Damasco con los propios hábitos constructivos del mundo hispanogodo que vimos antes.

Pero regresemos a la planta de la gran mezquita de Damasco. Al crear esa sala de oración más ancha que larga, con muchas naves pero cortas, Walid I hizo como si hubiera girado una iglesia noventa grados. Posiblemente, ese giro no era gratuito, sino una ruptura clara entre el espacio cristiano y el islámico.

Es cierto que esto permitía, al aumentar el número de naves con menos tramos por nave, que un mayor número de creyentes pudieran orar lo más cerca posible de la quibla. Pero hemos de pensar que esa idea surge tras girar la mezquita, más que como causa de ese giro.

¿Fue Damasco la primera mezquita que ofreció esa solución? Realmente, no podemos saberlo, porque las mezquitas previas que acabamos de citar —Medina, La Meca y Saná— fueron reconstruidas e ignoramos cómo eran antes de Walid I. Pero el hecho de que la mezquita Al Aqsa de Jerusalén, construida poco antes de la gran mezquita de Damasco, conservara aún la planta funcional de una iglesia cristiana, nos puede hacer pensar que sí fue Damasco la que sirvió como modelo para las futuras mezquitas.

Aún había otro elemento característico de una mezquita a añadir: el alminar o minarete, esa torre desde donde el almuédano o muecín llama cinco veces al día a la oración.

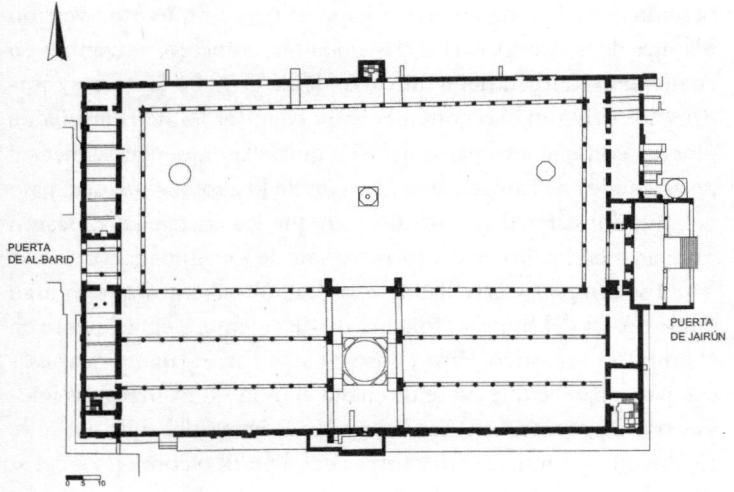

Plano de la mezquita omeya de Damasco (siglo VIII). Dibujo: Loren Lemus.

El alminar más antiguo conservado es el de la mezquita de Kairuán, en Túnez. Aunque esta mezquita se levantó por primera vez hacia el 670, cuando se creó la propia ciudad de Kairuán, fue destruida poco después, habiendo de ser reconstruida varias veces a lo largo de su historia.

En concreto, entre el 724 y el 728, el califa Hisham, también hijo de Abd el Malik y hermano de Walid I, hizo una serie de mejoras en la mezquita, que incluyeron la construcción del alminar. La mezquita fue demolida y reedificada varias veces más en los siglos siguientes, pero la base del alminar sigue siendo la de los tiempos de Hisham.

Esto hace que el minarete de Kairuán sea el más antiguo conservado y que, además, puede ser el más antiguo construido. En Damasco, por ejemplo, el primer minarete, de los tres que hoy tiene, no se levantó hasta el 831. En la explanada de las mezquitas de Jerusalén, el minarete más antiguo conocido es de finales del siglo IX.

Como decíamos antes, los minaretes sirven para llamar a la oración y tradicionalmente se ha considerado que es la versión islámica de los campanarios cristianos. Sin embargo, si tenemos en cuenta que Kairuán tiene minarete desde el 724 y las torres campanarios más antiguas conservadas pueden ser las de la abadía de Corvey, construidas a partir del 873, quizás la influencia se diera al revés. La idea de llamar a la oración desde lo alto de una torre pasó del mundo islámico al cristiano, solo que los cristianos colocaron campanas en lo alto de esa torre, en vez de un almuédano.

Las campanas para llamar a la oración sabemos que se usan desde finales del Imperio romano de Occidente, esencialmente en el ámbito monástico. Pero construir una torre para colocar esas campanas parece que no se dio hasta el siglo IX. Es más, a las iglesias previas, como San Apolinares de Rávena del siglo VI, se le añadieron los campanarios a finales del siglo IX o comienzos del X. Por lo que esa influencia de los minaretes sobre los campanarios, y no al revés, parece plausible. Volveremos sobre ello.

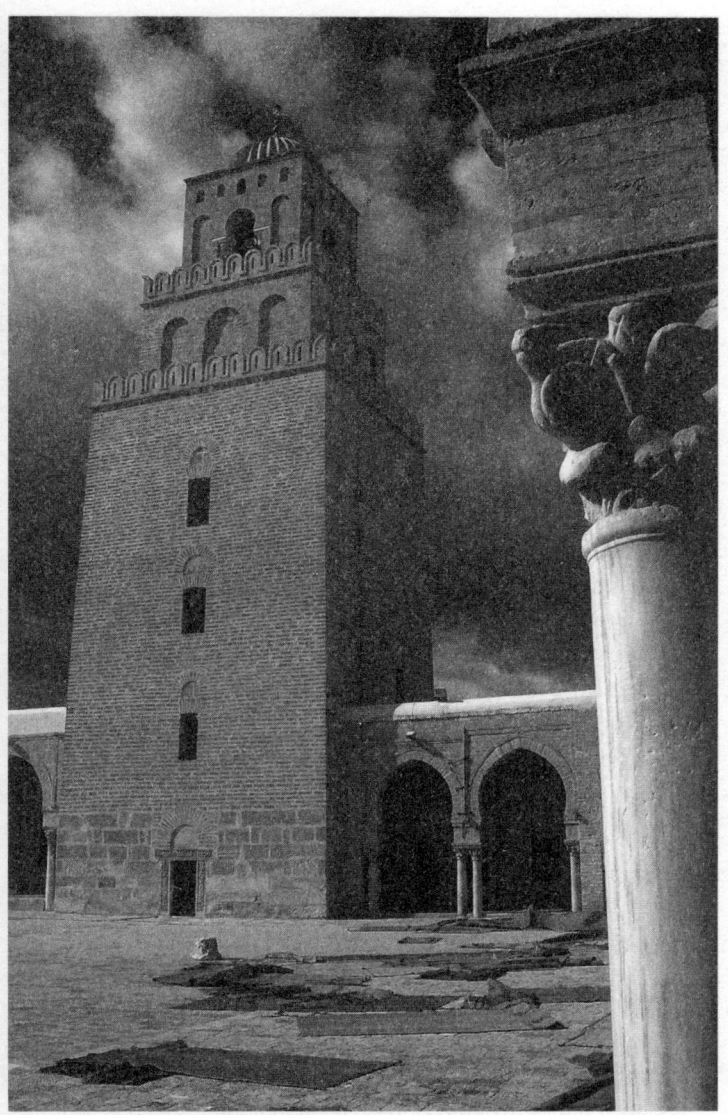

Alminar de Kairuán, Túnez (siglo VIII). Foto: Colin Hepburn.

Los palacios del desierto

Más allá del desarrollo de las mezquitas durante los tiempos de estos califas omeya, en especial Abd el Malik y sus sucesores, se construyeron una serie de residencias de recreo, ciudadelas y fortificaciones repartidas por el valle del Jordán y el desierto sirio que son conocidas como los palacios del desierto.

Como hemos explicado en páginas anteriores, los omeyas llegaron al poder tras una primera guerra civil vencida por Muawiya I, que hizo de Damasco su capital y de Siria el territorio donde encontrar a sus aliados frente a sus levantiscos rivales: las otras tribus árabes que seguían en Arabia o que habían conquistado Irak y Persia. Unas tribus que provocaron la segunda guerra civil de la que salió victorioso Abd el Malik, quien mantuvo Siria como su principal bastión.

Los palacios del desierto fueron concebidos como una serie de fortalezas que trataban de impedir el acceso de los rivales de los omeyas a Siria por cualquiera de las tres vías posibles. De las dos más importantes, ya hemos hablado al comienzo de este capítulo: la ruta de la seda, que desde la Alta Mesopotamia llegaba hasta Siria; y la ruta del incienso, que desde el Yemen remontaba el mar Rojo hasta el golfo de Aqaba para desde ahí poder subir hasta Damasco por el valle del Jordán. Aún había un tercer camino, el más arriesgado, cruzando el gran desierto sirio, esa inmensidad que se extiende, precisamente, desde la Alta Mesopotamia hasta Aqaba. Aquí, un ejército enemigo podría haberse atrevido a remontar alguno de los numerosísimos wadis, esos valles que permanecen secos la mayor parte del año, y sorprender a los damascenos.

Abd el Malik y su hijo mayor Walid I comenzaron a levantar estos palacios del desierto. De su tiempo, queremos destacar la ciudadela de Anjar, en el Líbano, en la ruta entre Beirut y Damasco, levantada a partir del año 714. Con una planta regular, totalmente amurallada, se organizaba a partir de un cardo —una calle nor-

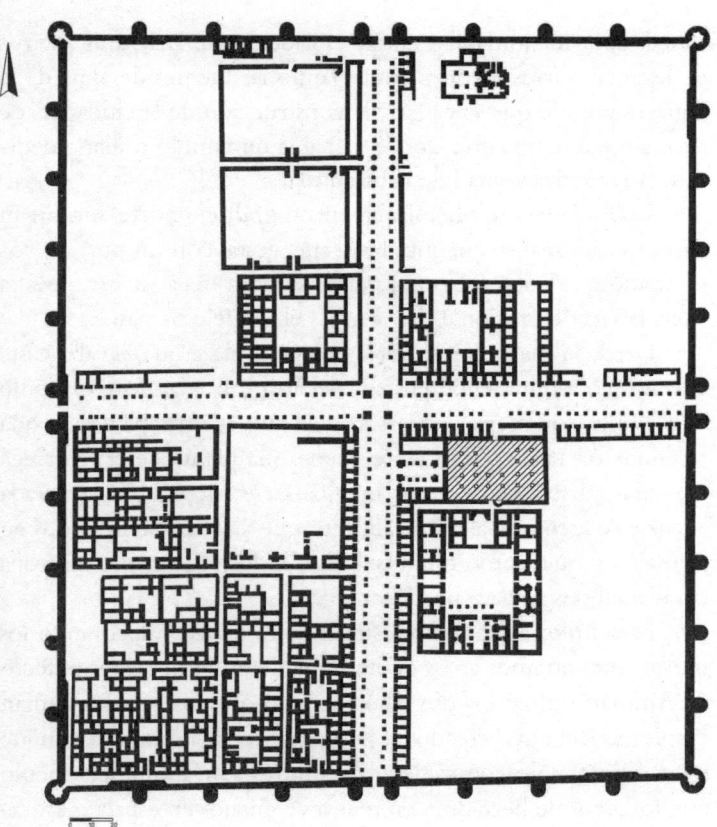

Plano de la ciudad de Anjar, Líbano (siglo VIII). Dibujo: Loren Lemus.

te-sur— y un decumano —la calle principal este-oeste— siguiendo los modelos de las ciudades y los campamentos militares romanos. En el cruce de esas dos grandes calles se situaba la mezquita, que ya responde al modelo de la de Damasco: patio previo con una fuente y la sala de oración mucho más ancha que profunda.

Yazid II, otro de los hijos de Abd el Malik, que fue califa entre los años 720 y 724, centró sus proyectos en el área de Ammán, la actual capital de Jordania y antigua Filadelfia romana. Aquí, además de levantar varios fortines controlando las fuentes de agua de la zona, es posible que encargase la construcción de la ciudadela de Ammán, sobre un cerro donde ya había un templo romano dedicado a Hércules y una iglesia bizantina.

La ciudadela se organizaba en un gran eje norte-sur. En su parte meridional se encontraba la mezquita, con un pórtico columnado que daba acceso al patio central que, a su vez, llevaba hacia la sala de oración. Una vez más el modelo damasceno.

Desde la mezquita, se abría una gran plaza que llevaba hasta el vestíbulo monumental, entrada del área palaciega. Este vestíbulo es la edificación mejor conservada y la que, además, ha tenido una restauración más contundente. Tiene una planta de cruz griega con cuatro habitáculos en sus ángulos. La estructura está levantada a partir de arcos ojivales. Los mismos que ya vimos empleados en Jerusalén y que, como dijimos, los cruzados se llevaron a Europa occidental tras su paso por Tierra Santa.

Pero junto a esos arcos estructurales ojivales, decorando los muros, encontramos arcos de herradura, con lo que el arquitecto de Ammán utilizó los dos tipos de arco que los omeyas venían empleando: el ojival creado en Jerusalén y el de herradura, aunque estos últimos solo con carácter decorativo, con lo que el vínculo con los arcos de herradura en relieves romanos en espacios sagrados se refuerza.

El sistema de los palacios del desierto fue concluido por Hisham, el último de los hijos de Abd el Malik en ser califa, entre los años 724 y 743; y por su sobrino y sucesor Walid II, califa entre los años 743 y 744. De los últimos castillos construidos, en ese empeño por controlar los wadis del desierto de Siria, esta Qasr al Amra.

De la fortificación propiamente dicha, solo quedan los cimientos en una de las laderas del wadi Butún. Lo que sí se conserva es el hamán, los baños. Hemos de pensar que todos estos palacios del desierto estaban enclavados en un punto de recogida de

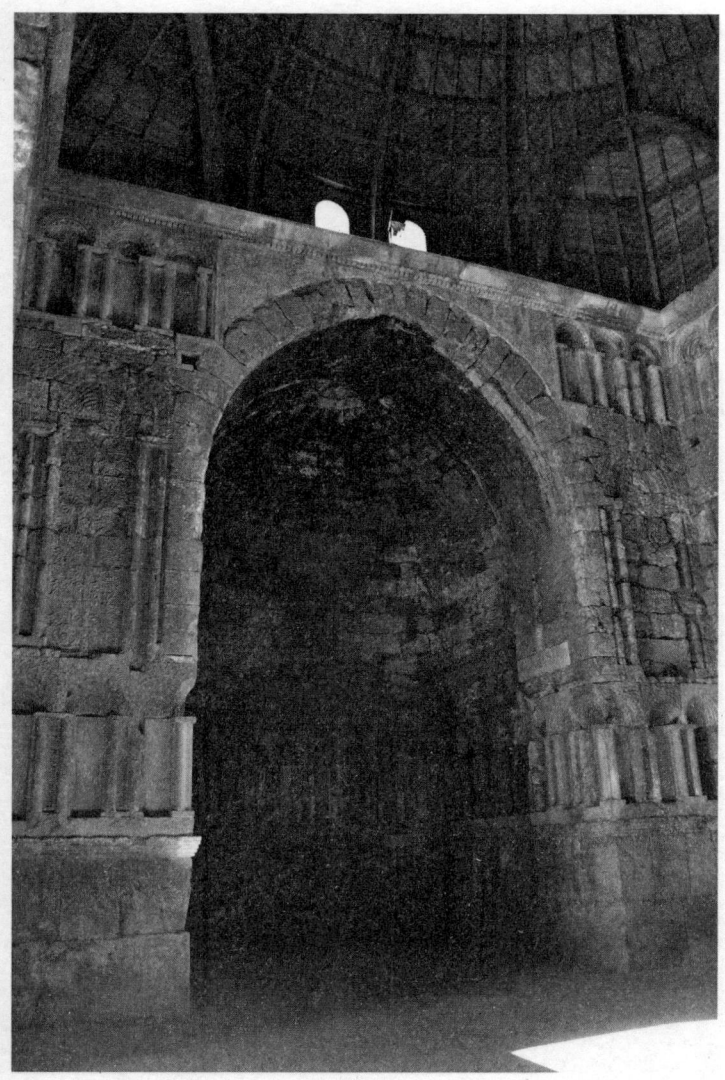

Interior del vestíbulo de la ciudadela de Ammán, Jordania (siglo VIII).
Foto: archivo del autor.

agua, por lo general un wadi es un lugar que permanece seco gran parte del año, por lo que se habilitaban grandes cisternas para almacenar esa agua, o se creaba un sistema de qanat, para extraerla de las capas freáticas subterráneas. En el momento que disponían de agua, entre los usos que podían darle estaba el del baño, no solo por lujo, sino también por higiene. En prácticamente todos los palacios del desierto encontramos un baño. El caso de al Amra tiene la singularidad de que lo que se conserva es el baño, además, ricamente decorado.

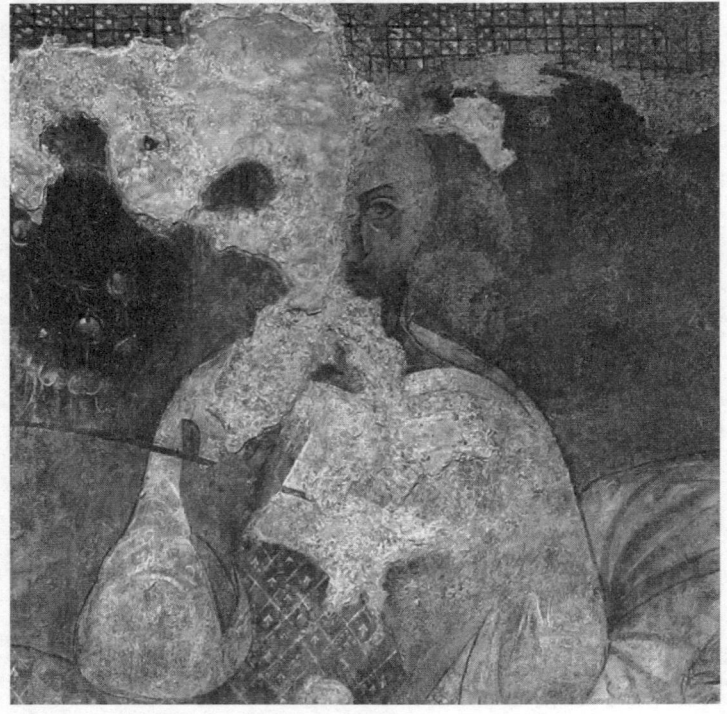

Retrato de Walid II en Qasr al Amra, Jordania (siglo VIII).
Foto: Taha bin Wasiq bin Hussain.

El hamán está constituido por una primera sala de recepción, con tres naves separadas por arcos ojivales y cubiertas por bóvedas de cañón. De allí se pasa a un pequeño vestuario que da acceso al *tepidarium* —sala templada— y a continuación al *caldarium* —la sala caliente— detrás de la cual se encuentra el área de calderas. En el exterior, hay un pozo del que se sacaba el agua con una noria de sangre.

Las cuatro salas mencionadas están decoradas con frescos. En la sala de recepción, en la pared que queda al fondo de la nave oeste, aparece pintado el propio califa Walid II, recostado entre sus cojines.

En la pared que queda al lado, seis reyes le rinden pleitesía. Se han identificado cuatro de ellos, gracias a las inscripciones que había. Son el césar bizantino; el rey Rodrigo de Hispania; Cosroes, el emperador sasánida, y el rey Armah de Aksum, el reino etíope. No eran reyes contemporáneos del califa. En algunos casos, habían vivido hasta un siglo antes.

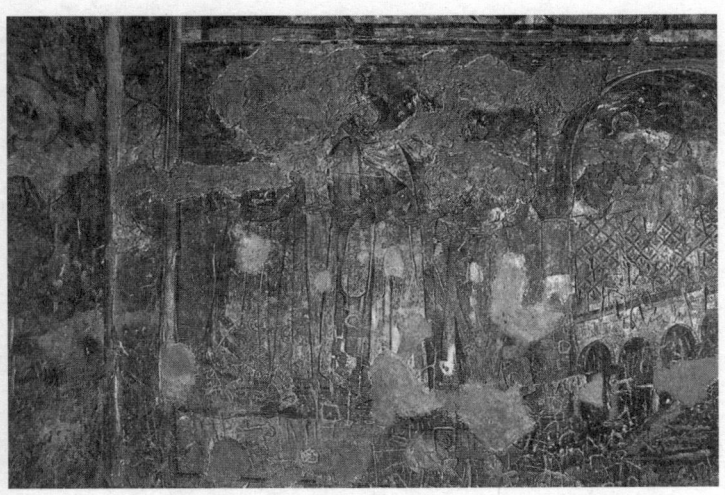

Fresco de los seis reyes de Qasr al Amra, Jordania (siglo VIII).
Foto: archivo del autor.

El muro de los reyes se completa con una escena donde una mujer desnuda se baña, mientras un grupo de personas, a un lado, la contemplan tras una cancela; y al otro lado, hay unos gimnastas que están entrenando.

En el resto de la sala hay otras escenas con músicos y bailarinas. En una de las bóvedas, aparecen pintados un grupo de artesanos de la construcción: albañiles, herreros, carpinteros.

¿Qué nos están contando todos estos frescos? La principal interpretación ha sido buscar referentes en temas mitológicos previos. Pero la presencia del califa y los reyes nos está hablando de personajes reales. Quizás Walid II se hizo pintar, por un lado, recibiendo el homenaje de los reyes más notables a los que derrotaron sus predecesores, puesto que él era el califa y legítimo heredero de todos esos antepasados. Pero luego se pudo hacer pintar, sencillamente, rodeado de sus favoritas, sus atletas, sus músicos y hasta de los que construyeron el castillo de al Amra.

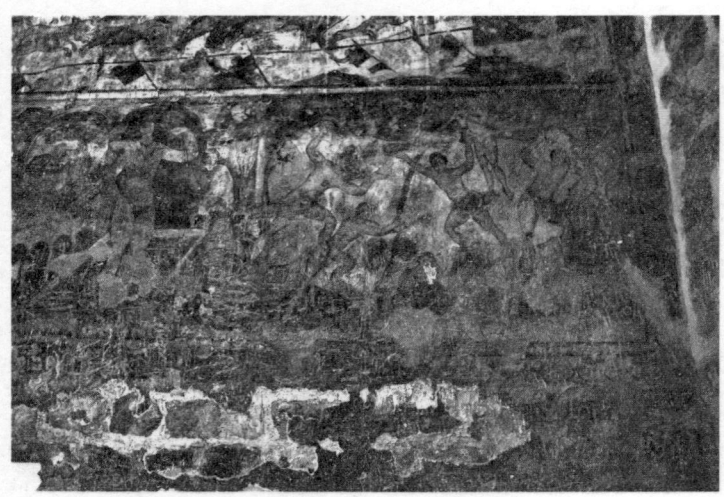

Fresco de la Bañista en Qasr al Amra, Jordania (siglo VIII).
Foto: archivo del autor.

Visto así, estaríamos ante un monarca que en una estancia de recreo —aunque necesaria para una de sus fortalezas de frontera— quiso recrear un ambiente a la vez de prestigio y lúdico, acorde con las que parecían ser sus costumbres según sus contemporáneos: orgulloso heredero de los omeyas pero, además, buen vividor.

En el resto de las salas, sí podríamos encontrar motivos mitológicos, asociados al mundo dionisiaco, y hasta la constelación o el zodiaco pintado en la cúpula del *caldarium*.

Las pinturas no son de una factura sobresaliente, pero el figurativismo, dentro de su sencillez, es muy claro. Resulta inevitable asociar esa primacía del relato sobre el realismo de los representados con el mismo tipo de arte figurativo que se estaba haciendo en Bizancio o en Europa occidental. Incluso podemos preguntarnos si estamos ante un artista bizantino. A la larga, en el islam, el problema era el mismo que en la cristiandad. Un exceso de realismo podía llevar a la idolatría y mejor evitar cualquier tentación, no esforzándose en ser demasiado realistas, ni siquiera con historias profanas como las de al Amra.

A la muerte de Walid II, asesinado, se sucedieron en un breve periodo de tiempo tres nuevos califas omeyas, hasta que el último, Marwan II, hubo de enfrentarse a una nueva guerra civil; la tercera fitna, de la que saldrían victoriosos los abasíes, que establecieron un nuevo califato con su capital en Bagdad.

Posiblemente, con Walid II se cerró el periodo en el que los califas eran claros deudores del mundo clásico, que desde los reinos helénicos y Roma había llegado hasta los musulmanes a través del Imperio bizantino.

Ya no solo es que los abasíes, trasladando la capital más al oriente, se dejaran llevar por otras influencias —como la persa—, sino que, sobre todo, el arte islámico pudo empezar a nutrirse de sus propias creaciones. Es importante entender que los abasíes consideraban que los omeyas habían sido unos califas ilegítimos y para acabar con ellos, hasta destruyeron sus tumbas. De ahí que fuera necesario reorganizar por completo el califato, incluido su arte áulico. Había que islamizarlo. Ya no vamos a encontrar ciudades tan regulares como Anjar, ni programas iconográficos como el de al Amra. Por supuesto que los abasíes sí aprovecharon otras novedades del arte omeya: la mezquita girada de Damasco, el alminar de Kairuán, el arco ojival y esa singular variante que es el arco túmido, un arco ojival de herradura. Pero lo que subsistió fue, en definitiva, lo que se consideraba menos bizantino.

Capítulo 7
ARTE LOMBARDO, ARTE CAROLINGIO, ARTE ASTURIANO

En el año 711, los musulmanes, árabes y bereberes al servicio del califa omeya Walid I, invadieron Hispania y derrotaron al rey hispanogodo Rodrigo. En menos de una década, prácticamente toda la península ibérica quedó bajo el dominio de los omeyas.

Mientras se ocupaba Hispania, los omeyas lograron poner sitio a Constantinopla, entre los años 717 y 718. Es cierto que no lograron tomar la ciudad, pero preocupados por defender el corazón del imperio, los emperadores bizantinos vieron como sus posesiones en el Mediterráneo occidental, en Italia y el norte de África, se iban perdiendo.

Este repliegue de los bizantinos fue aprovechado en Italia por sus otros grandes rivales, los lombardos, un pueblo germano llegado al desaparecido Imperio romano de Occidente a finales del siglo VI. A lo largo del siglo VII, se crearon docenas de ducados lombardos por toda Italia, en principio, encabezados por el rey que tenía su capital en Pavía y que se enfrentaba con regularidad contra los bizantinos, pero también con el papa. Muchos de los lombardos eran arrianos, y hasta paganos, pero incluso aquellos que se convirtieron al catolicismo seguían enfrentándose con el obispo de Roma.

En el año 712, Liutprando se convirtió en el nuevo rey de los lombardos. Habría de gobernar durante treinta y dos años, en ese periodo donde los musulmanes se hicieron presentes en el Mediterráneo occidental, desapareció el reino hispanogodo y los bizantinos, que retrocedieron frente a sus enemigos, además entraron en la primera guerra civil iconoclasta que ya explicamos antes.

Liutprando aprovechó para atacar a todos sus rivales, incluido, pese a ser católico, el papa de Roma; a quien, sin embargo, en el año 728 realizó la donación de Sutri, mediante la cual el rey lombardo le entregó al papa Gregorio II una serie de localidades en torno a Roma que habrían de convertirse en el punto de partida de los Estados Pontificios. Pero tan solo un año después, Liutprando volvió a atacar Roma, Gregorio II buscó el apoyo de los francos para defenderse —ante la ruptura con Bizancio por el problema iconoclasta—, no la encontró y el papa hubo de plegarse a la voluntad de los lombardos.

En realidad, Liutprando culminaba la gran obsesión de los reyes lombardos: convertirse en los señores de Italia, buscando asemejarse, como muchos otros antes que ellos, a los emperadores romanos.

Llama la atención, en este sentido, cómo se hacían representar estos reyes en sus monedas. Liutprando no es una excepción. En el tremís que se conserva en el British Museum —el tremís era la moneda más noble por ser de oro—, en el anverso vemos la efigie de Liutprando, de perfil. Va tocado con la corona de hierro, una diadema hecha con un aro de hierro encastrado dentro de uno de oro con cabujones, es decir, gemas preciosas. El hierro de ese aro provendría de uno de los clavos de la cruz de Cristo, ofrecido por Helena a su hijo Constantino, que fue quien, según la tradición, hizo forjar la corona para utilizarla. Además, Liutprando parece llevar un manto, posiblemente de púrpura. Por tanto —y más allá de que la corona no es de Constantino, sino forjada un siglo más tarde—, Liutprando se presenta como el heredero del emperador romano cristiano por antonomasia. De ser así, podemos preguntarnos cómo justificar su agresividad hacia el papa, cuya ciudad, Roma, quiere tomar.

El reverso de la moneda puede explicárnoslo. Aquí vemos un ángel, reconocible por sus alas, que va armado con escudo y lanza. Se trata de san Miguel, el guerrero de Dios. En las monedas romanas del siglo IV aún podíamos ver la representación de la Victoria. El símbolo del vencedor se ha cristianizado, mostrando al arcángel, pero el arcángel que batalla en nombre de Dios, de modo que los reyes lombardos podían justificar sus acciones bélicas apelando a que también lo hacían en nombre de Dios.

Todo esto muestra cómo el papa de Roma, pese a la debilidad que vivía el emperador bizantino a comienzos del siglo VIII, tampoco estaba en condiciones de reclamar una posición de autoridad. Al menos, mientras no encontrase un aliado que le quitara el yugo lombardo y la amenaza islámica.

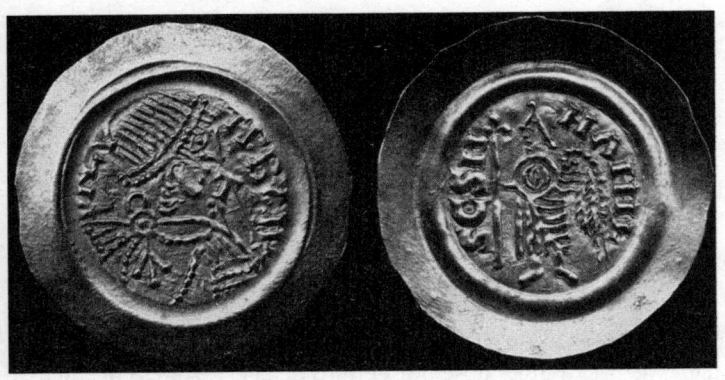

Tremís de oro del rey lombardo Liutprando (712-744).
Foto: The Trustees of the British Museum.

Carlomagno, nuevo emperador de Occidente

En el año 732, Carlos Martel, mayordomo de palacio —una especie de primer ministro— de los reyes francos merovingios, derrotó a los musulmanes en la batalla de Poitiers. Es cierto que los mahometanos lograron, a pesar de todo, ocupar la Provenza; de donde Carlos Martel logró expulsarles en el 736, con la ayuda de Liutprando. Pero es más importante entender que estas campañas contra los musulmanes fueron aprovechadas por Carlos Martel para acabar con aquellos que se le resistían dentro del territorio franco y que habían visto con buenos ojos los avances musulmanes. Es cierto que, pese a lograr reunir bajo su mando todos los territorios francos —acabando con los diferentes monarcas merovingios—, Carlos Martel nunca se hizo coronar rey. Se quedó con ese título de mayordomo de palacio. A su muerte, en el 741, el territorio franco volvió a ser dividido entre sus dos hijos: Carlomán, que quedó como mayordomo de palacio de Austrasia, y Pipino el Breve, que quedó con el dominio sobre los otros reinos. Pero en el año 747, Carlomán renunció a su posición, se retiró a un monasterio hasta su muerte en el 754 y dejó todo el poder en manos de su hermano Pipino.

Fue entonces cuando Pipino reclamó para sí la corona de los francos. Para legitimar su petición acudió al papa de Roma, Zacarías, quien, como sus predecesores, se encontraba bajo la amenaza constante de los lombardos. Zacarías aceptó a Pipino como rey en el 751 y este le garantizó su apoyo contra los lombardos. En el año 754, Esteban II, sucesor de Zacarías, consagró a Pipino como rey de los francos y patricio de los romanos por la gracia de Dios. De esta manera, arrancaba un proceso de legitimación de los reyes que había de ir extendiéndose por el resto de la cristiandad occidental durante los siguientes siglos.

Pipino, a cambio, envió a sus ejércitos contra los lombardos a los que fue haciendo retroceder. A medida que les arrebata territorios en Italia, se los iba entregando a los papas, quienes, además, esgrimían un documento, la donación de Constantino —elaborado, sin embargo, en la corte papal del propio Esteban II— para reclamar con más fuerza esos territorios que habrían de constituir los Estados Papales.

A la muerte de Pipino, en el 768, terminó por sucederle como monarca único de los francos su hijo Carlomagno. Los lombardos seguían amenazando al papado, lo que movió a Carlomagno a acudir a Italia, tomar la capital lombarda, Pavía, en el 774 y nombrarse a sí mismo como rey de los lombardos, colocando sobre su cabeza esa corona de hierro que vemos a continuación.

Al mismo tiempo, sus ejércitos emprendían otras campañas más allá de las tierras francas, derrotando a los sajones y a los ávaros por el oriente, lo que le permitió a Carlomagno llevar las fronteras de su reino por el este hasta el Elba y el Danubio. También atacó al emirato de Córdoba, estableciendo una barrera fronteriza al sur de los Pirineos, la Marca Hispánica.

En el año 795, había sido elegido papa en Roma, León III, quien de inmediato escribió a Carlomagno remitiéndole las llaves de la tumba de san Pedro y la bandera de Roma para recordarle que el franco era el protector de la Santa Sede. Carlomagno, en agradecimiento, envió al papa parte del botín tomado a los ávaros.

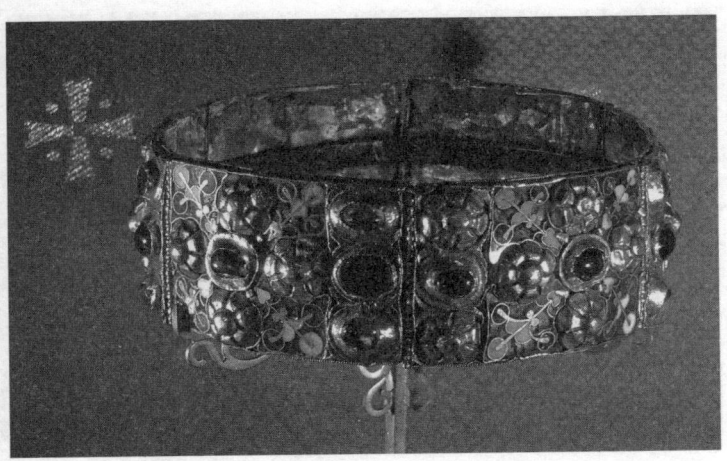

La corona de hierro de los reyes lombardos (siglos IV-V).
Foto: James Steakley.

León III aprovechó ese regalo para hacer levantar un triclinio en el palacio de Letrán, la residencia de los papas en Roma desde comienzos del siglo IV. Ese triclinio, perpendicular a la iglesia, era una gran sala de recepción con forma basilical, cinco estancias a cada lado de la nave principal y un gran ábside en la cabecera, que imitaba una sala de aparato del palacio imperial de Constantinopla.

El triclinio fue desmontado a finales del siglo XVI y solo se conserva el ábside decorado con una serie de tres mosaicos. El central es una copia del original, con Cristo resucitado enviando a sus apóstoles a predicar. Pero los otros dos mosaicos sí son de los tiempos de León III. El de la izquierda muestra a Cristo entronizado que entrega las llaves de su iglesia a san Pedro y la bandera con la cruz al emperador Constantino. En el mosaico de la derecha, la figura mayor ahora es san Pedro, quien entrega el palio episcopal a León III y la bandera de la iglesia a Carlomagno.

Toda esta obra estaba terminada para el 799 y su deuda con el arte bizantino era evidente. León III buscaba unir al mismo tiempo

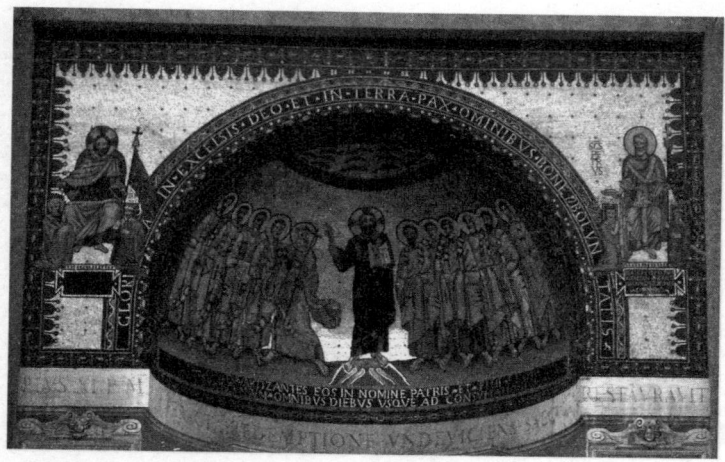

Mosaicos del ábside del triclinio Leonino de Roma (siglo VIII).
Foto: Martin Knopp.

el imperio cristiano original, el de Constantino; el imperio existente, el bizantino, a través de su arte, y el nuevo imperio que quería crear.

Porque en la Navidad del año 800, León III, tras una larga negociación con Carlomagno, le coronó emperador en la basílica de San Pedro. En realidad, las intenciones de León III casaban con el propósito que el propio Carlomagno tenía de convertirse en emperador.

Para ello, había comenzado por establecer una capital para sus reinos. Dudó entre Ingelheim y Aquisgrán, ambas en la zona limítrofe entre el viejo reino franco y el recién adquirido reino sajón.

Eligió Aquisgrán, entre los valles del Mosa y del Rhin, donde su padre Pipino ya tenía un castillo y donde, además, había unas aguas termales del agrado del rey, que ya habían sido aprovechadas por las legiones romanas.

Allí, a partir del año 794, ordenó al arquitecto Eudes de Metz el comienzo de las obras de su palacio. Carlomagno aún no era emperador, pero todo el conjunto evocaba a la Roma clásica. Los edificios principales de este palacio fueron el aula regia —para las recepciones públicas—, la capilla palatina y el complejo termal.

El aula regia, de planta basilical, imitaba la basílica que Constantino hizo construir a comienzos del siglo IV en Treveris. Para la capilla, el modelo a imitar fue San Vital de Rávena, hasta el punto de que Carlomagno solicitó algunas columnas y mosaicos de la propia iglesia para el ornato de su templo.

La capilla palatina estaba constituida por un atrio cerrado que conducía al *westwerk*. Un *westwerk* era un cuerpo torreado que se situaba a los pies de las iglesias. Además de dar un acceso monumental al templo, en sus diferentes plantas se podían realizar reuniones de carácter civil. El de Aquisgrán pudo, en sus torres, tener ya campanas. De ser así, contaríamos con un campanario ochenta años antes del de Corvey —el más antiguo conservado como vimos en el capítulo previo—, pero siempre muy posterior al minarete de Kairuán.

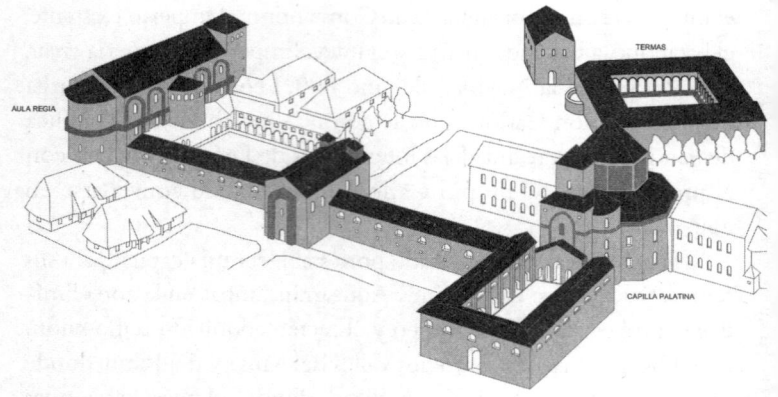

Reconstrucción hipotética del palacio de Aquisgrán de Carlomagno
(siglo VIII). Dibujo: Loren Lemus.

Es más, si en Aquisgrán ya hubo torres campanario, podemos
establecer la relación con Kairuán, pues sabemos que hacia el año
729, el papa Gregorio II alertaba a san Bonifacio, en ese momento
encargado de evangelizar el valle del Rhin, sobre los monjes cristianos llegados a la zona desde Túnez que podían estar contamina-
dos por la herejía donatista. Son ellos los que llevaron esa idea de
llamar a la oración desde una torre, desde Túnez al norte de Alemania, y que terminó por consolidar Carlomagno en su *westwerk*
torreado.

Tras el *westwerk,* se encontraba la capilla propiamente dicha. De
planta hexadecagonal, contaba con una nave concéntrica, sobre la
que se colocó una galería, que rodeaba el espacio octogonal central
que quedaba cubierto por una gran cúpula. El mosaico actual que
podemos ver bajo la cúpula es una copia moderna, si bien el original debía presentar una iconografía similar: un Cristo en Majestad
rodeado por los evangelistas o los ancianos del Apocalipsis.

En el extremo opuesto al *westwerk,* donde hoy tenemos la
nave de la catedral de Aquisgrán, había un ábside que alojaba el

altar. Es muy probable que Carlomagno siguiera la liturgia desde la galería superior, por lo que, a pesar de la forma casi circular de la capilla, funcionaba de forma longitudinal: toda la atención dirigida o bien hacia el extremo donde estaba el altar o hacia el extremo opuesto, y elevado, donde estaba el rey, con lo que el espacio bajo la cúpula no era utilizado de manera destacada. Ya hemos mencionado esta idea del mal uso de la cúpula antes, pero con la capilla palatina de Aquisgrán tenemos un ejemplo más evidente. Se copió la solución formal de la arquitectura religiosa áulica de Constantinopla, en este caso, en su versión de San Vital de Rávena. El templo debía contar con una gran cúpula elevada, pero no se copió su uso, ya que el señor del lugar no empleaba ese espacio bajo la cúpula. Esa incomprensión del mundo bizantino por parte de los carolingios es común al resto de la arquitectura cristiana occidental y, como hemos visto antes, también en la arquitectura islámica.

En definitiva, en el año 800, la corte carolingia había asumido las formas artísticas del Imperio romano pasado por el tamiz cristiano de Bizancio: la basílica civil y el espacio religioso bajo cúpula, la iconografía cristiana de triunfo encarnada en el Cristo en majestad. Incluso en la *Vita caroli*, una biografía oficial sobre Carlomagno, encargada por su hijo Ludovico Pío al erudito Eginardo de Fulda y escrita hacia el 830 —dieciséis años después de su muerte—, el autor cuenta cómo a petición de los papas, Carlomagno accedió a vestirse con túnica, clámide —la capa ligera de lana que se colocaba sobre la túnica— y sandalias, al modo romano.

Además, había llevado todo ese repertorio al norte de Europa, lejos de las costas mediterráneas donde había visto la luz. Por primera vez, los símbolos de prestigio romanos no solo regresaban al viejo limes del valle del Rhin, que las legiones abandonaron a comienzos del siglo v, sino que se internaron en Germania y más allá. Pero es cierto que esa asunción de la simbología romana se hizo desde cierta incomprensión de la misma. De ahí que cuando en el siglo xv, los florentinos reclamen la recuperación del pasado

clásico con el Renacimiento, lo harán sobre todo frente a los bárbaros de más allá de los Alpes, esos herederos de los carolingios que
creyeron ser romanos por haber imitado, sin llegar a entenderlo del
todo, su arte.

Y mientras tanto en Asturias…

En el año 774, mientras los ejércitos de Carlomagno derrotaban
definitivamente a los lombardos, en Asturias era elegido rey Silo.
El reino de Asturias se había formado poco después de la conquista islámica de la península ibérica, cuando un grupo de nobles
hispanogodos lograron resistir en la cordillera Cantábrica frente al
avance de los musulmanes. Las posteriores revueltas de la mayoría
bereber contra los dirigentes árabes habían sido aprovechadas por
los reyes asturianos para hacer crecer sus dominios, siempre a la
sombra de la cordillera.

Cuando Silo alcanza el trono, ya gobernaba en Córdoba el
emir Abderramán I. No llegaron a enfrentarse entre ellos, ni siquiera cuando el ejército de Carlomagno cruzó los Pirineos en el
778 para tomar Zaragoza. Los francos no lo lograron y en su retirada fueron derrotados en Roncesvalles por los vascones.

Silo aprovechó las cuitas de sus rivales para reorganizar su
pequeño reino. Trasladó la capital de Cangas de Onís, en el oriente de Asturias, a Pravia, en el occidente, para así poder controlar
mejor los territorios recientemente adquiridos en Galicia.

A las afueras de la capital, en la localidad de Santianes, Silo hizo
levantar un monasterio real, uno de esos cenobios que además de
contar con los espacios necesarios para los monjes disponía de estancias propias para el rey, su palacio y, en este caso, además, el panteón donde Silo y los suyos querían reposar por toda la eternidad.

San Juan de Santianes inauguró así una tradición de monasterios reales de las monarquías hispanas, que se dio por igual entre

los reyes de Portugal, los de León, los de Castilla, los de Navarra o los de Aragón. De nuevo, una tradición que consistía en que los reyes además de disponer dentro del monasterio de un panteón donde ser inhumados, contaban con estancias propias donde pasar largas temporadas durante su reinado, una costumbre que había de perdurar hasta la Edad Moderna, siendo quizás El Escorial de Felipe II el caso más significativo.

De San Juan de Santianes solo nos queda la iglesia, en gran medida reconstruida, donde fueron reinstalados los sepulcros de Silo y su esposa. Sin embargo, el estudio arqueológico realizado en los años setenta del pasado siglo permitió recuperar la traza original del templo. Se trataba de una planta basilical, con tres naves, siendo mayor la central que terminaba en el ábside. Había un pórtico a los pies de la iglesia, similar al pórtico que podíamos ver en la iglesia hispanogoda de Santa María de Melque y que, además de ser la entrada al templo y donde pudo estar localizado inicialmente el panteón real, también pudo servir como pórtico de penitentes. Tal como explica Isidro Bango, en la liturgia hispana la penitencia podía suponer la exhibición pública del arrepentido en estos pórticos.

Aunque las naves estaban separadas por columnas que soportaban arcos de medio punto, las ventanas que daban al exterior estaban conformadas por arcos de herradura.

La planta de Santianes, la distribución de sus espacios, incluido ese pórtico de penitentes, y los acabados con las ventanas de herradura pudieran habernos hecho pensar que estábamos en un templo hispanogodo. Es indudable que Silo perseguía esa intención. En esa reivindicación de los reyes asturianos de ser los herederos legítimos de los derrotados hispanogodos, también el arte desempeñaba su papel, al levantar una iglesia a finales del siglo VIII que bien podría haber estado construida a finales del siglo VII.

Frente a la búsqueda de legitimidad que veíamos en Pipino y Carlomagno, apoyando a los papas para que a la vez estos consagrasen sus coronas, en Asturias no se creía necesaria, por el momento, esa búsqueda de la bendición papal.

Silo murió en el año 783. Dos años después, en el 785, Abderramán I, ya consolidado en su trono, lanzó la construcción de la mezquita de Córdoba. Abderramán era nieto del califa Hisham, había nacido en Damasco y pudo contemplar allí las obras que habían realizado los omeyas. Pero cuando ordena construir la mezquita de Córdoba, ya lleva más de treinta años en al-Ándalus y ha tenido ocasión de conocer la arquitectura del desaparecido reino hispanogodo. De modo que el diseño de la mezquita debe mucho a la de Damasco, ambas están organizadas con un gran patio cerrado que se abre sobre la sala de oración más ancha que profunda. En esta primera fase de la mezquita de Córdoba se habilitaron once naves, separadas por columnas con una doble arquería. En la parte superior, un arco de medio punto, y por debajo, a modo de tirante, un arco de herradura. Pero, aunque la deuda con Damasco es inevitable, hemos de preguntarnos si los arcos de herradura vinieron desde Siria, si Abderramán supo aprovechar que los constructores hispanos tenían el hábito de hacer ese tipo de arcos o si es la suma de esas dos tradiciones. Es más, sabemos que en esta primera fase se aprovecharon restos de construcciones previas: columnas, capiteles… Podríamos preguntarnos si también arcos de herradura, como había ocurrido en Damasco.

En ese año 785, mientras se ponían en marcha las obras en Córdoba, los ejércitos de Carlomagno regresaron a la península ibérica y esta vez sí lograron algunas conquistas; comenzando por las ciudades de Gerona y Urgel, donde establecieron los fundamentos de la Marca Hispana, ese territorio al sur de los Pirineos que había de servir como colchón defensivo frente a los ataques musulmanes.

Además, en el año 785, una polémica teológica agitó el mundo hispano. Elipando, arzobispo de Toledo, difundió sus teorías adopcionistas, en las que defendía que Jesús no era hijo de Dios, sino un ser humano al que Dios había adoptado. Elipando fue fuertemente criticado por Beato de Liébana, un religioso cántabro vinculado con la corte del rey Silo. Como Elipando tenía su sede bajo el dominio de los emires, los reyes asturianos vieron en esta disputa una oportunidad para desligarse de Toledo, que desde el punto de vista de la administración religiosa seguía siendo la cabeza de la iglesia hispana. Lo que parecía una polémica circunscrita a la península ibérica, saltó poco después al reino de Carlomagno cuando Félix, el obispo de Urgel —esa ciudad conquistada poco antes por los francos— se mostró partidario del adopcionismo de Elipando.

Carlomagno tomó cartas en el asunto y terminó por convocar un concilio en Fráncfort en el 794, donde el adopcionismo fue condenado y Félix de Urgel terminó por perder su obispado.

Para ese año, ya reinaba en Asturias Alfonso II, quien llevó la capital del reino a Oviedo. Allí hizo construir un conjunto palaciego, así como la catedral para la nueva sede episcopal ovetense, erigida en el 811. Pero además se hizo construir, a comienzos del siglo IX, su propio monasterio real a las afueras de la ciudad: San Julián de Santullano.

La iglesia del monasterio es de planta rectangular, con tres naves separadas de la cabecera por una triple arcada que servía de soporte para el iconostasio y que daba acceso al transepto y a la triple cabecera. La iglesia disponía de dos entradas con sendos pórticos: uno a los pies y otro en el lado de la epístola, ambos eran posibles pórticos de penitentes. La planta de la iglesia respondía bien a la liturgia hispana, pero hay una serie de elementos que alejan a Santullano de las tradiciones hispanogodas que aún veíamos en Santianes. Todos los arcos empleados son de medio punto. No hay de herradura. Y, sobre todo, destaca la decoración pictórica que recubre los muros, en esencia, una gran *crux gemmata* en la parte superior; pero, sobre todo, numerosas fachadas e interiores de edificios, además de múltiples motivos geométricos. No hay figuración alguna.

Todo indica que se quiso llevar a cabo una ruptura clara con la iglesia hispanogoda representada por Elipando y su adopcionismo, condenado en Fráncfort. Para ello se volvió a tradiciones previas tardoantiguas. Lo llamativo es que no se siguió el camino de Carlomagno de acercarse a Roma de nuevo, porque los reyes asturianos buscaban su fuente de legitimidad en el primer reino visigodo y no perseguían el aval del papa.

Esta ruptura con la iglesia toledana se mantuvo con Ramiro II, primo y sucesor de Alfonso II, quien reinó entre el 842 y el 850. Ramiro II también se hizo construir su propio monasterio real, constituido por, entre otros edificios, el aula regia de Santa María del Naranco, más tarde convertida en iglesia, y el templo de San Miguel de Lillo. Los arcos de herradura seguían ausentes y la decoración dominante aún era con formas geométricas. Cuando aparecían figuras humanas, estaban muy esquematizadas.

Mientras Ramiro II gobernaba en Asturias, en el año 843, los nietos de Carlomagno se dividían el imperio entre ellos. El sueño de revivir Roma al norte de los Alpes quedó así detenido por el

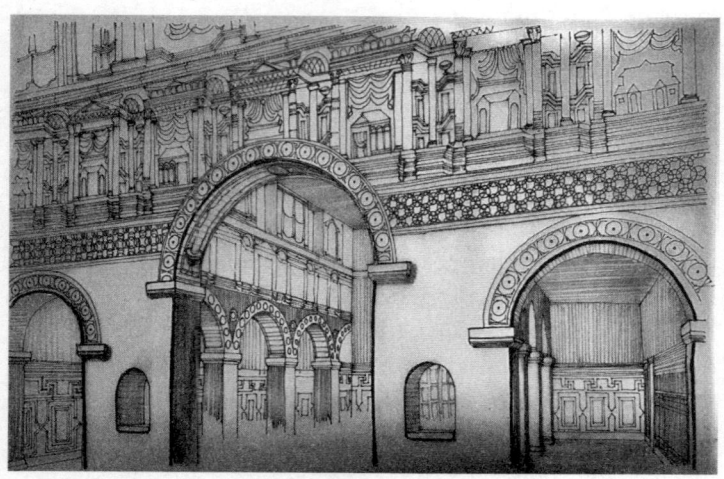

Restitución de las pinturas de Santullano, Asturias (siglo IX).
Dibujo: Rodrigo Quemé.

momento y el papa volvió a perder la oportunidad de imponer su autoridad sobre la cristiandad occidental. Es cierto que los carolingios le habían permitido al papa dar un primer paso, pero había sido un paso tímido. Por ejemplo, la liturgia romana, auspiciada por los papas, aún no era plenamente aceptada por los francos, que seguían con su liturgia galicana y que iban a continuar definiendo las construcciones de más allá de los Alpes durante lo que quedaba del siglo IX y el X.

Esa debilidad de la autoridad papal explica bien por qué los asturianos seguían aferrándose a sus propias tradiciones hispanogodas, si bien marcando distancias con la iglesia cristiana bajo dominio emiral.

Esta situación había de cambiar a partir del 880. Ese año, el muladí —es decir, un musulmán descendiente de cristianos— Omar ibn Hafsún, aprovechando la inestabilidad que se vivía en Córdoba, se sublevó contra los emires, logrando reunir una amplia hueste donde había por igual otros muladíes, mozárabes —los cristianos que habían mantenido su fe bajo el dominio islámico— y bereberes musulmanes. Con ese ejército llegó a controlar las actuales provincias de Málaga y Granada. Pero tras su conversión al cristianismo en el 899, perdió numerosos adeptos y fue retrocediendo, aunque logró mantener la revuelta hasta su muerte en el 918, cuando en Córdoba ya gobernaba Abderramán III.

En su fortaleza de Bobastro se han encontrado los restos de dos iglesias excavadas en la roca. La mejor conservada presenta una planta rectangular con tres naves, mayor la central que las laterales, separadas por pilares soportando arcos de herradura, todo ello excavado en la roca. Superadas las naves, llegamos a un transepto que da acceso a una cabecera triple, donde el ábside central —también con planta de herradura— es mayor que los laterales. Es posible que la obra no estuviera totalmente concluida cuando Bobastro cayó en manos de los cordobeses, pero en cualquier caso, estamos ante una iglesia que responde a las solu-

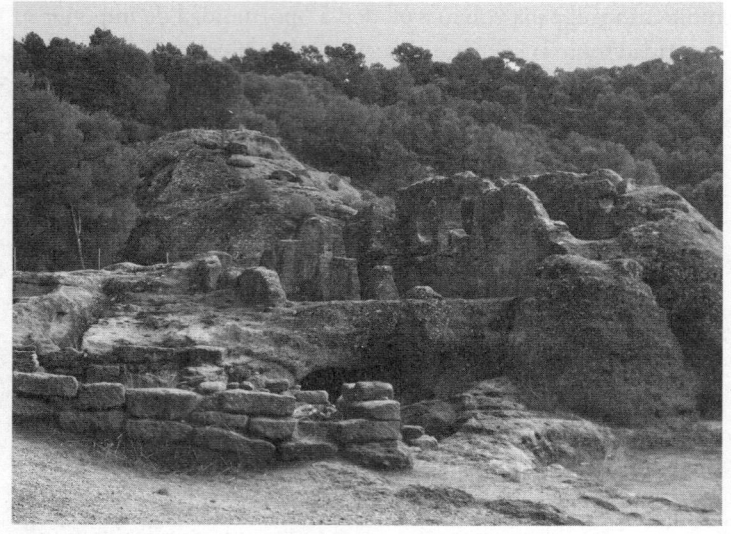

Iglesia rupestre de Bobastro, Málaga. Foto: Diputación de Málaga.

ciones propias de los templos hispanogodos y, por tanto, que funcionaría con la liturgia hispana.

La revuelta de Ibn Hafsún terminó por provocar, a partir del 912, la huida de numerosos mozárabes amenazados ante las represalias que anunció Abderramán III. Un grupo de estos monjes mozárabes llegó al reino de León, donde fueron recibidos por el rey García I, quien restauró para ellos el monasterio de San Miguel de la Escalada.

El padre de García I, Alfonso III, se había hecho construir un monasterio real, Valdediós, para su uso personal, siguiendo la costumbre de sus predecesores y donde terminó por retirarse en sus últimos años.

La planta del templo de San Salvador de Valdediós tiene toda la complejidad propia de la liturgia hispana. Se trata de una planta basilical con tres naves, un transepto, sendas capillas en cada extremo y una triple cabecera. Contaba con un pórtico a los pies, que daba entrada a la iglesia; pero en una ampliación posterior, siempre en tiempos de Alfonso III, se añadió un pórtico alargado en la cara sur del templo. Su función no está clara, quizás fuera para algún tipo de procesión.

El pórtico, las naves, la triple cabecera, todo estaba levantado con pilares que soportaban arcos de medio punto. Además, a partir de la escasa decoración conservada, sabemos que toda la iglesia estuvo ornada con motivos arquitectónicos y geométricos similares a los que vimos en Santullano, casi un siglo atrás.

Por tanto, hasta Alfonso III, seguimos viendo como las iglesias asturianas se habían esforzado por distinguirse de los templos de tradición hispanogoda que habían quedado bajo el dominio islámico. Pero cuando esos monjes mozárabes huidos de al-Ándalus fueron recibidos por García I, el hijo de Alfonso III, y levantaron su monasterio de San Miguel de la Escalada, asistimos a un cambio

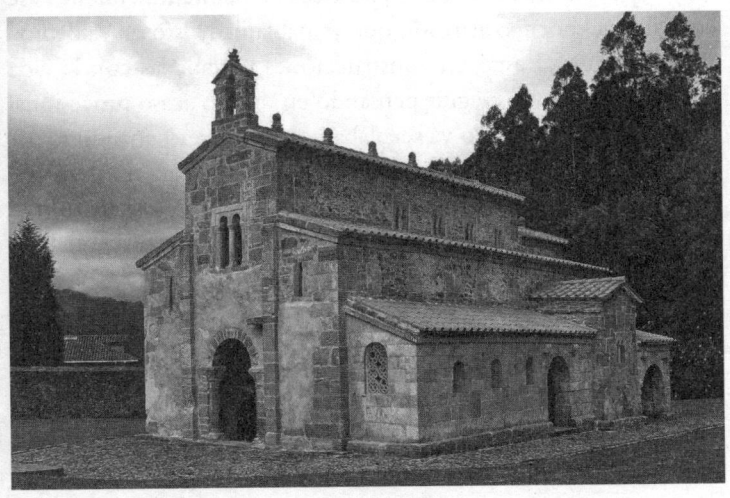

Iglesia de San Salvador de Valdediós, Asturias (siglo IX).
Foto: José Manuel Iglesias Riveiro.

en las formas. El primer elemento significativo es la vuelta a los arcos de herradura en vez de los arcos de medio punto. Podríamos pensar que los huidos de Córdoba traían en su retina la imagen de los arcos de herradura de la mezquita. Pero sería chocante que unos cristianos, que huyen del emirato ante el temor de ser perseguidos por su fe, decidan levantar una iglesia donde rememoran el principal templo de sus perseguidores musulmanes. Resulta más pertinente vincular la Escalada con Bobastro y este, a su vez, con la arquitectura hispanogoda de Melque, recuperando una continuidad que se había roto en el mundo asturiano por la herejía adopcionista. Ahora, cuando el adopcionismo había quedado atrás y estos monjes cordobeses aparecían no como unos peligrosos heterodoxos, sino como unos defensores a ultranza de su fe, sus formas artísticas volvían a ser bien recibidas.

Hubo además otro cambio. Se mantuvo la cabecera múltiple, por lo que parte de la liturgia se habría de celebrar fuera del altar mayor, pero desaparecieron los pórticos de penitentes, mientras se consolidó el pórtico alargado que ya habíamos visto en Valdediós. Es cierto que, al estar en construcciones vinculadas con la vida monástica, podemos seguir pensando en un uso acaso procesional de estos pórticos, como ya señalábamos antes. Pero cuando se incorporen a las iglesias parroquiales, esos pórticos ya serán el espacio de reunión de los feligreses al final de la misa, en definitiva, donde se juntaba la comunidad y el origen de los ayuntamientos.

Capítulo 8
EL ARTE DE LA REFORMA GREGORIANA

Corría el año 909 —poco antes de que los monjes mozárabes de Córdoba huyeran a Asturias— cuando Guillermo I, duque de Aquitania, fundó en la vecindad de su señorío de Macon, en Borgoña, la abadía benedictina de Cluny.

Era relativamente común que un noble fundara un monasterio, tanto por el prestigio entre sus contemporáneos como por buscar la eterna salvación de su alma. Para asegurarse este fin, Guillermo estableció una serie de cláusulas, estas sí más excepcionales para la época. La primera es que la abadía de Cluny solo tendría por superior al papa de Roma. De esta manera, Guillermo evitaba que los reyes francos o los futuros duques de Aquitania, empezando por él mismo, interviniesen en la abadía y los monjes encargados de rezar por su alma dejaran de hacerlo. Además, Guillermo entregó numerosas tierras y villas rurales a los benedictinos, para garantizar que el monasterio sería autónomo. Finalmente, solicitó que los monjes siguieran estrictamente la regla de San Benito, regla establecida por Benito de Nursia a comienzos del siglo VI y que se resumía en el conocido principio de *ora et labora*. Podemos preguntarnos qué tenía de especial establecer un monasterio que había de seguir una regla que ya tenía cuatrocientos años. Pues que la mayor parte de los otros cenobios, incluso los vinculados con la regla benedictina, no cumplían con esta.

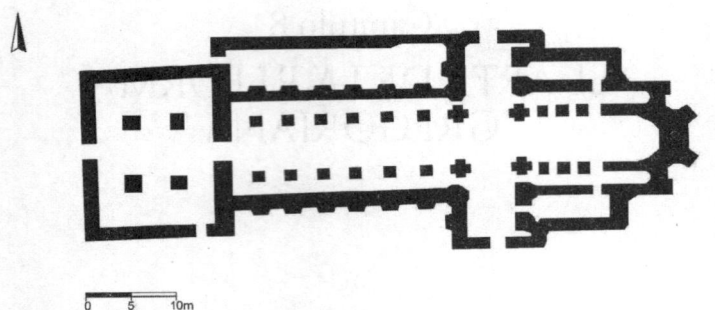

Planta de la segunda iglesia del monasterio de Cluny, Borgoña (siglo XI).
Dibujo: Loren Lemus.

La principal razón era que, en la mayor parte de los casos, las reglas terminaban por ser un acuerdo establecido entre el fundador del convento —por lo general, un noble—, el primer abad y los monjes que le acompañaran en la fundación, de modo que prácticamente cada cenobio tenía su propia regla, llena de precisiones y matices. Pero en Cluny todo esto se simplificó: había que seguir las instrucciones de San Benito y nada más.

No conservamos prácticamente ningún resto de las dos primeras abadías de Cluny. Cluny I, comenzada en el 910, y Cluny II, construida a partir del 963, esencialmente porque quedaron debajo de Cluny III, iniciada en el 1088 y que resistió hasta su casi total demolición a principios del siglo XIX. Pero eso no impide que gracias a las crónicas podamos saber cómo era Cluny II.

En Cluny II había un ábside principal y dos laterales. Aunque en el momento de la coronación de Carlomagno se había establecido que los francos habían de adaptarse a la liturgia romana de los papas, la liturgia galicana —derivada de las formas bizantinas, como la hispana— se mantuvo aún durante largo tiempo, como ya señalamos en el capítulo previo y como podemos ver en esta cabecera múltiple de Cluny II. No ha de sorprendernos. Aunque la amplitud del imperio carolingio nos puede hacer pensar que fue un reino todopoderoso, precisamente su extensión hizo que la autoridad real del emperador de Aquisgrán se impusiese solo cuando llegaba a la cabeza de sus ejércitos. El resto del tiempo eran territorios que podían disfrutar de una gran autonomía, que se volvió independencia en el momento en que el imperio se dividió después del 843.

La cabecera de Cluny II se prolongaba en tres naves —más ancha la central— de cuatro tramos, donde podía ubicarse el coro. Llegaba entonces el transepto, bien marcado. En el crucero del mismo se levantaba una torre campanario, que venía a reemplazar la cúpula que hemos dicho que solía colocarse en este punto. En realidad, visto desde el interior, la solución seguía siendo similar: sobre el crucero había una cubierta más elevada que el resto. A continuación, llegaban las naves propiamente dichas de la iglesia, de nuevo tres, más ancha la central. En este punto, podemos preguntarnos si al presbiterio se le pusieron también naves con objeto de asegurar la estabilidad de la torre campanario del crucero. Es decir, al querer levantar una torre tan elevada, se aseguraron haciendo que las naves de la iglesia, los brazos del transepto más esas naves del presbiterio sirviesen como gigantescos contrafuertes de la torre campanario.

A los pies de la iglesia había una galilea. En principio, una galilea pareciera un atrio al que le hubieran puesto algunas plantas sobre la cubierta, lo que le hace asemejarse a los *westwerks* que vimos antes, pero con un aire menos fortificado. Las galileas se empleaban para algunas procesiones, ya no eran ni pórticos de catecúmenos ni de penitentes, y tuvieron un corto recorrido en esta segunda mitad del siglo x. Las galileas nos muestran las dudas que había en la elaboración de los espacios litúrgicos. Al mismo tiempo podía servir como soporte de los campanarios exteriores y como pórtico procesional. Veremos cómo la solución definitiva pasó por separar estas dos funciones. Pero lo importante es que las torres campanario que se habían incorporado en la arquitectura carolingia pasaron a formar parte indisoluble de una iglesia; y los pórticos de los templos ya solo habrían de funcionar como entrada, cerrado el ciclo de conversiones y tras generar nuevas formas de penitencia.

Ya hemos señalado que Cluny II quedó debajo de Cluny III cuando los benedictinos volvieron a ampliar su basílica en 1088. Pero aún es posible ver ese modelo de Cluny II en la abadía de Charlieu, también en Borgoña. Es cierto que a nivel de cimentación, aunque resaltándose claramente la cabecera múltiple.

Otro intento de unir Oriente y Occidente

En el año 962, poco antes de que empezaran las obras de ampliación de Cluny, llegó a Roma Otón I, rey de la Francia oriental —lo que hoy es en esencia Alemania— desde el 936. Era un trono que sus predecesores habían arrebatado a los carolingios y hubo de hacer frente a innumerables revueltas internas, así como al ataque de escandinavos, eslavos y, sobre todo, magiares —húngaros—, a los que derrotó en el 955.

En ese año fue elegido papa Juan XII, quien solo tenía dieciocho años, en un momento en que la dignidad papal era un juguete en manos de los nobles romanos. Unos nobles que, acosados por los otros señores de Italia, reclamaron la ayuda del victorioso Otón I. Él, siguiendo la estela de Carlomagno, decidió ir a Roma, donde se hizo coronar en el 962. A partir de Otón I y durante los siguientes seis siglos, los sucesivos emperadores venidos desde Alemania irán cruzando los Alpes para hacerse coronar por los papas. Esto supondrá que el norte de Italia se verá sometido con regularidad a las comitivas militares imperiales hasta el punto de que los italianos quedarán divididos entre aquellos que tratan de contemporizar con los ejércitos del emperador y aquellos que se les oponen. Los güelfos, por ejemplo, serán antiimperiales; y los gibelinos, proimperiales, en Florencia a partir del siglo XII.

Otón I regresó a Roma en el 967 en compañía de su hijo, el futuro Otón II, que fue coronado como emperador asociado por el nuevo papa Juan XIII, a quien el propio Otón I había impuesto como sumo pontífice. Con esta medida, el emperador se garantizaba la continuidad de su dinastía y el prestigio de ser señor de Roma. Pero ese prestigio, aún a mediados del siglo X, se veía oscurecido por la nueva Roma, Constantinopla.

Hay una placa de marfil en el Museo Cluny de París de arte medieval, que sirvió de cubierta para un libro. Está realizada hacia el 982. En ella aparecen, bajo un arco escarzano sostenido por unas estilizadas columnas salomónicas, un Cristo majestuoso y adusto que bendice al emperador Otón II y a su esposa Teófano, princesa bizantina, sobrina del emperador de Constantinopla. Las figuras están un tanto desproporcionadas —no hay una relación equilibrada entre las cabezas, los torsos y las extremidades— y aunque los rostros son bastante realistas, desconocemos hasta qué punto se asemejaban a los retratados. Para asegurarse de que cualquiera podría reconocerlos, hay unas inscripciones en griego que explican quiénes son los personajes.

Pero no solo la leyenda está en griego, los propios emperadores están vestidos como se estilaba en la corte bizantina. Y aún más, el hecho de que sea representado tanto Otón II como su esposa en igualdad de condiciones nos puede recordar a los mosaicos de San Vital de Rávena, de mediados del siglo VI, donde aparecen en ese mismo nivel de representación, el emperador Justiniano y su esposa Teodora.

El comitente del marfil —es decir, quién lo encargó—, Juan Filigato, también aparece en la escena acurrucado, sirviendo de pedestal al emperador, lo que muestra la sumisión a su señor. Juan Filigato había nacido en Rossano, en el sur de Italia, una ciudad aún controlada por los bizantinos. Favorito de la emperatriz Teófano, entre el 980 y el 982 —cuando encarga este marfil—, era el legado de Otón II para Italia. Más tarde, fue el tutor de su hijo Otón III.

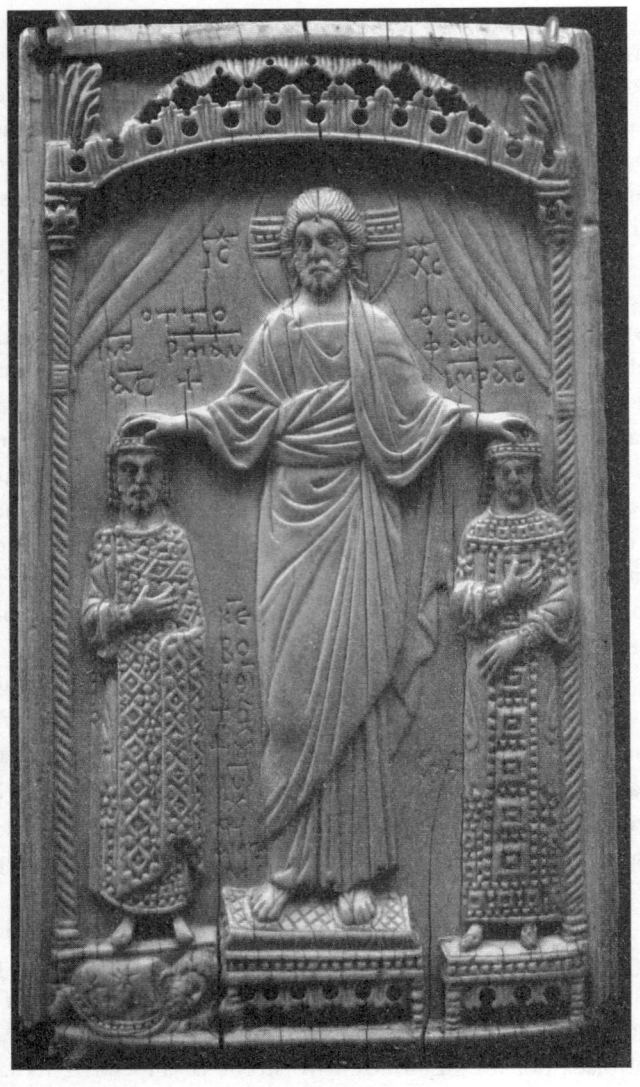

Cubierta en marfil de un libro dedicado al emperador Otón II y su esposa
Teófano (siglo x). Foto: Clio20.

Podemos entonces pensar que todo el sabor bizantino se debe tanto a que lo encargara Filigato, como a la influencia que Teófano pudiera tener sobre su marido Otón II. Pero, en cualquier caso, lo interesante es que Otón II aceptó reforzar su imagen imperial mostrándose cual emperador bizantino, en ese empeño de los emperadores de Occidente de asemejarse a los de Oriente.

Otón II murió en el 983. Le sucedió su hijo Otón III, un niño de tres años, que quedó bajo la regencia primero, de su madre Teófano y, más tarde, de su abuela Adelaida, esposa de Otón I. Cuando por fin Otón III asumió el poder en solitario, hubo de poner orden en Roma, donde su antiguo tutor Juan Filigato se había hecho nombrar papa, como Juan XVI. Considerado antipapa, Otón III le hizo detener y cegar en el 998.

Poco después, en el 999, Otón III logró que Gerberto de Aurillac fuera nombrado papa con el nombre de Silvestre II. Posiblemente una de las mentes más brillantes de su tiempo, Gerberto ya había estado al servicio del emperador Otón I para después entrar en la corte del rey de Francia, Hugo Capeto.

Desde allí, criticó sistemáticamente los malos manejos de los papas de Roma. Cuando él mismo fue nombrado papa, consideró que era el momento de reunir a toda la cristiandad bajo una sola corona, la de Otón III, por aquello de ser hijo de un emperador alemán y una princesa bizantina. Otón III murió en el 1002 y Silvestre II en el 1003. Sin embargo, a partir de ese momento, la separación entre Roma y Constantinopla se agudizará hasta el cisma definitivo de 1054, en un proceso tras el cual el papa de Roma por fin logró imponer su autoridad sobre la cristiandad occidental, incluida sus formas litúrgicas y artísticas.

En este proceso, hubo tres grandes etapas. Por un lado, el emperador Enrique II, sucesor de Otón III, decidió involucrarse directamente en la mejora de las costumbres romanas: buscó reforzar la autoridad de los obispos frente a las órdenes religiosas y quiso reprender las malas costumbres de los sacerdotes. Abogó, sobre todo, por el celibato de los religiosos para evitar que estos patrimonializaran los bienes de la Iglesia en favor de sus descendientes.

Además, en el momento de su coronación en Roma en el 1014, Enrique II solicitó que al recitar el Credo se añadiera la fórmula «filioque» —y del hijo—, ese principio teológico de la Iglesia latina que aceptaba que el Espíritu Santo venía del Padre, pero también del Hijo. Más allá de la trascendencia teológica, lo interesante es que un papa, en este caso Benedicto VIII, se arrogó la posibilidad de enmendar el Credo de Nicea, donde el «filioque» había quedado excluido. Si lo hizo, fue porque el «filioque» se había adoptado ya tiempo atrás en las iglesias francas, de modo que Benedicto VIII pareciera estar agasajando a Enrique II, que le había ayudado a recuperar la ciudad de Roma. Pero en realidad, se abría la puerta a que el papa se mostrase como autoridad máxima de la cristiandad.

Con todo, tan solo un año antes, cuando Benedicto VIII acudió a Baviera buscando el apoyo de Enrique II, tuvo ocasión de visitar la catedral de Bamberg, ordenada construir por el propio emperador en la que pudo ser su ciudad natal en 1009 y recién consagrada en 1012. Era una iglesia con dos ábsides contrapuestos, en sendos extremos de las naves, una fórmula que nos lleva de vuelta a la liturgia bizantina y su multiplicidad de altares. El edificio actual es fruto de dos grandes reformas de finales del siglo X y del siglo XIII, pero la planta que vemos hoy sigue las formas que ya tuvo en 1012. Un ejemplo contemporáneo a Bamberg y que no sufrió tan notables reformas es el de San Miguel de Hildesheim, al menos hasta el bombardeo aliado de mayo de 1945, siendo reconstruida *a posteriori*. La construcción de Hildesheim, donde Enrique II había estudiado en su juventud cuando se formaba para una vida religiosa que hubo de abandonar, comenzó en 1010 y concluyó en 1033.

En San Miguel, como en Bamberg, tenemos una planta con ábsides contrapuestos. Cada ábside viene precedido de su propio transepto y en el crucero de cada uno de esos transeptos tenemos

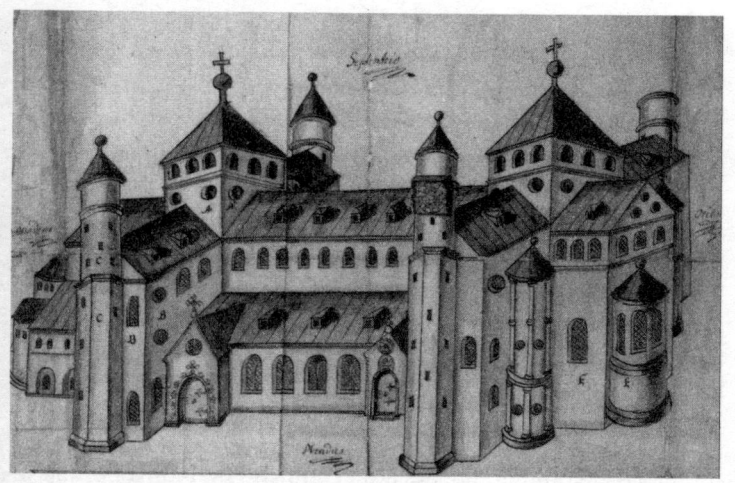

Vista de la iglesia de San Miguel de Hildesheim en 1662.
Dibujo: archivo del autor.

sendas torres. Por tanto, el espacio litúrgico seguía mirando a Oriente y las torres de crucero también eran una reminiscencia de Santa Sofía, pero como algo ya asumido —y sin comprender realmente su función— en la arquitectura cristiana latina.

Hablábamos de tres etapas en la ruptura entre Constantinopla y Roma, y el consiguiente aumento de prestigio del papa. Tras el empeño de Enrique II por mejorar la Iglesia aprovechando su puesto de emperador, un empeño que habrían de mantener sus sucesores, el segundo acontecimiento destacado fue cuando en 1054 se produjo el llamado Cisma de Oriente.

El triunfo de la liturgia romana

Por entonces, era papa en Roma desde 1049, León IX, nacido en algún punto del valle del Mosela y pariente del emperador Enrique III, quien le designó como sumo pontífice. Pero León IX no aceptó sin más esa designación y esperó a su elección canónica, tratando de mostrar su independencia frente al imperio.

Las tiranteces entre la Iglesia de Roma y la de Constantinopla habían sido constantes desde antiguo, pero se habían agudizado tras la asunción del «filioque» —que explicábamos antes por parte del papa de Roma, lo que le daba una autoridad inesperada. Los legados papales enviados a Constantinopla en 1054 pretendían resolver el problema surgido por las iglesias que seguían el rito bizantino en los dominios papales y las iglesias que seguían el rito latino en el Imperio bizantino. Pero lejos de solucionar el problema, los legados papales excomulgaron al patriarca de Constantinopla y este a su vez excomulgó a los legados. Más allá del simbolismo de las excomuniones, destaca el empeño de Roma porque su liturgia fuera practicada en su ámbito de gobierno, un viejo anhelo que ahora parecía ponerse por fin en marcha.

Llegamos así al tercer capítulo de la ascensión del prestigio de Roma: la reforma gregoriana, que toma el nombre de Gregorio VII, papa entre los años 1073 y 1085. Hildebrando de Soana fue enviado de niño a Roma, donde se educó en la abadía que los cluniacenses tenían en el Aventino. Allí tuvo como maestro a Juan Graciano, quien, al convertirse en papa en 1045 como Gregorio VI, nombró a Hildebrando como su secretario. Durante las siguientes tres décadas, Hildebrando será consejero de los sucesivos papas. Por ejemplo, de él fue la idea de que León IX, nombrado por el emperador Enrique III, se sometiera a la elección canónica para que pudiera ser reconocido como papa.

Cuando por fin Hildebrando fue él mismo nombrado papa como Gregorio VII en 1073, aceleró la reforma que tanto tiempo había estado auspiciando. En esencia, se estableció que el nombramiento de los papas dependería del colegio cardenalicio y no de la voluntad de los nobles de Roma o del emperador. Además, se persiguió el nicolaísmo —el amancebamiento de los religiosos—

y la simonía —la posibilidad de poder comprar cargos eclesiásticos—. Para ello, se decidió que en toda la cristiandad latina solo se podría utilizar la liturgia romana. De esta manera, el papa mostraba su capacidad para dominar el rito más cotidiano de los cristianos, la misa.

Para ello, Gregorio VII se apoyó sobre la orden cluniacense, a la que él mismo pertenecía y con cuyos abades de la casa madre en Cluny mantenía buenas relaciones. Ya señalamos anteriormente cómo la ampliación de la iglesia de la abadía de Cluny de mediados del siglo X, Cluny II, fue reemplazada por un nuevo templo, Cluny III, en 1088, cuando ya se había puesto en marcha la reforma gregoriana. El espacio litúrgico de Cluny III había de convertirse en el modelo canónico replicado por el resto de la cristiandad latina durante los siguientes cinco siglos, hasta el Concilio de Trento.

Cluny no fue el origen de una reforma eclesiástica. La reforma vino de Roma. Tampoco fue el origen de determinadas soluciones formales, que iremos viendo a continuación, en la articulación de las cabeceras o los pórticos de las iglesias. En ese sentido, las iglesias del norte de Italia, con su intento de *revival* clásico, o Santiago de Compostela son clave.

En Cluny no se sentaron las bases de una nueva iconografía artística, cuyas fuentes inevitablemente nos llevan a Bizancio, pero en las que el camino de Santiago desempeñó un papel fundamental.

Cluny ni siquiera fue un centro de desarrollo intelectual destacado.

Sencillamente, el sistema de organización cluniacense es lo que la convirtió en una orden exitosa. Una vez fundadas, las abadías no dependían de nadie más que del papa de Roma. Los señores laicos no podían intervenir en ellas. Como además se las dotaba con bienes suficientes para poder garantizar su independencia, los cluniacenses se convirtieron en grandes administradores, sobre todo, agrícolas. De ahí, que los monjes de la orden gozaran de merecida fama durante los siglos XI y XII, y fueran reclamados por toda la cristiandad occidental para la gestión de grandes señoríos eclesiásticos.

Pero, además, al ir creando nuevas abadías como cabeceras de esos señoríos, llevaban el tipo de espacio adecuado para la liturgia romana. No fueron los únicos que se esforzaron en difundir ese tipo de espacio, pero sí los que lo repitieron más a menudo, siempre partiendo de lo hecho en Cluny III a partir de 1088. Veamos cómo estaba organizada la nueva iglesia cluniacense.

De partida, un ábside único. Pero dado que era posible contener reliquias bajo ese ábside y con objeto de facilitar el acceso a las mismas, se levantó un pasillo que rodeaba el presbiterio, llamado girola o deambulatorio y que facilitaba la circulación de los peregrinos. La misma solución que ya vimos en la basílica de la Natividad en Belén. Para orar a Dios, los fieles se ordenaban de forma longitudinal, mirando todos hacia el altar, pero para acercarse a los hombres —los santos a los que pertenecían esas reliquias—,

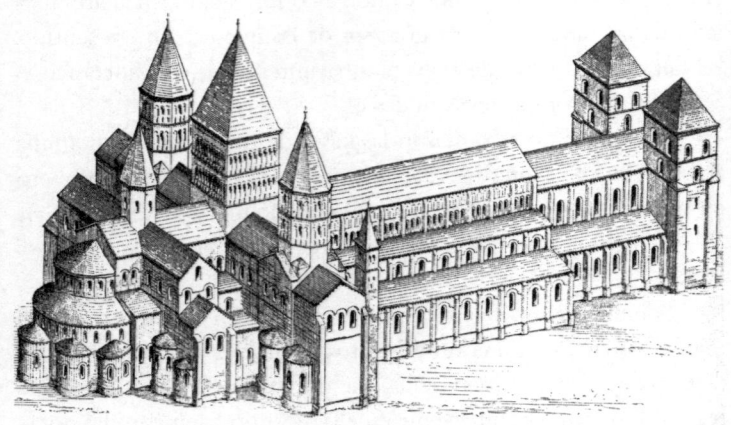

2. CLUNY (NO).

Reconstrucción hipotética de la tercera iglesia del monasterio de Cluny.
Dibujo: Georg Dehio y Gustav von Bezold.

se seguía una planta formal central, circulando alrededor de ellos.

Además, en ese deambulatorio se habilitaron nuevas capillas para contener nuevas reliquias o con función sepulcral, para aquellos donantes que quisieran hacerse enterrar en la iglesia. Por delante del presbiterio, su propio transepto con sus naves y una pequeña torre de crucero. En este espacio, como ya ocurriera en Cluny II, se situaba el coro.

La idea del ábside único proviene de la liturgia romana y su recuperación ya se había dado antes de Cluny: en Santiago de Compostela, a partir de 1075, o en Saint-Sernin de Toulouse, entre 1071 y 1076. En cuanto al deambulatorio, también es un espacio que podemos encontrar desde los orígenes de la arquitectura cristiana, pero se había recuperado en Saint-Philibert de Tournus, no muy lejos de Cluny, a comienzos del siglo XI. De modo que lo que tenemos aquí es una cabecera que ya se había puesto en marcha en otros lugares de Europa, pero importante porque los cluniacenses la replicaron por doquier. Tal como decíamos antes, en Cluny no se puso en marcha ninguna innovación, pero ayudaron a consolidar las que se creaban en otros lugares.

Tras el área del presbiterio y el coro, un transepto mayor; correspondiente a toda la iglesia, también con su torre de crucero y nuevas naves, cinco, que garantizaban tanto la concentración de grandes multitudes —sobre todo en la nave central, más ancha— como una circulación fluida por las naves laterales. En Cluny III aún había un pórtico dividido en tres naves a cuyos pies había dos torres campanarios. Hemos de pensar que estamos ante la que fue la iglesia más larga de la cristiandad hasta la reforma de San Pedro del Vaticano en los siglos XVI y XVII. Esto quiere decir que hay muchos elementos de Cluny que no se van a replicar, como las naves del presbiterio o las del pórtico de entrada, porque fueron un alarde de grandeza y no una necesidad litúrgica. Pero lo esencial sí va a ser copiado: ábside único, en ocasiones con deambulatorio, capillas laterales para reliquias o como sepulturas, coro, torre o cúpula sobre el crucero —una vez más, recordando Santa Sofía sin realmente saberlo— y muchas naves que facilitaran las procesiones y la circulación de los fieles.

Hemos mencionado la presencia de un espacio específico para el coro tanto en Cluny II como en Cluny III. Ya desde el siglo IV vamos a encontrar en las iglesias cristianas lugares donde colocar coros que acompañaban la liturgia con sus cantos, por lo general, monodias. Es más, al contrario de lo que hemos venido haciendo en este ensayo, donde distinguimos las liturgias —romana, hispana, galicana…— por los espacios que utilizaban, lo habitual en otros libros es diferenciarlas a partir de los antifonarios, los libros donde se recogían las distintas melodías que habían de emplearse a lo largo del año y que variaban de una liturgia a otra.

La creación de los primeros antifonarios es atribuida al papa Gregorio Magno en el siglo VI, de ahí lo de canto gregoriano; si bien los más antiguos conservados son del siglo VIII, de la corte de Carlomagno, cuando este quiso implantar la liturgia romana en todos sus reinos, para lo que comenzó por sistematizar los cantos. Sin embargo, hacía falta una notación que permitiese compartir el cómo cantar la música escrita en los antifonarios. Esta notación fue creada por Guido d'Arezzo, quien la publicó por primera vez hacia 1025. A los pocos años, dicho sistema ya era conocido en Roma. Posiblemente, los papas reformadores y, en especial, Gregorio VII fueron capaces de entender el potencial que tenía la nueva notación musical.

De ahí que cuando vemos el espacio arquitectónico del coro en Cluny III tiene una repercusión mayor de la esperada. Ya no es solo que haya un lugar determinado para situar a aquellos que van a cantar la misa, sino que ese espacio se irá dotando de determinadas características constructivas que mejoren la sonoridad. Ahora que ya es posible, gracias a la notación de Guido d'Arezzo, compartir melodías, buscarán cómo sacarles el máximo partido, con lo

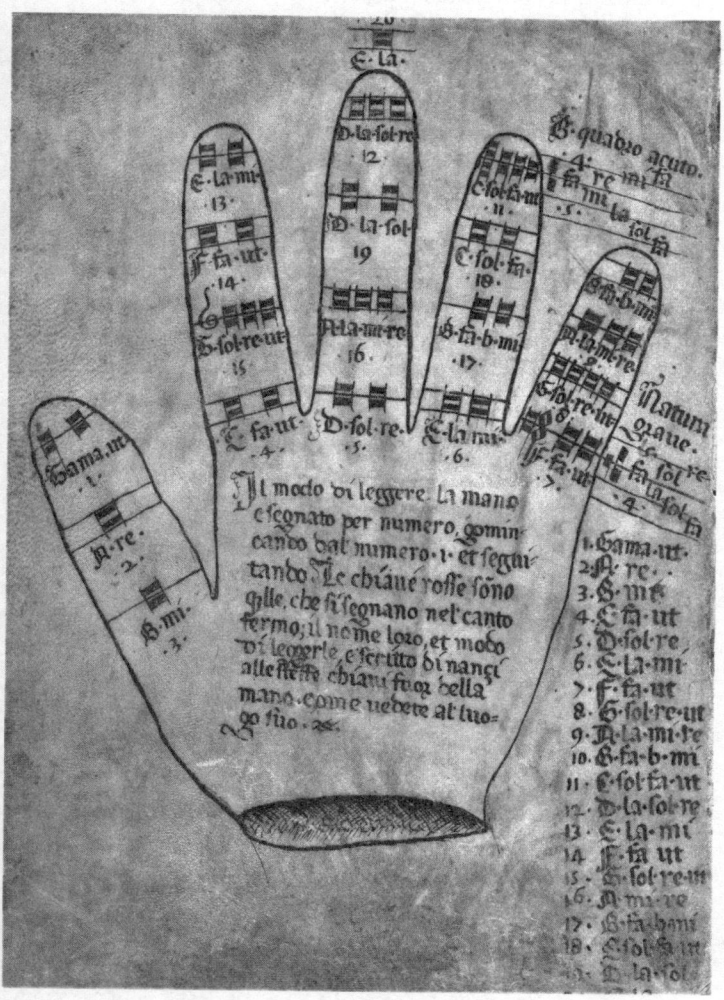

Mano guidoniana (siglo XII). Manuscrito de la biblioteca Bodleiana, Oxford, Inglaterra.

que la música se convertirá en un elemento indispensable a la hora de concebir el espacio religioso. Ese desarrollo de los grandes coros construidos se dará a partir del siglo XII.

Porque para entonces, el rito romano se ha institucionalizado en toda la cristiandad latina. De ahí que cuando visitamos las iglesias latinas de ese siglo, que hemos clasificado como románicas, todas tiene un aire de semejanza que no depende de los elementos que constituyen el edificio en sí. Podemos encontrar iglesias románicas con más o menos vanos, con columnas o pilares; con arcos de medio punto, ojivales o peraltados; cubiertas por bóvedas de cañón, de crucería o por sucesión de cúpulas; con los muros exteriores decorados con arcadas ciegas de diferentes tipos; con el crucero cubierto por una cúpula, un cimborrio o una torre. Es decir, podemos establecer una cantidad notable de variantes dentro del llamado estilo románico. Pero lo que homogeniza todo es el espacio litúrgico. En todas estas iglesias, el rito se va a desarrollar de igual manera. Por lo que, si queremos buscar una marca distintiva del románico, no son sus elementos arquitectónicos ni su decoración, sino la forma en que se impartía y, sobre todo, se cantaba la liturgia.

Capítulo 9
ÉXITOS Y RESISTENCIAS ARTÍSTICAS A LA LITURGIA ROMANA

En 1071, la liturgia romana fue adoptada en el reino de Aragón. En 1080, quedaría oficialmente establecida en el reino de León, aunque ya había algunas iglesias que la seguían desde décadas atrás. En el caso de Navarra, la situación era parecida: ya en tiempos de Sancho III Garcés, antes de 1035, se había hablado de adoptarla, pero no se hizo de forma total hasta el 1083.

Cuando se estaba adaptando la liturgia romana en las iglesias de León, gobernaba este reino Alfonso VI. Era hijo de Fernando I, quien ya había comenzado a introducir el rito romano y quien había logrado unir el reino de León con el condado de Castilla. Pero a su muerte, en 1065, Fernando dejó divididos sus dominios entre sus hijos. Al mayor, Sancho, le legó Castilla; León a Alfonso, y Galicia y el norte de Portugal a García. Los hermanos se enfrentaron entre ellos y aunque Sancho resultó victorioso, murió en el sitio de Zamora en 1072. Alfonso VI logró no sin dificultad reunir de nuevo Galicia, León y Castilla, e incluso, en 1077, una parte de Navarra, lo que le llevó a titularse como *Imperator Totius Hispaniae* —emperador de toda España.

Esta acumulación de territorios por parte de Alfonso le granjeó no pocas enemistades, lo que le llevó a tomar dos medidas prácticas, siguiendo un hábito heredado de su padre. Por un lado, reforzó su legitimidad buscando el amparo de los papas y de su principal brazo ejecutor en esa segunda mitad del siglo XI: la orden cluniacense, quien, como veíamos antes, había sido la encargada de difundir la liturgia romana por todo el occidente. Por otro lado, Alfonso trató de establecer una serie de alianzas internacionales buscando esposa más allá de los Pirineos. De esa manera, contra sus enemigos internos podría poner aliados de fuera de España. Aquí, de nuevo, la alianza con Cluny fue fructífera, pues al menos dos de sus esposas, Costanza y Berta, y dos de sus yernos, Enrique y Raimundo, llegaron desde Borgoña, el territorio donde estaba enclavado Cluny. Es más, en la reorganización episcopal que hizo Alfonso VI también tiró de monjes cluniacenses, quienes, tal como veíamos antes, se habían caracterizado por la buena administración de los bienes eclesiásticos.

Para financiar toda esta alianza con Cluny, Alfonso VI disponía de las parias —los impuestos que cobraba a los diferentes reinos islámicos: Toledo, Zaragoza, Valencia, Sevilla…—, que ya había establecido su padre Fernando. Buena parte de ese dinero habría de financiar las nuevas construcciones de Cluny III.

Pero, además, esas parias también revitalizaron el propio reino de Alfonso VI. Es entonces cuando florece el camino de Santiago, una vía de peregrinación que llevaba hasta la supuesta tumba del apóstol Santiago en Compostela. Ese camino de peregrinos había comenzado a funcionar a comienzos del siglo IX, pero fue con Alfonso VI, a finales del XI, cuando realmente se consolidó. Además de vía de peregrinación, el camino de Santiago se convirtió en un polo de atracción para muchos europeos que veían en estas tierras del norte de la península ibérica un lugar de oportunidades. De ahí que el camino de Santiago no hemos de entenderlo como la vía a través de la cual una España atrasada mejoró gracias a las ideas venidas de Europa, sino al revés: el medio empleado por muchos europeos, de las actuales Francia o Alemania, para prosperar; al tiempo que se expandían las ideas que se estaban gestando en la península ibérica gracias a los peregrinos que sí volvían a sus hogares.

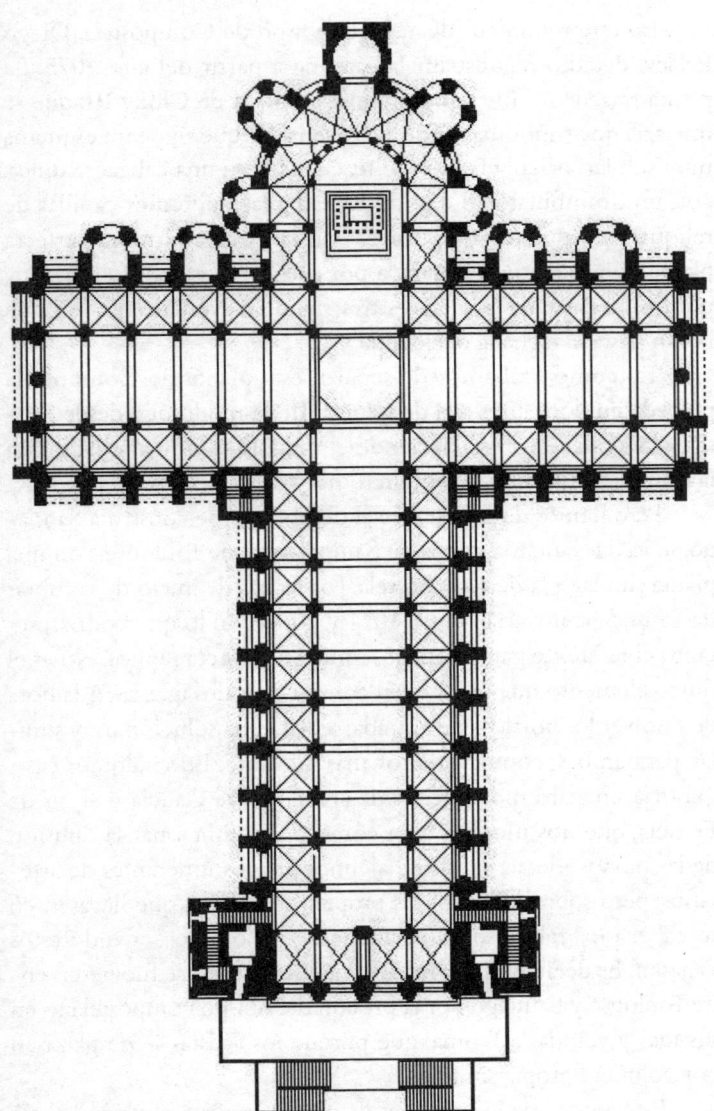

Plano de la catedral de Santiago de Compostela (siglo XI).

En este momento de auge, el obispo de Compostela, Diego Peláez, decidió reconstruir la catedral a partir del año 1075. La planta trazada no fue tan grandiosa como la de Cluny III, que se iniciaría doce años más tarde, pero veremos que sigue un esquema muy similar: orientada este-oeste, cuenta con una cabecera única, con un deambulatorio que da acceso a las diferentes capillas de reliquias y sepulcros; después, el transepto, creando una perfecta planta de cruz latina, rematada por una torre sobre el crucero; y por fin, las naves de la iglesia —tres, siendo mayor la central—, que llevan hasta la fachada occidental.

Tal como acabamos de señalar, esta planta de Compostela precede en doce años a la de Cluny III, de modo que desde Santiago se podía estar estableciendo el modelo canónico a seguir en la liturgia romana que Cluny retomó y difundió por doquier.

Pero hemos de pensar que al tiempo que se construía Santiago, se va a levantar la iglesia de Saint-Sernin de Toulouse, con una planta similar a la de Compostela. Las fechas de inicio de las obras de Saint-Sernin varían entre 1071 y 1076, con lo que podrían ser tanto el referente para Santiago, como su primera réplica. No es el único elemento que tendrán en común estas dos iglesias. A la hora de resolver los pórticos de entrada, se dará una solución muy similar para ambas, como veremos más adelante. En cualquier caso, existiría un claro movimiento de artistas entre Galicia y el sur de Francia, que nos muestra bien cómo podía funcionar la difusión de las nuevas ideas a través de algunos grupos itinerantes de artesanos; pero sobre todo por las propias obsesiones que llevasen en su cabeza los religiosos, especialmente los obispos, cuando estos viajasen. Es decir, es más probable que los artistas se moviesen entre Toulouse y Santiago por la presión del obispo compostelano en sus idas y venidas a Roma, que porque los artistas se desplazasen por voluntad propia sin más.

Este asunto de los pórticos de entrada no era cuestión baladí. Si bien es cierto que había otros elementos en la arquitectura de las iglesias que permitían distinguir estas —como el volumen de los edificios o, a partir del siglo IX, los campanarios— a nivel de calle y en el entramado urbano podía resultar importante hacer claramente visible la entrada a la iglesia. Obviamente, en un mundo eminentemente rural, dado que la mayor parte de las iglesias formaban parte de pequeños núcleos de población, tener que hacer evidente la entrada del templo no parecía necesario. De ahí, la heterogeneidad de las entradas que podemos ver, por ejemplo, en las iglesias del siglo VII al X, donde cada templo tiene su propio estilo. Pero cuando nos encontramos en ciudades más densas, donde esos elementos volumétricos que mencionábamos —el tamaño de la iglesia, sus campanarios— pueden perderse de vista, ahí sí resulta importante hacer una entrada llamativa y exclusiva.

Podríamos pensar que hay un tercer elemento que permite ver rápidamente una iglesia: la plaza que queda frente a ella. Pero esto no es algo que ocurriese en todos los casos. Un par de ejemplos, ambos de iglesias del siglo XII: San Vicente en Sigüenza (Guadalajara) o San Nicolás, en Madrid. En ambos casos, no había una plaza enfrente, sino que los templos se construyeron insertos en el entramado viario.

Por tanto, para elaborar la que había de ser la entrada canónica de una iglesia de rito romano se debía completar todo este proceso homogeneizador que se había lanzado con la reforma gregoriana.

La fama y el reconocimiento del artista

Un primer modelo se desarrolló a finales del siglo XI en Módena, en la Romaña italiana. Este territorio formaba parte de los dominios de Matilde de Canossa. Matilde había heredado en 1056 buena parte de la Toscana y la Emilia-Romaña, lo que incluía, en esencia, el control sobre los pasos de los Apeninos que habían de tomarse para llegar a Roma. Desde que Gregorio VII asumió el papado y aceleró la reforma de la Iglesia, Matilde se puso de su lado, lo que la enfrentó al emperador Enrique IV —que se negaba a perder sus prerrogativas sobre la Iglesia—, iniciando la querella de las investiduras. En este conflicto, Enrique IV invadió hasta tres veces Italia, enfrentándose tanto a Gregorio VII, como a su sucesor: Urbano II, quienes contaron siempre con el apoyo militar de Matilde de Canossa que logró, en las tres ocasiones, frenar al emperador.

Para 1099, Enrique IV se había retirado definitivamente de Italia y Matilde reorganizaba sus dominios. En ese año, el obispado de Módena estaba vacante y fue entonces cuando se iniciaron las obras de reconstrucción de la catedral. Aunque tradicionalmente esta decisión se ha atribuido al empeño de los modeneses por reclamar más autogobierno —algo que terminarían por conseguir—, todo apunta a que fue Matilde quien estuvo detrás de las obras de la catedral, y de otras muchas obras en el resto de sus ciudades.

El arquitecto que realizó el proyecto se llamaba Lanfranco. No tenemos mucha información sobre él, pero sí algunos datos interesantes. Además de aparecer su nombre en documentos relacionados con el avance de las obras, tenemos cuatro miniaturas en las que aparece dibujado. Fueron elaboradas en el segundo cuarto del siglo XII y recuperadas para un texto del siglo XIII que habla del traslado de los restos de san Gimigniano, patrón de Módena, a la cripta de esa nueva catedral. Hemos de pensar que en el momento que se pintaron esas miniaturas, el arquitecto posiblemente estaba vivo, por lo que el artista que lo representó pudo copiarlo del natural.

En la primera miniatura, Lanfranco está perfectamente identificado con un texto que dice: «Lanfranco arquitecto». Tiene una barba de cortina —la que popularizaría muchos siglos después el presidente Lincoln—, va ricamente vestido, tocado con una gorra con rabito cual boina y en la mano lleva un bastón de mando. Dirige a los peones que están abriendo los cimientos. Tras él, hay media docena de personas que observan cómo da instrucciones. Quizás sean miembros del cabildo catedralicio o del gobierno urbano.

En la segunda miniatura, volvemos a ver al arquitecto, de nuevo con su texto identificativo, donde ahora solo pone Lanfranco. Lleva unas vestiduras semejantes a las de la imagen previa, sigue portando el bastón de mando y da instrucciones a los albañiles —*artificex*— que están levantando los muros, mientras detrás de ellos aparece un nuevo grupo de peones acarreando el material.

En la tercera miniatura, vemos a la condesa Matilde —identificada por la inscripción adjunta— acompañada de dos de sus damas que se dirige al papa —en ese año 1106 era Pascual II—, al obispo y a otras autoridades religiosas de Módena. Detrás de la condesa, hay cinco caballeros. Uno de ellos puede ser Lanfranco, con su barba de cortina y su gorra con rabito.

Finalmente, en la cuarta miniatura, Lanfranco abre la sepultura de san Gimigniano en presencia del papa, el obispo Dodone y la condesa Matilde.

Es cierto que todas estas miniaturas tienen un aire un tanto naif y más pudieran parecer un tebeo contemporáneo que un relato religioso medieval. Pero es que la intención del artista era exactamente la de contarnos una historia de forma muy sencilla, cual cómic, pero sin dejar de poner ciertos detalles interesantes. En el caso de Lanfranco es evidente su primacía en la obra, con su bastón de mando, y el hecho de ser un hombre elegante y no un operario más. Solo en presencia de la condesa —después de todo, para quien trabaja— adopta una posición secundaria. Es importante retener esta idea del arquitecto como alguien reconocible y reconocido. Es más, en la propia catedral de Módena tenemos una inscripción grabada en piedra a comienzos del siglo XIII donde se define a Lanfranco como «famoso por su talento, erudito y capaz». No estamos, por tanto, ante un personaje anónimo —más artesano que artista— sino ante un arquitecto que alcanzó fama y fortuna, si pensamos en cómo vestía.

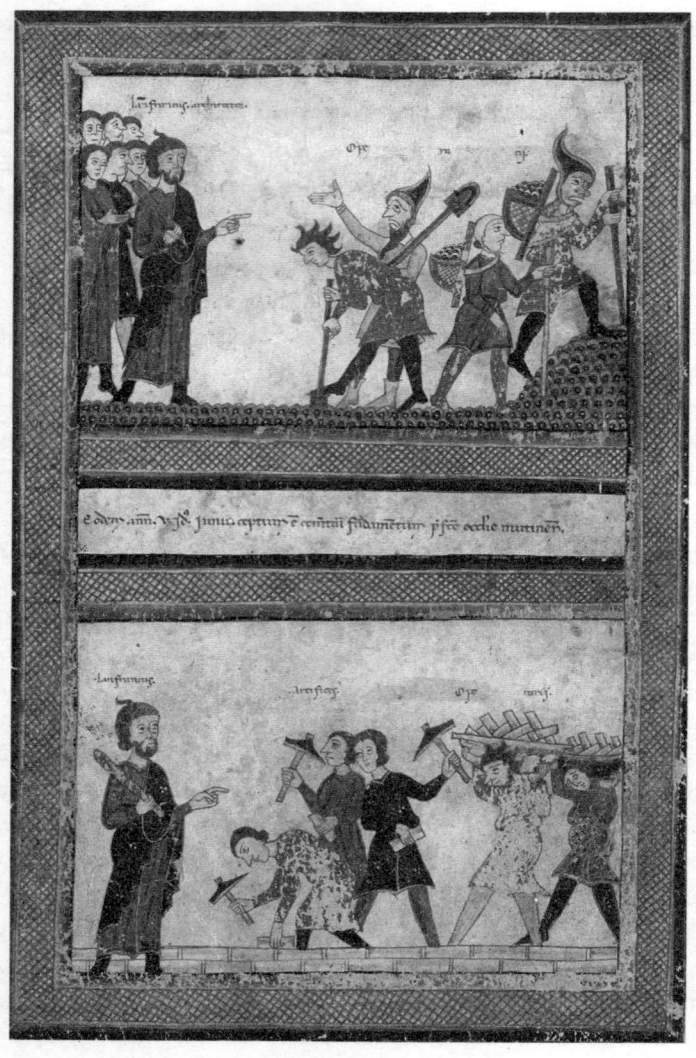

El arquitecto Lanfranco dando instrucciones a los trabajadores
de la catedral de Módena (siglo XIII).
Imagen: Archivo Capitular de Módena.

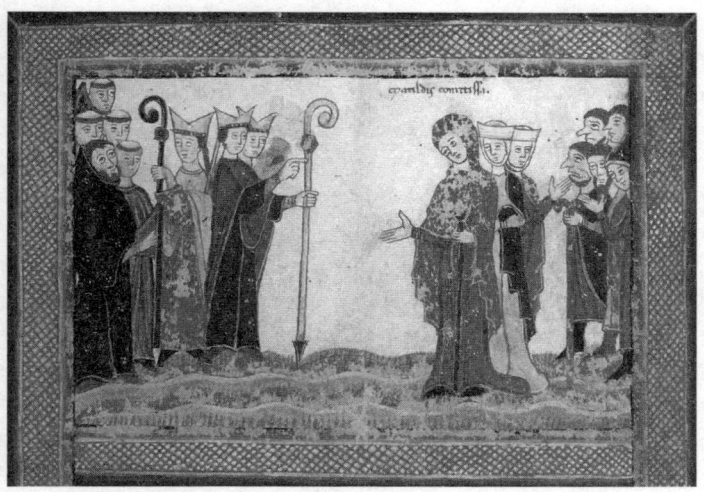

La condesa Matilde recibiendo al papa Pascual II en Módena (siglo XII).
Imagen: Archivo Capitular de Módena.

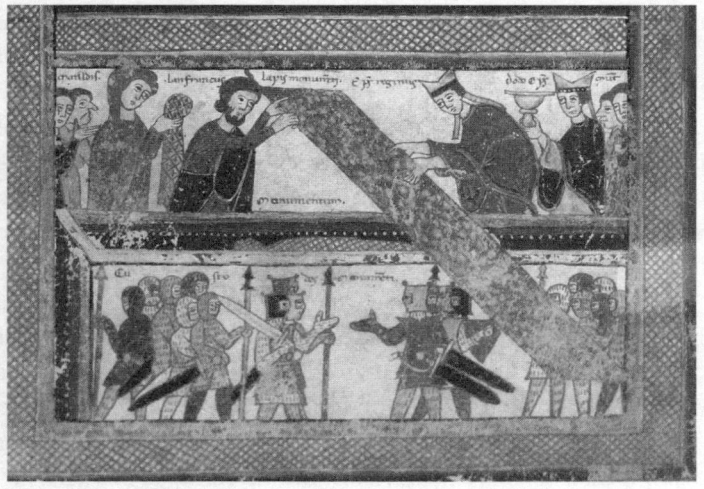

El arquitecto Lanfranco abriendo la sepultura de San Gimigniano en
la catedral de Módena. Imagen: Archivo Capitular de Módena.

Sin embargo, no es habitual conocer el nombre de los artistas medievales, al menos, hasta la Baja Edad Media, cuando ya tenemos muchos datos de arquitectos, pintores o escultores. En realidad, ese anonimato no se debía al escaso reconocimiento social del artista. El caso de Lanfranco no es excepcional, o el de Wiligelmo, el escultor que trabajó con Lanfranco y que también tiene su lápida conmemorativa en Módena.

Pero hemos de pensar, primero, en la capacidad de los artistas. Los que realizaban grandes obras, como esta catedral de Módena, sí eran reconocidos; al igual que nos ocurre hoy, que la fama la tienen los arquitectos que levantan grandes museos, pero no los que solo construyen chalés adosados.

Segundo, la forma de establecerse en el mercado. El número de artistas no era muy elevado, con lo que la posibilidad de conocer a todos aquellos que podía haber en una ciudad o región era relativamente alta. No había títulos, ni colegios profesionales. El esquema rígido de los gremios no se impuso hasta la segunda mitad del siglo XIV. Por lo que se vivía en un mundo donde todos se conocían. No había que identificar en concreto al artista por el hecho de serlo.

Esta idea de que el artista ya es conocido y no hace falta que firme su obra, hemos de pensar que perduró en el tiempo. Prácticamente, ningún cuadro de Velázquez está firmado por él. No era necesario. Trabajaba en un mercado muy concreto, al servicio de la corte de Madrid, y sus obras eran conocidas por todos.

Y, tercero y fundamental, si conocemos más artistas de la Baja Edad Media que de la Alta Edad Media o de la Antigüedad —o si conocemos más artistas a partir del Renacimiento que en los tiempos previos— es porque los soportes de información variaron.

Hasta el siglo XI no llegó el papel a Europa. Lo hizo a través de los musulmanes y empezó fabricándose en España. A Italia llegaría, primero a Sicilia en el XII y al norte en el XIII, para después popularizarse por el resto de Europa en el XIV. Antes del papel, los contratos eran mayoritariamente verbales. No se iba a consumir un producto tan costoso como el pergamino o el papiro para firmar un contrato de obra. Con la llegada del papel, la situación cambió y veremos cómo los nombres de los artistas conocidos en la historia con su nombre y apellidos crece a medida que se expande el uso del papel. Si además esos artistas escriben y firman sus textos —por ejemplo, los tratados—, y estos se pueden reproducir gracias a la imprenta desde finales del siglo xv, el número de artistas de nombre conocido crecerá aún más.

Por tanto, la situación de los artistas medievales no difería mucho de la de sus colegas del Renacimiento, el Barroco o el mundo contemporáneo. Los exitosos eran reconocidos y podían llegar a ser adinerados. La mayoría solo realizarían trabajos menores y de poca resonancia. Pero si no conocemos los nombres de los artistas de la Alta Edad Media, ni siquiera de los más notables, no es porque fuera una profesión humilde, sino porque no había papel.

Pero regresemos a Lanfranco y la catedral de Módena. Su principal empeño fue levantar una basílica romana, de tres naves, con una cubierta adintelada —recta— y no con los sistemas abovedados que se estilaban en la época. Ni siquiera concibió ponerle campanario a la iglesia, aunque ya en esa época eran comunes.

Además, proyectó un modelo de entrada, junto con Wiligelmo, que Lanfranco consideraba muy clásico. Un arco de triunfo, sostenido por unas columnas apoyadas sobre sendos leones —recuperados de algún edificio antiguo—, daba acceso al arco de entrada propiamente dicho, que estaba enmarcado entre columnas salomónicas. Por encima de este arco de triunfo, había una tribuna con un tejado a dos aguas.

A ojos de Lanfranco, todo aquello era muy romano: el arco de triunfo, la tribuna, las columnas salomónicas… Constantino había remitido a Roma, a comienzos del siglo iv, un grupo de columnas torneadas —que pueden datar del siglo ii— que consideraba que venían del templo de Salomón. Esas columnas perma-

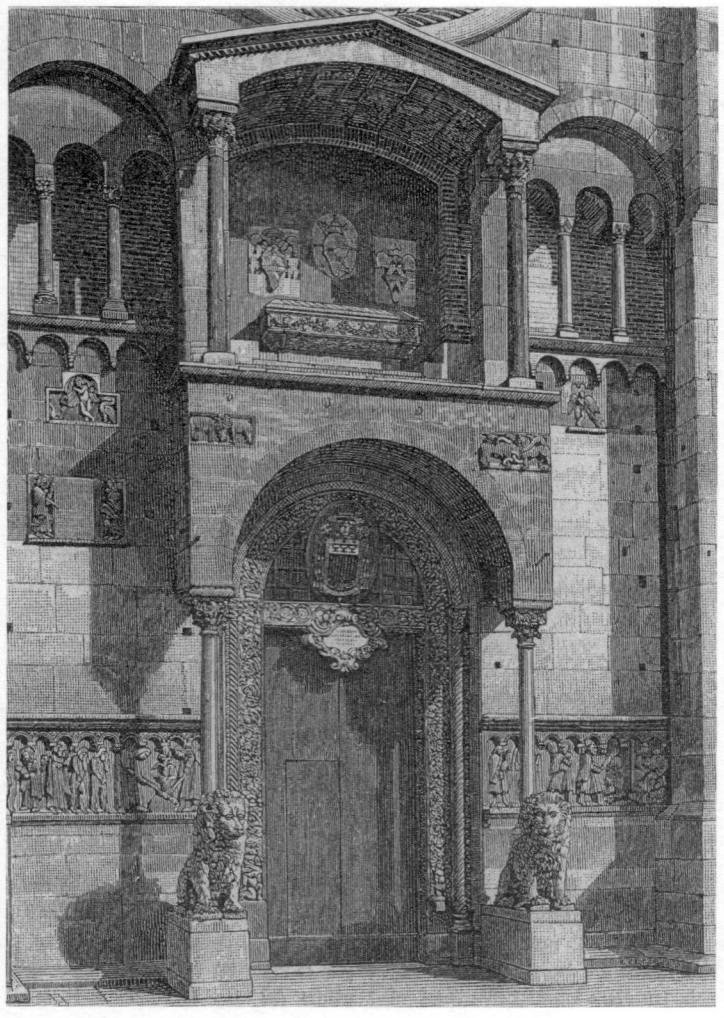

Puerta mayor de la catedral de Módena (siglo XII).
Dibujo: Gustavo Strafforello.

necieron alrededor del altar de San Pedro del Vaticano hasta la gran reforma de Bramante de comienzos del siglo XVI.

En definitiva, Lanfranco quería un edificio que él consideraba clásico y, posiblemente, Matilde de Canossa estaba de acuerdo con él. Después de todo, Matilde había sido la gran defensora del papa, es decir, de Roma como cabeza de la cristiandad y qué mejor demostración que construir un edificio romano, algo que permitiera hacer muy visible esa romanidad a cualquier visitante futuro de Módena, empezando por los emperadores alemanes que quisieran volver a Italia. Retengamos esta idea, porque cuatrocientos años después, los florentinos que pusieron en marcha el Renacimiento llegaron a la misma conclusión. Frente a los bárbaros alemanes de más allá de los Alpes que arrasaban Italia cada vez que bajaba el emperador a ser coronado, los italianos harían gala de ser una civilización superior, hijos de Roma, y lo mostrarían recuperando el arte clásico.

Del proyecto de Lanfranco no queda mucho, más allá de la traza general y la entrada occidental. A comienzos del siglo XIII se incorporó el campanario y en el XIV, las cubiertas planas fueron reemplazadas por bóvedas. En el lado sur, también a comienzos del siglo XIII, se abrió una puerta no prevista: la Porta Regia, que si bien conserva el arco de triunfo previo a la entrada, ya está organizada como una puerta abocinada, el modelo que vamos a ver que se creó en torno al camino de Santiago y que se extendió por toda la cristiandad latina.

Porque la propuesta de Lanfranco de una entrada clásica sí tuvo algunos imitadores, esencialmente en Italia, como en la vecina catedral de Parma o, ya más lejos, en Pisa —las dos a mediados del siglo XII—. Pero fueron los menos. La entrada que se impuso, tal y como acabamos de decir, fue la de origen jacobeo.

Las puertas del cielo: las entradas de las iglesias de liturgia romana

Regresemos entonces a la catedral de Santiago de Compostela, en el reino de León. Allí vimos cómo las obras se habían iniciado en 1075 y en 1101 ya se estaba rematando el transepto. En ese momento era obispo de Santiago Diego Gelmírez. Se habían previsto dos entradas en cada extremo de ese transepto. Una al norte, la puerta Francigena, que se desmontaría en el siglo XVIII para sustituirla por la actual puerta de la Azabachería; y otra al sur, la puerta de Platerías, que aunque ha sufrido algunos cambios, se muestra, en líneas generales, tal como fue concebida.

En este momento en el que la liturgia romana ya había sido aceptada en la traza de la catedral, había que resolver cómo iba a ser la entrada a una iglesia de rito romano. Ya hemos visto hace un momento la propuesta que se estaba haciendo en Módena por esas fechas: una entrada con reminiscencias clásicas.

Pero los maestros de Compostela apostaron por una solución diferente: una portada historiada —recubierta de relieves figurativos— bífora —doble— y abocinada, es decir, que el ancho de la parte exterior de la puerta es mayor que en la parte interior.

En paralelo con Compostela se estaba levantando la iglesia de Saint-Sernin de Toulouse. Allí la puerta sur del transepto, conocida como puerta de Comtes, se había terminado en 1090. Era una puerta bífora y en cierta medida abocinada —con un arco exterior más ancho superpuesto al arco interior, más estrecho—, aunque prácticamente carecía de decoración en relieve.

Sabemos que Diego Gelmírez viajó hacia 1100 a Roma, es posible que pasara por Toulouse, tuviera ocasión de ver esta puerta y llevara la idea a Compostela. O quizás, directamente, contrató a los alarifes de Toulouse. En cualquier caso, en Compostela se fue más lejos. Ya no se trataba de superponer un arco a otro, una idea que no estaba tan lejos de la que Lanfranco estaba haciendo a partir de 1099 en Módena, con el arco de triunfo enmarcando la puerta de entrada. En Compostela se dieron una sucesión de tres arcos en derrame, una idea que en los siguientes trescientos años tuvo gran predicamento en otras muchas iglesias, pudiéndose colocar cuatro, cinco y hasta seis arcos en derrame. Pero, además, ese pórtico en su totalidad estaba llamado a servir de soporte para las historias esculpidas, que en el pórtico de Platerías han tenido sus cambios con el tiempo. De partida, en el friso sobre los arcos, en el tímpano bajo los arcos y en las jambas que soportaban los arcos. Muy pronto, también en los propios arcos.

Mientras se levantaban los pórticos del transepto de Compostela, en León, la capital del reino, avanzaban las obras de la

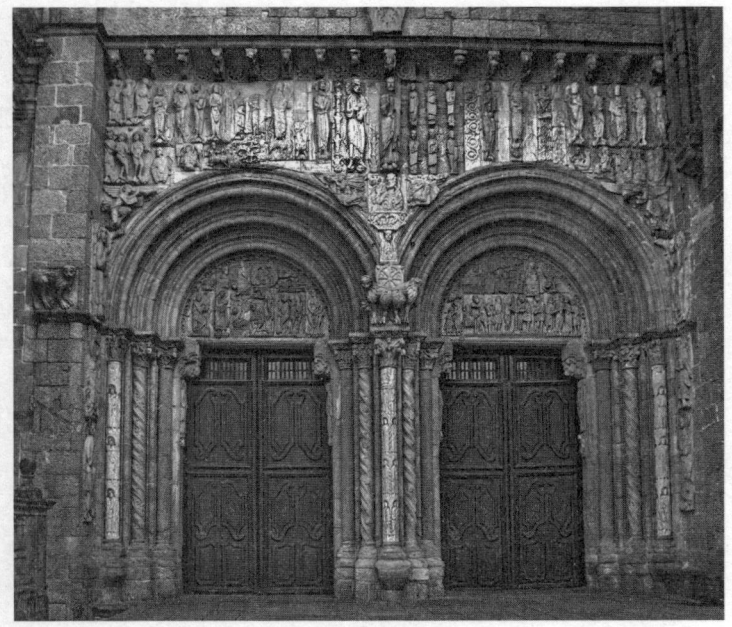

Pórtico de Platerías de la catedral de Santiago de Compostela (siglo XII).
Foto: Amadalvarez.

iglesia de San Isidoro y allí, en torno a 1100, se levantó el pórtico del Cordero con la misma solución que en Santiago, salvo que era una puerta sencilla y no bífora, y con la ventaja de la financiación regia. A partir de ahí, desde León y Santiago, la idea de la puerta abocinada tomó el camino jacobeo y se extendió por la cristiandad latina. La veremos en la puerta de Miègeville en Saint-Sernin de Toulouse hacia las mismas fechas —en este caso, porque los artistas de Compostela pudieron llevar la idea a Toulouse—. En San Miguel el Mayor de Pavía (Lombardía), o en la iglesia de la abadía de las Damas en Caen, en Normandía, terminadas ambas hacia 1130. En la Magdalena de Vezelay, en Borgoña, terminada en 1138. O en Santa María de Ripoll, en Gerona, a mediados del siglo XII.

La infanta Urraca en defensa de la liturgia hispana

Acabamos de mencionar las obras de San Isidoro de León. El reino de León era heredero, desde el 914, del de Asturias —el primer reino cristiano de la península ibérica tras la conquista islámica—, lo que le daba al título de rey de León un atractivo particular.

Veíamos al principio de este capítulo como Alfonso VI, tras enfrentarse a sus hermanos, había heredado la corona de León de su padre Fernando I. Pero Fernando I, a su vez, había logrado esa corona de forma violenta. Siendo solo conde de Castilla, se enfrentó a su cuñado Bermudo III, al que derrotó y dio muerte en 1035. Al no tener hijos Bermudo, la corona pasó a su hermana Sancha, quien la entregó a su esposo Fernando I pese a la oposición de los leoneses.

El padre de la reina Sancha, Alfonso V, había reedificado en León, a comienzos del siglo XI, el convento dúplice de San Juan Bautista —para monjes— y San Pelayo —para monjas—, incluida su basílica, donde, además, colocó el panteón de los reyes de León.

La reina Sancha convenció a su esposo, Fernando I, para que rehiciera la basílica de su padre, manteniendo allí el panteón de los reyes leoneses. Además, Fernando logró que le permitieran traer desde Sevilla las reliquias de san Isidoro, nombre con el que terminaría por conocerse el convento y su iglesia.

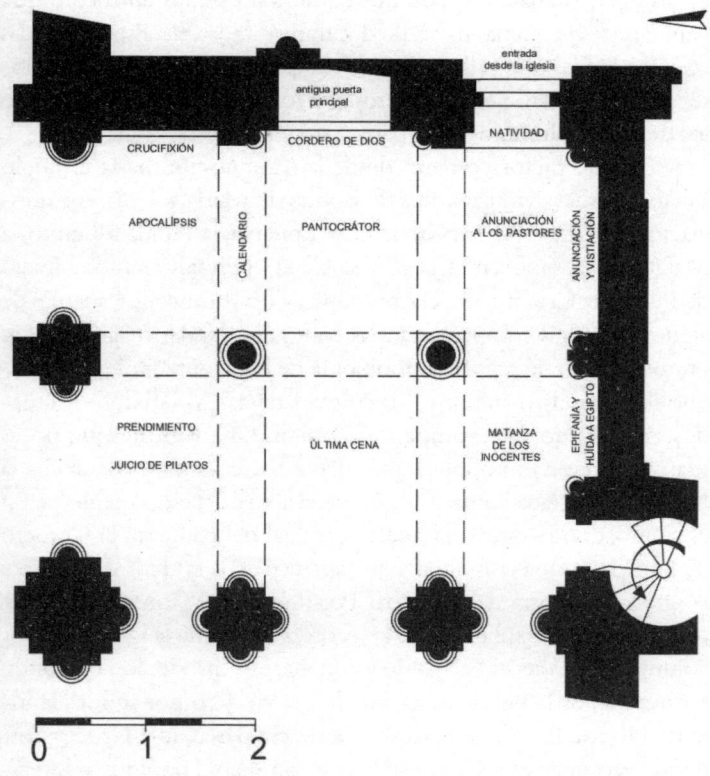

Plano del Panteón Real de San Isidoro de León, con indicación de las pinturas en las paredes y las bóvedas (siglo XII). Dibujo: Loren Lemus.

Las obras de Fernando y Sancha quedaron inconclusas y fue su hija, la infanta Urraca, —hermana de Alfonso VI—, quien debió acometer los trabajos finales, incluyendo la puerta del Cordero que veíamos antes, así como los frescos que decoran las bóvedas del panteón real. Este se halla situado a los pies de la basílica, una estructura de dos pisos, con el panteón en el nivel inferior y una tribuna, conocida como la cámara de doña Sancha, en el superior. El panteón es un espacio cuadrado con dos columnas exentas en medio que generan tres pequeñas naves de dos tramos cada una. Están pintadas las seis bóvedas que surgen de esta compartimentación, los intradoses de los arcos fajones y formeros que forman las bóvedas, así como los tres intercolumnios de la pared este y los dos de la sur.

El ciclo pictórico narra desde la Anunciación hasta el Juicio Final, con sucesivos capítulos de la vida de María y Jesús: la Anunciación, la Visitación, la Natividad, la Epifanía, la Huida a Egipto, la Matanza de los inocentes, la Última Cena, el Prendimiento, el Juicio de Pilatos, la Crucifixión, el Apocalipsis y un Pantocrátor, además de algunas pinturas complementarias como el calendario agrícola. Las pinturas tratan de seguir la cronología de los acontecimientos, aunque al menos dos capítulos —la Natividad y la Crucifixión—, situados en el muro este, rompen ese orden. Una ruptura que no es gratuita. En ese muro este, como decimos, tenemos a la derecha la Natividad, cortada en parte al abrirse el actual acceso al panteón. En el centro, donde estuvo la puerta original del panteón, el Cordero de Dios, la misma iconografía que aparece en la entrada de acceso a la iglesia, la puerta del Cordero. Por debajo del Cordero de Dios, una inscripción explica cómo la reconstrucción de la iglesia fue por voluntad de los reyes Fernando y Sancha, una inscripción que pudo ser puesta por la propia reina Sancha, ya viuda, o por su hija, la infanta Urraca. Por fin, a la izquierda de esa pared, una Crucifixión, donde acompañan a Cristo la Virgen, san Juan, Longinos y Estefatón; y a los pies de la cruz, arrodillados, los reyes Fernando y Sancha.

Que el orden cronológico del relato se rompa, como decíamos antes, en esta pared, donde vemos el protagonismo que toman los monarcas en dos de las tres pinturas —recordemos que la tercera está mutilada por esa puerta posterior— muestra bien que la intención de la infanta Urraca fue decorar el panteón en memoria de sus padres, resaltando su vida acorde al Evangelio relatado en las bóvedas y su adecuado morir como buenos cristianos.

La infanta Urraca había sido un apoyo clave para su hermano, el rey Alfonso VI, en la lucha que este mantuvo por el trono contra su otro hermano, Sancho I. Pero Alfonso VI, como ya vimos al principio de este capítulo, había logrado imponer la liturgia romana en todos sus reinos en esa búsqueda por reforzar los lazos con el papado y con Cluny, una política que ya su padre Fernando I había comenzado a realizar. Aunque esa imposición no había sido del agrado de todos sus súbditos.

En ese sentido, hemos de señalar esta llamada a la buena vida cristina de Fernando I y Sancha, que aún habían mantenido la liturgia hispánica; una liturgia que también parece hacerse evidente en el resto de pinturas, con los tres ciclos de Navidad, Pasión y Resurrección.

Pero, además, la infanta Urraca había entregado a San Isidoro un cáliz de ónice, oro y piedras preciosas. El cáliz era en realidad dos cuencos romanos del siglo I, uno empleado como copa y otro como base, unidos ya en tiempos de la infanta Urraca por una estructura de oro en la que están engarzadas las gemas que provienen de las joyas de la infanta. Los cuencos romanos pudieron haber sido encontrados en el mismo León, ciudad de origen romano, y tanto por la calidad de la obra, como por su valor antiquizante fueron rápidamente apreciados por los orfebres de la corte.

Que Urraca enriqueciese el tesoro de San Isidoro con un cáliz tan ostentoso puede ser un recordatorio de como en la liturgia hispana se comulgaba con las dos especies, mientras en la romana los fieles ya empezaron a comulgar, desde el siglo XI, solo con el pan —en el siglo XIII, los fieles de la cristiandad latina dejaron definitivamente de comulgar con el vino, algo que quedó claramente prohibido en el Concilio de Constanza en 1415.

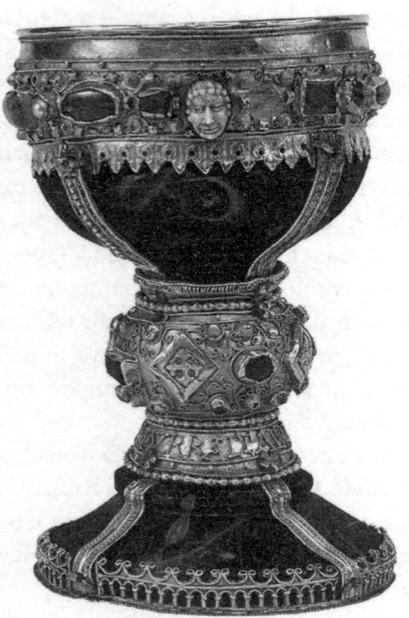

Cáliz de doña Urraca (siglos I y XII). Foto: Museo de San Isidoro.

Por tanto, todo el programa artístico que impulsó la infanta Urraca en San Isidoro, además de honrar la memoria de sus padres, podía servir como un recordatorio para su hermano, del error en el que podía haber incurrido al cambiar de liturgia. Hemos de pensar que muerta la infanta Urraca en 1101, las obras de San Isidoro prosiguieron —el propio Alfonso VI reconoció que por cumplir con los deseos de su hermana— pero a un ritmo mucho más pausado. Alfonso VI estaba más interesado en las grandes obras que había emprendido en Sahagún, donde terminó por instalar su propio panteón regio. Esa lentitud llegó hasta el punto de que San Isidoro empezó a deteriorarse y hubo de sufrir una rehabilitación importante en tiempos de Alfonso VII, nieto de Alfonso VI. Una rehabilitación realizada por el arquitecto Pedro Deustamben, que fue enterrado en la propia iglesia de San Isidoro y donde tenemos su epitafio, realizado hacia 1150, en donde se le recuerda por sus numerosos milagros, entendiendo milagros en este contexto como sinónimo de obras de arte bien hechas. Por tanto, de Deustamben en León, como de Lanfranco en Módena, tenemos no solo su nombre, sino una constancia laudatoria de su trabajo.

Más allá del debate teológico que encierre la decoración del panteón real de San Isidoro —y las pinturas que pudieron estar en esa tribuna por encima del panteón, de las que se han encontrado algunos vestigios en la última restauración del conjunto—, es interesante ver la manera en que se contaban esos ciclos de Navidad, Pasión y Resurrección.

La primera sensación es que estamos ante unas pinturas algo ingenuas, propias de tebeos, como ya hemos dicho al analizar las miniaturas de Lanfranco. Pero eso no impide entender lo que tratan de contar.

De partida, se distinguen los escenarios de interior —con los personajes enmarcados entre columnas y muros, como ocurre en la Última Cena— de las escenas que ocurren en el exterior, donde los personajes no tienen ningún límite arquitectónico.

Luego es cierto que los rostros de los personajes están todos pintados de una forma muy similar, la mayor parte de ellos de perfil, con algunas excepciones de frente —Jesús en la Última Cena o en el Pantocrátor—. En ambas posibilidades, la representación de los rasgos faciales —ojos, boca, nariz, orejas— son iguales para todos, con formas estereotipadas que recuerdan a los mosaicos de la Antigüedad tardía, sobre todo a los de Bizancio. Lo que distingue a los personajes son sus vestiduras —aunque los pliegues de todas ellas vuelven a dibujarse de la misma manera—, donde sí hay una variedad dependiendo del representado. Los pastores llevan unas capas cortas, camisas y jubones. Los apóstoles, por el contrario, van con túnicas, al igual que Poncio Pilatos, aunque su túnica es más rica. Además, se diferencian los santos, con sus halos, del resto de los personajes; una distinción más acusada en la escena de la Última Cena, donde Jesús y todos sus apóstoles tienen la aureola, salvo Judas Iscariote. Los animales que aparecen —gallos, perros, ovejas, cabras— también pueden responder a formas estereotipadas, pero esto no quita que quien observase la escena de la Anunciación a los pastores podría tener la sensación de estar viendo a un grupo de pastores leoneses —uno de ellos con cayado, otro con un cuenco de ordeño— cuidando de su rebaño.

Por tanto, dentro del esquematismo dominante, sí había intención de contar una historia que los espectadores pudieran entender. Una historia, además, dinámica. El ángel que visita a los pastores señala la escena de la Natividad, situada en la pared que quedaba en perpendicular. Los pastores se giran para verle. No están estáticos. En la Última Cena, los apóstoles hablan animadamente entre ellos. En el Prendimiento, los soldados atan las manos de Jesús, mientras Pedro niega con su cabeza a la acusación de una criada de que él también es seguidor del Galileo.

Los artistas de San Isidoro sabían cómo contar una historia, cómo cautivar a su público. Pero no eran realistas. Podemos pensar que no sabían cómo hacer una figura naturalista. Aunque cuando vemos el esfuerzo puesto en crear el ambiente y generar un movimiento que agilice el relato, nos queda claro que el no ser naturalistas no era tanto un defecto, como una declaración de intenciones. Como hemos visto desde los primeros capítulos, la gran obsesión de la Iglesia era evitar la idolatría. Por aquello de que los paganos rezaban a unas estatuas que consideraban que eran dioses en sí mismos, auténticos ídolos. Esa lucha contra la idolatría, además, había causado dos largos enfrentamientos civiles en el Imperio bizantino durante la querella iconoclasta. Y el mundo islámico se había hecho presente en el orbe cristiano renegando de las imágenes. A finales del siglo XI y comienzos del XII, aún no era posible volver al naturalismo. Los pintores lo sabían. Y por eso en

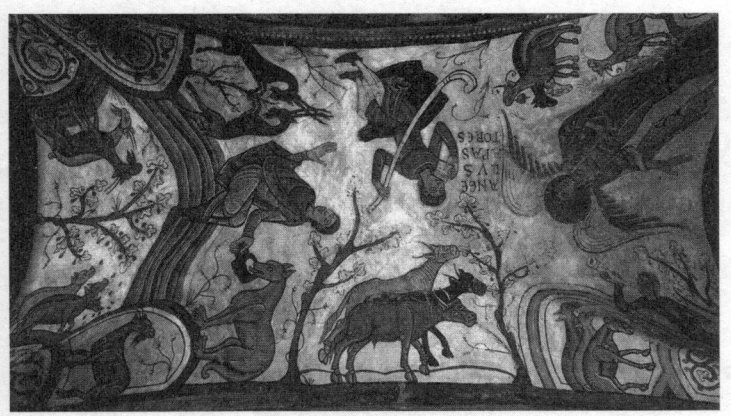

Anunciación a los pastores. Fresco del Panteón Real de San Isidoro de León (siglo XII).

San Isidoro vemos cómo hicieron todo lo posible para narrar una buena historia, pero sin apelar al realismo.

Además, los artistas de San Isidoro, para asegurar que todos comprendían su relato, incluyeron numerosas inscripciones en todas las escenas. La mayor parte de los personajes están claramente identificados. Incluido Marcialis Pincerna, Marcial, el copero que sirvió el vino a Jesús en la Última Cena —personaje solo citado en algunos evangelios apócrifos—, lo que nos vuelve a llevar a las singularidades del cristianismo hispano.

El caso de las inscripciones de San Isidoro no es excepcional. Hay muchas pinturas y esculturas de este mundo medieval que llevan pequeños textos explicativos que permiten que el espectador comprenda qué se ha representado. Lo que significa que ese espectador tenía que saber leer. Es cierto que habría determinadas iconografías que no serían necesarias de explicar. Cristo en la cruz, por ejemplo. Tampoco debían aclararse otras imágenes que pudieron ser muy populares en su momento y, por ello, no tenían cartelas adjuntas, aunque con el paso del tiempo ya no entendamos su significado.

Saltemos de época por un instante y pensemos en muchos de los murales del barrio de Castro, en San Francisco (California), pintados en la segunda mitad del siglo xx. En el momento que fueron elaborados, tanto los artistas como los habitantes y visitantes podían reconocer a los personajes que aparecían en ellos, vinculados a acontecimientos contemporáneos muy específicos: víctimas del sida, mujeres que lucharon por sus derechos, miembros de la comunidad homosexual. Pasadas tres o cuatro décadas, muchos de esos murales que eran muy evidentes cuando se hicieron, ahora necesitan ser explicados. Aquellos en los que se consignó el nombre de los representados, que también los hay, aún podemos reconstruir su historia, aunque puedan ser personajes que vayan cayendo en el olvido.

En estas representaciones medievales tenemos un fenómeno similar. Tal como decimos, hay iconografías universalmente reconocibles. Muchas imágenes que en su momento fueron entendidas por todos. Y otras imágenes como las de San Isidoro que, gracias a las inscripciones, podemos salir de dudas de lo que estamos viendo. Pero en todos los casos, era necesario un conocimiento previo para entender la imagen. Las imágenes no sustituyen a un conocimiento más erudito. Lo completan. Las imágenes medievales no eran la Biblia de los analfabetos, sino las representaciones que los educados tenían para reforzar su conocimiento, en muchos casos con una complejidad teológica notable. Luego, esos educados podían transmitir el mensaje que esas imágenes narraban a los fieles iletrados.

Explicábamos anteriormente la posible pretensión de la infanta Urraca en el ornato que encargó para San Isidoro: defender la liturgia hispana y, con ello, lo que ella consideraba una buena forma de ser cristiano.

Que los artistas se esforzasen, al colocar las inscripciones, por no dejar ninguna duda sobre lo que estaban tratando de contar quizás vino a reforzar esa pretensión de la infanta Urraca.

Capítulo 10
EL NACIMIENTO DEL ARTE GÓTICO

En 1085, el rey leonés Alfonso VI tomó Toledo. Había sido la capital del desaparecido reino hispanogodo. Por ese motivo, desde el punto de vista episcopológico, era la sede primada de Hispania, es decir, el arzobispo de Toledo quedaba por encima del resto de los obispos hispanos.

Pero, además, la caída de Toledo fue la primera gran derrota del mundo islámico. Los reinos cristianos habían ido avanzando lentamente desde el siglo VIII y desde la cordillera Cantábrica al sistema Central, ocupando todo el valle del Duero. También habían logrado descender desde los Pirineos sin llegar a tomar el valle del Ebro. Es decir, los cristianos avanzaban, pero no habían logrado hacerse con ninguna de las grandes ciudades islámicas de la frontera: Zaragoza, Mérida, Badajoz o la propia Toledo. De ahí que la ocupación de esta última supusiera un vuelco notable no solo en la península ibérica, sino en la cristiandad en general. Por primera vez, los cristianos tenían un avance notable sobre el territorio islámico.

Entre las condiciones que Alfonso VI dio a los toledanos conquistados estuvo la del respeto de la liturgia hispana que aún practicaban los mozárabes de la ciudad, pero también el respeto a los lugares de culto de los musulmanes. De ahí que, según fuentes islámicas, Alfonso se hizo llamar señor, o emperador, de las dos religiones.

Pero esa actitud benevolente inicial del rey cambió con la llegada del nuevo arzobispo, Bernardo de Sedirac, que convirtió la mezquita mayor de Toledo en su catedral. Bernardo era un monje cluniacense, que posiblemente apareció en León acompañando a Costanza de Borgoña, quien había llegado hacia 1079 para casarse con Alfonso VI. De partida, el rey nombró a Bernardo de Sedirac abad del monasterio de San Facundo de Sahagún, para ya en diciembre de 1086 colocarle como arzobispo de Toledo.

Para legitimar su puesto y, sobre todo, su primacía, Bernardo efectuó varios viajes a Roma. Así, en 1088 se reunió con el nuevo papa, Urbano II, quien le confirmó su primado sobre las Españas.

Bernardo y Urbano II volvieron a reunirse entre 1095 y 1096. Esto le permitió a Bernardo participar en el Concilio de Clermont de 1095, donde Urbano II convocó a los caballeros cristianos a la primera cruzada. El empeño de los papas por recuperar Tierra Santa para los cristianos ya venía de lejos, a lo que se añadían las continuas solicitudes del emperador bizantino. Pero si algo había cambiado para 1095, había sido la toma de Toledo. Era posible derrotar a los musulmanes en una gran plaza y Bernardo, que venía de Toledo, debió influir en sus reuniones con Urbano II para que este convocara esa cruzada.

Los ejércitos cruzados se pusieron en marcha a comienzos de 1096 y tras numerosos avatares lograron conquistar Jerusalén en 1099. Cuando se coronó al primer rey cruzado, Balduino I, el acto no se llevó a cabo en el Santo Sepulcro, por discrepancias con el legado papal, sino en la basílica de la Natividad de Belén. Las siguientes coronaciones ya se dieron en el Santo Sepulcro, pero los cruzados decidieron, a pesar de todo, acondicionar el área de la basílica de Belén. Es en ese comienzo del siglo XII cuando se construyó la llamada sala de San Jerónimo del convento armenio.

En la zona donde se levantó la basílica de Constantino —basílica que ya estudiamos en detalle en el capítulo cuatro— había una serie de cavidades antes de esa construcción. Algunas para dar

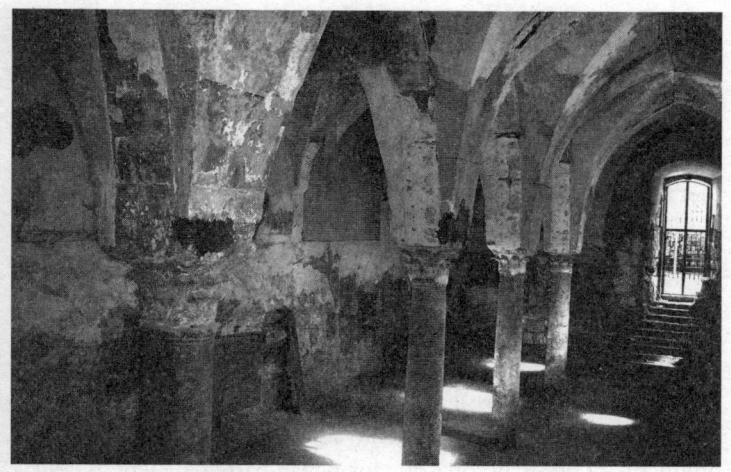

Sala de San Jerónimo del convento armenio de Belén, Palestina (siglo XII).
Foto: archivo del autor.

cobijo a los pastores, que llevaban sus rebaños a esta parte de Belén
que mira al wadi Murabaat, un wadi o valle seco que desciende
abruptamente desde Belén hacia el desierto de Judea. Otras funcionaban como aljibes que recogían hasta la última gota de lluvia
evitando que se perdiera en ese desierto.

Es posible que esta sala de San Jerónimo, que se encuentra
por debajo del nivel de la plaza del Pesebre, donde estuvo el atrio
de Constantino, fuera uno de esos aljibes que los cruzados rehabi-
litaron como sala de recepción.

Lo que hoy vemos es una estancia con dos naves separadas
por una fila de columnas. En el muro perimetral norte de la sala
están encastradas las columnas de uno de los pórticos de ese atrio
de Constantino. Las propias columnas que separan las dos naves
parecen haber sido recuperadas también de ese atrio.

Para cubrir este espacio, se utilizaron bóvedas de aristas ojivales. Es decir, para montar las bóvedas colocaron las cimbras que

tenían la forma completa de la bóveda, la aparejaban y retiraban las cimbras. Una solución similar a las de las bóvedas de cañón clásicas o a las bóvedas de arista que podemos encontrar cubriendo la mayor parte de las iglesias de la Antigüedad tardía y la Alta Edad Media. Pero la novedad aquí es que, en vez de utilizar arcos de medio punto para formar esas bóvedas, emplearon arcos ojivales.

Ya hemos tenido ocasión de ver cómo el arco ojival estaba ampliamente extendido en este mundo próximo oriental desde su creación en tiempo de los omeyas. De modo que no tiene nada de sorprendente que los arquitectos cruzados optaran por los arcos ojivales. Quizás esta sala de Belén la levantaron maestros de obras locales, acostumbrados al uso de ese arco apuntado.

Pero, en cualquier caso, debió ser una obra que hubo de sorprender a los constructores que formaban parte del ejército cruzado. Pensemos que, al entrar en Jerusalén, pudieron ver los arcos ojivales en la Cúpula de la Roca o la mezquita al Aqsa. Pero en Belén, pudieron seguir de cerca cómo se construía y qué ventajas podía tener.

La primera bóveda ojival que conocemos en Europa es la de la catedral de Durham, en el norte de Inglaterra. Las obras de este edificio habían comenzado en 1093, siendo rey de Inglaterra Guillermo II, el tercer hijo de Guillermo I el Conquistador, quien había sido duque de Normandía antes de hacerse con el trono inglés.

Las bóvedas de Durham ya estaban instaladas para 1104, pero se vinieron abajo. En ese año, ya era rey de Inglaterra Enrique I, el cuarto hijo de Guillermo el Conquistador. Enrique se había quedado con el trono de su hermano Guillermo al morir este en un accidente de caza. Hubo que rehacer las bóvedas de Durham entre 1108 y 1113. En esas fechas, ya podía haberse hecho la sala de San Jerónimo en Belén.

Para entender cómo una idea surgida en Belén (Palestina) podía llegar hasta el norte de Inglaterra hemos de seguir la pista de

Roberto, el primer hijo de Guillermo el Conquistador y, por tanto, hermano mayor de Guillermo II y Enrique I.

Roberto se había enfrentado numerosas veces a su padre, de ahí que Guillermo el Conquistador solo le dejase el ducado de Normandía, pero no el reino de Inglaterra, que pasó a manos de Guillermo II.

Ya como duque de Normandía, Roberto partió a la cruzada predicada por Urbano II donde participó en la toma de Jerusalén. Es cierto que no llegó a estar presente en la coronación de Balduino I en Belén, pues ya había regresado para ese momento a Normandía. Pero sí sabemos que algunos de sus caballeros normandos aún permanecieron en Tierra Santa y pudieron regresar a Europa cuando Roberto se enfrentó a su hermano Enrique I, siendo derrotado Roberto en la batalla de Tinchebray en 1106.

Ya como dueño de Inglaterra y Normandía, Enrique I retomó las obras de Durham y hemos de pensar que, ante el colapso de las bóvedas previas, alguno de esos caballeros regresados de Tierra Santa pudo proponer la nueva solución que había visto en Belén: las bóvedas ojivales.

Desde Inglaterra, la técnica ojival saltaría a Normandía, aún en tiempos de Enrique I, pues la vamos a encontrar en las cubiertas de la abadía de las Damas de Caen, en 1130. Y de allí pudo llegar hasta la Île-de-France, la región en torno a París, donde encontramos al abad Suger rehaciendo la iglesia del monasterio de Saint-Denis y utilizando esa solución ojival que pasó a denominarse *opus francigenum* y que hoy se ha popularizado como arquitectura gótica.

Más altura, más luz, más cielo

El arco ojival presentaba dos ventajas para los constructores medievales. La primera es que por su forma apuntada transmite mejor los empujes laterales, con lo que tiende a abrirse menos. Esto permitiría cubrir luces abovedadas más anchas, pero exigía hacer más altos los arcos para lograr esa mayor anchura, y esa altura se pudo utilizar como una segunda ventaja.

Ya vimos en la basílica de la Natividad de Belén que las principales entradas de luz al templo se efectuaban o por los vanos situados en la cabecera principal, orientada al este y que, por tanto, iba recibiendo luz natural desde el amanecer hasta el mediodía; o por los vanos abiertos en la parte superior de las naves, de modo que la mayor parte de esa luz iba a quedarse en el área de las bóvedas, salvo, de nuevo, al mediodía, cuando los rayos caen en vertical y entonces sí podría llegar la luz hasta la parte inferior de la iglesia.

En el caso de la luz que entra por la cabecera, sabemos que el sol aparentemente se va desplazando en el plano de la eclíptica en torno a un grado diario en dirección este. Por lo que si solo tuviéramos un vano en la cabecera, el que quedara perpendicular a la nave, habría unas cuantas semanas al año que no tendríamos esa entrada directa del sol durante la mañana. De ahí que en la mayor parte de las cabeceras de estas iglesias medievales habrá más de un vano en el ábside y así se aprovechará ese giro del Sol.

Pero, ahora, con la técnica ojival, lo que se va a enriquecer es la iluminación de las bóvedas. Al permitir levantar más las cubiertas, al tiempo que se ensanchaban las naves, la cantidad de ese cielo interior que vamos a poder observar es mayor.

El punto mejor iluminado de la iglesia será ese espacio de las bóvedas y el resto del templo permanecerá la mayor parte del día con poca luz o directamente en penumbra, salvo que pusieran velas, u hoy luz eléctrica. Es importante retener este concepto: las iglesias góticas no son, de partida, más luminosas que las románicas. En ambos casos, salvo al mediodía, la mayor parte de la luz se va a concentrar en el cielo de la iglesia, mientras el espacio de los hombres —almas pecadoras— permanece en penumbra. La diferencia entre buena parte de las iglesias románicas y buena parte de las iglesias góticas es que la cantidad de cielo —y por tanto la cantidad de luz en ese cielo— será mayor en las segundas.

Ese cielo, además, se verá enriquecido con la presencia de las vidrieras, que hará que la luz blanca natural se descomponga en una panoplia de colores. Lo vamos a ver a continuación regresando a la basílica de Saint-Denis.

La dinastía Capeto, que había tomado el control de Francia en el 987, cuando murió el último monarca carolingio, había reconstruido su reino a partir de sus propios dominios, en esencia: la Île-de-France, el territorio en torno a París, y el Orleanesado, en torno a Orleans. París se convirtió en la capital de forma casi permanente durante los siguientes siglos y hasta hoy. Esto suponía una rareza en las monarquías medievales, cristianas o islámicas, que se basaban en cortes itinerantes que solían desplazarse en razón de los intereses del rey.

Saint-Denis es una localidad situada a ocho kilómetros al norte de París, cuya abadía ya había servido ocasionalmente como necrópolis real desde los tiempos merovingios. El abad Suger, nombrado superior del monasterio de Saint-Denis en 1122, quiso reforzar esa posición de prestigio, creando un marco excepcional que sedujera a los reyes.

Para ello, rehízo por completo la vieja basílica carolingia. La nueva contaría con una única cabecera con un doble deambulatorio que permitiría el acceso a las capillas absidiales. A continuación, vendrían las naves del coro, que entroncarían con el transepto, para proseguir hacia las naves de la iglesia —mayor la central que las laterales—, y concluir en un gran pórtico abocinado. Como vemos, el plano de Cluny derivado de Compostela y el propio pórtico de Compostela, aunque todo más monumental: el doble deambulatorio en vez de uno y tres entradas —una por cada nave— en vez de una portada bífora.

Ese pórtico, ya en su fachada externa, estaría enmarcado por dos grandes torres campanario —la torre norte, amenazando ruina, fue desmontada en 1849—, lo que le daría una mayor prestancia a esa fachada. Pensemos que si aún hoy el edificio de la basílica domina el caserío de Saint-Denis, con la iglesia rodeada por un barrio que suele tener casas de cuatro y cinco plantas, en época medieval la impresión que habían de provocar las grandes torres, rodeadas de un villorrio mínimo, debía ser aún mayor.

Esta idea de dos grandes torres simétricas en fachada también llegó desde el mundo normando, la llamada fachada armónica. Allí tenemos un buen ejemplo en la catedral de Bayeux, no lejos de Caen, un edificio levantado por orden del obispo Odón de Coteville, hermano de Guillermo I el Conquistador. La catedral de Bayeux sufrió algunos daños durante la guerra que había enfrentado a los hijos de Guillermo el Conquistador, Roberto y Enrique I, de los que hablábamos antes.

Con Enrique I victorioso, el nuevo obispo de Bayeux, Ricardo de Douvres, hubo de reparar la iglesia, en particular, las torres de la fachada y, desde finales del XII, se iniciarían nuevas obras cuyo resultado son los pórticos actuales.

En 1131, el papa Inocencio II celebró un concilio en Reims, donde sabemos que participaron tanto Ricardo de Douvres como

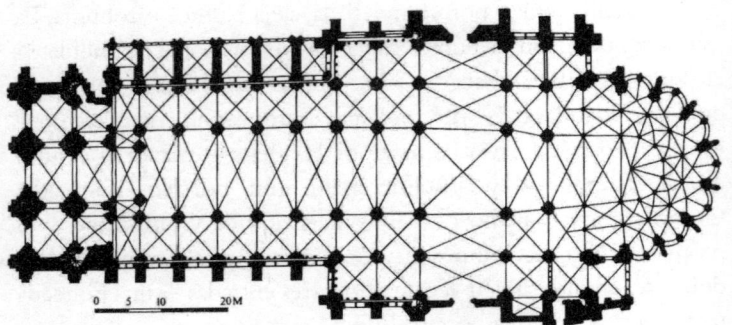

Planta de la basílica de Saint-Denis, Île-de-France (siglo XII).

Suger. Suger acababa de iniciar la gran reforma de la basílica de Saint-Denis, una obra que comenzó levantando las nuevas torres de la fachada a imitación, como decíamos, del modelo normando que pocos años antes había reparado Ricardo de Douvres en Bayeux.

Ya hemos visto antes cómo la idea de incorporar torres campanario en la fachada de las iglesias se remontaba al siglo IX, cuando se construyeron los primeros *westwerk* carolingios. Pero los *westwerk,* pese a formar parte de la iglesia, tenían más aspecto de fortificación que de templo. En la fachada armónica normanda, las torres se iban aligerando gracias a los vanos, cuyo número aumentaba según ascendía la obra. El resultado eran unas torres de grandes dimensiones, pero totalmente abiertas, reduciendo el peso de la obra y permitiendo la colocación de numerosas campanas. Por tanto, unas torres que se alejaban de los principios de la poliorcética que exigía que las fortificaciones ofrecieran un número reducido de vanos y siempre de pequeñas dimensiones.

La otra novedad que añadió Suger a Saint-Denis, llegada desde tierras normandas, fueron las bóvedas de crucería ojivales que veíamos que habían empezado a colocarse en Durham a partir de 1108.

Al contrario de las bóvedas de arista de la sala de San Jerónimo que, como explicábamos antes, exigían una cimbra completa para montar la bóveda; en estas de crucería, las cimbras eran colocadas para montar esos arcos de crucería, nervios que, a continuación, servían de soporte para colocar los plementos de la bóveda —los rellenos entre los nervios—. Las bóvedas de crucería ya fueron empleadas por los romanos —bóvedas de crucería de medio punto, no ojivales— solo que estos ocultaban los nervios dentro de los plementos. La novedad en Durham —y de ahí en el resto de la arquitectura gótica— es que eran bóvedas ojivales, no de medio punto, y con los nervios vistos.

Pero sin duda, el gran aporte de Suger fue la decoración con vidrieras en los nuevos vanos ojivales que había colocado tanto en la cabecera como en la parte superior de las naves.

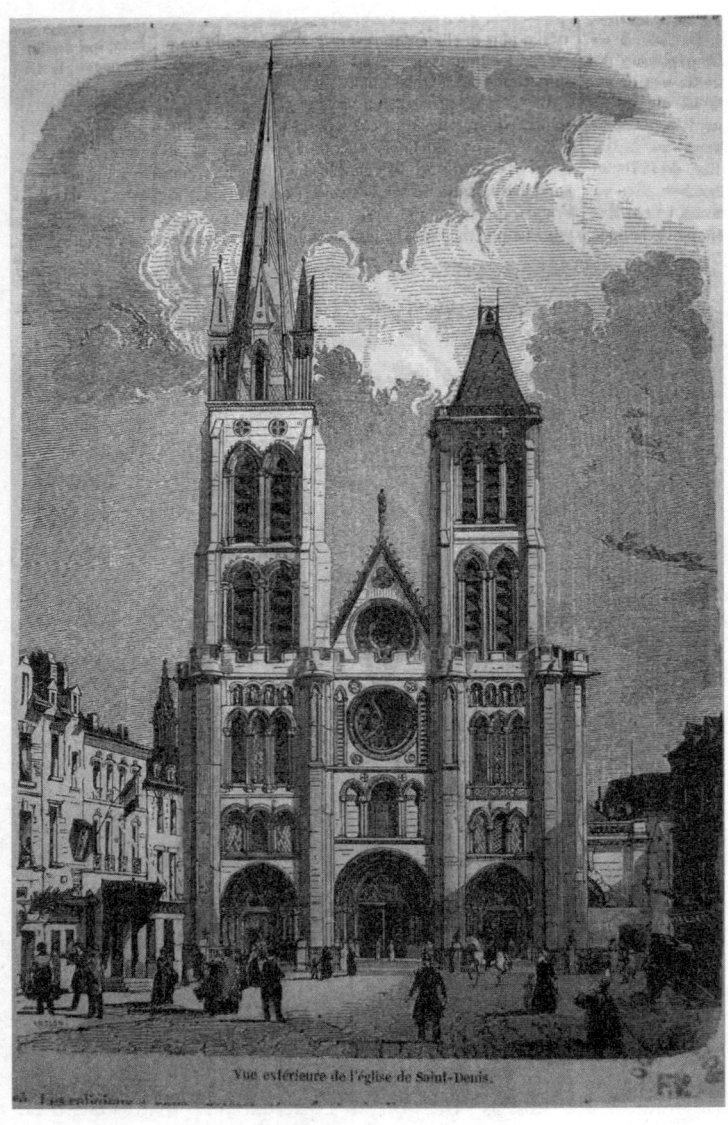

Fachada de la basílica de Saint-Denis, Île-de-France, en 1822.

Colocar materiales transparentes o traslucidos en los vanos es algo conocido desde la Antigüedad, ya fuera vidrio u otras alternativas; como el *lapis specularis*, un tipo de yeso traslucido que los romanos apreciaron para el cierre de sus ventanas, y que daría su fama a la ciudad de Segóbriga en cuyo entorno hay numerosas minas de ese tipo de yeso.

En el mundo cristiano, sabemos que ya se decoraban las iglesias bizantinas con vidrios. En algunos fragmentos encontrados en las excavaciones arqueológicas de San Vital de Rávena, del siglo VI, sobre el vidrio aparecían pintadas algunas figuras, una técnica que podemos encontrar también en las vidrieras halladas en las excavaciones arqueológicas de la abadía de Lorsch, y datadas entre los siglos IX y XI.

Un cambio interesante se produce cuando además de pintar sobre el vidrio, se combinan vidrios de diferentes colores para formar el motivo final, una técnica que recuerda a la de los mosaicos. Este tipo de soluciones ya se dieron en las vidrieras de la catedral de Augsburgo, donde tenemos unos pocos ejemplos, aún *in situ*, en las ventanas de finales del siglo XI o principios del XII.

Es en ese momento, en torno al 1100, cuando se escribe *De diversis artibus,* un tratado de arte en tres volúmenes. El primero estaba dedicado a las técnicas pictóricas, tanto para miniaturas de libros, como para decorar paredes. Aquí será donde por primera vez se hable del óleo. El segundo tomo versaba sobre la fabricación de vidrieras. Y el último sobre orfebrería y otros trabajos en metal.

El autor de este tratado fue el monje benedictino Teophilo, un pseudónimo detrás del que posiblemente se escondía Roger de Helmarshausen, un destacado orfebre cuya actividad se desarrolló entre el valle del Mosa y la antigua Sajonia.

No ha de sorprendernos que siendo orfebre hable sobre vidrieras, puesto que la forma de montar estas era mediante elaboradas estructuras metálicas, esencialmente en plomo. Unas estructuras que bien podía fabricar un herrero, pero que aún mejor podía hacerlas un orfebre, más allá de que en la Alta Edad Media los límites entre uno y otro no eran claros. Que además Teophilo incluyera un apartado sobre pintura, tampoco ha de extrañarnos: las vidrieras, como veíamos antes, se pintaban. En muchos casos, la joyería también.

Es posible que el libro de Teophilo no fuera muy conocido en su tiempo. Pero lo destacable de este trabajo es que nos indica el nivel de desarrollo que se había alcanzado en la fabricación de vidrieras decoradas a comienzos del siglo XII.

Por tanto, cuando Suger ordena montar las vidrieras de Saint-Denis, como en el caso de la traza, la portada o las cubiertas, no estaba inventando nada, pero sí aprovechando lo más novedoso que había en cada uno de esos terrenos.

Lo destacado de las vidrieras de Suger es que llenaron la basílica y aumentaron la sensación de luz celestial que ya se venía trabajando en iglesias previas. Después de Saint-Denis, el gran reto de las catedrales será conseguir la mayor cantidad de esa iluminación de colores.

Pero además, Suger quiso desarrollar un programa iconográfico en esas vidrieras acorde con sus intereses políticos. El propio abad dejó por escrito sus intenciones. La serie de vidrieras de Saint-Denis había de comenzar en la cabecera del templo y con el árbol de Jesé, la genealogía humana de Jesucristo, frente a otra vidriera que hablaba de la genealogía divina de Jesús, con el ciclo que llevaba desde la Anunciación a la Crucifixión y la Dormición de la Virgen.

De Jesé, el padre del rey David, que puede estar representado sentado o tumbado, nace un árbol cuya primera rama es David y a partir de él van llegando sus descendientes hasta Jesús. Esta iconografía comenzó a desarrollarse en algunas miniaturas de finales del XI y Suger la retomó para Saint-Denis, donde se construyó entre 1140 y 1144.

La vidriera tiene más de cinco metros de alto y está organizada en tres columnas de siete niveles cada una. De la estructura

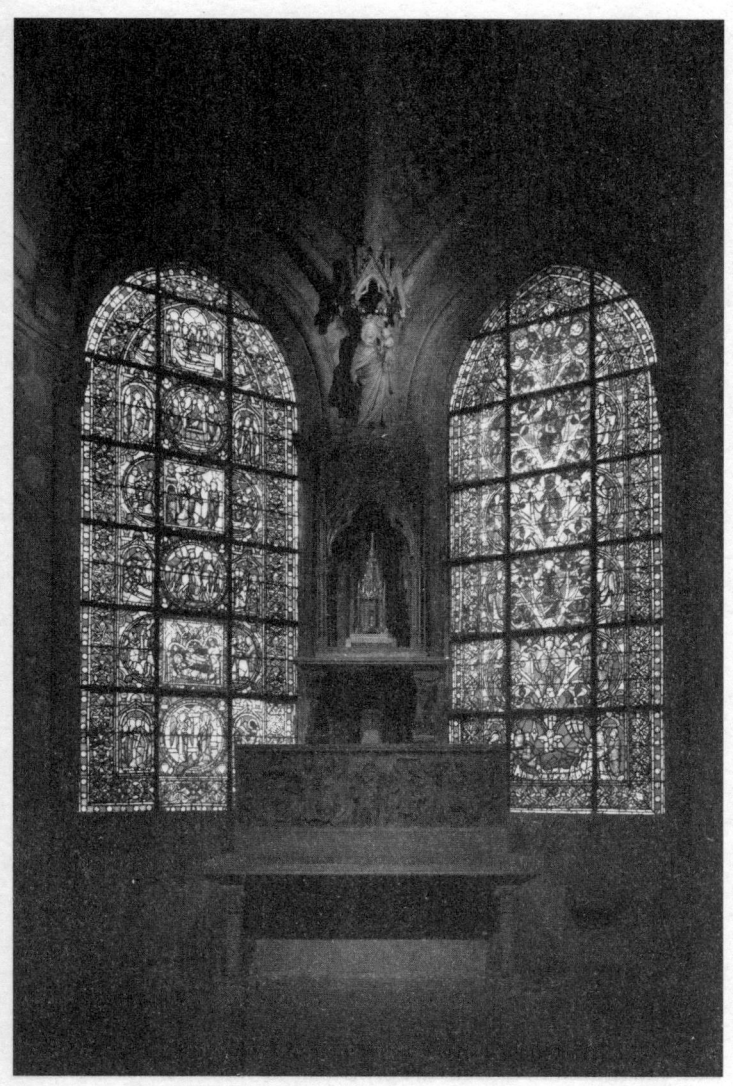

Vidrieras de la cabecera de la basílica de Saint-Denis, Île-de-France, con las
genealogías humana y divina de Jesús (siglo XII). Foto: Myrabella.

original solo se conservan cinco vitrales. El resto fueron destruidos durante la Revolución francesa. La vidriera que vemos hoy contiene esos cinco vitrales del siglo XII y el resto son una recreación de los años 1847 y 1848, obra de los hermanos Henri y Alfred Gerente, bajo la dirección del arquitecto Viollet-le-Duc.

En la vidriera domina el color azul, que representa el cielo, bien porque los personajes están cerca de unas ventanas que permiten ver ese cielo, bien porque están directamente en el exterior. El rojo será utilizado para indicar los espacios interiores. En los personajes, domina el color rosáceo para las manos y los rostros. El gris quedó para los elementos construidos, ya sean estructuras arquitectónicas —arcos, dinteles…—, ya las propias ramas del árbol. Por fin, había otras gamas de colores para las vestiduras, los tocados o los atributos. Esta lógica cromática —cada color representa algo muy concreto: el cielo, los muros, la piel…— será la que veamos dominando las vidrieras medievales.

La idea de Suger era que, igual que Jesús tenía sus raíces humanas en Jesé —y a partir de él y sus descendientes, ya todos fallecidos, Cristo venía para alcanzar la gloria—, los reyes de Francia tenían una genealogía similar. Sus raíces eran el propio san Dionisio —Saint Denis—, el santo que había convertido a los galorromanos al cristianismo a finales del siglo III antes de ser martirizado. De esa raíz santa venían los reyes de Francia, que habían de defender la verdadera fe para alcanzar la gloria. Obviamente, el árbol había de seguir creciendo sobre los reyes precedentes ya fallecidos, como Jesús había surgido de todos esos antepasados ya desaparecidos.

De esa manera, Suger recordaba al rey de Francia que solo podría formar parte de esa tarea de gloria eterna para su reino mientras sus raíces estuvieran en Saint-Denis. Suger tuvo ocasión de explicarle todo este programa al rey Luis VII, de quien había sido mentor y era uno de sus principales consejeros.

Pero Suger murió en 1151 y cuando Luis VII falleció en 1180, se hizo enterrar en la abadía cisterciense de Saint-Port en

Barbeau, a unos sesenta kilómetros al sureste de París. El reinado de Luis VII no fue fácil. Se había casado con Leonor de Aquitania para unir a los dominios de los Capeto las amplísimas posesiones de su esposa en el sur de Francia. Pero el matrimonio fracasó y se divorciaron en 1152, cuando Suger, que se había opuesto a esa separación, ya había muerto. Leonor se casó entonces con Enrique II de Inglaterra y comenzó un largo conflicto entre el francés y el inglés en el que Luis VII quedó en desventaja. Su hijo Felipe Augusto se encargaría de revertir la situación, derrotando a Enrique II y a sus hijos Ricardo Corazón de León y Juan sin Tierra. Felipe Augusto sí se hizo enterrar en Saint-Denis y tras él sus sucesores hasta el siglo XIX, cumpliendo así el proyecto de Suger.

¿Sobriedad o temor a la idolatría?

Acabamos de señalar que Luis VII se hizo enterrar en la abadía cisterciense de Barbeau, que él mismo había fundado en 1147.

La orden cisterciense había surgido en Borgoña en 1075, basada en la regla benedictina, pero como una alternativa a la dominante orden cluniacense. Frente a los monjes de Cluny que, como ya hemos señalado antes, destacaban por sus dotes como administradores de los bienes religiosos y los acumulaban de manera notable; los cistercienses abogaban por volver a una vida de recogimiento, oración y trabajo manual.

De partida, esta reforma no tuvo mucho éxito hasta que a partir de 1113, en tiempos del abad Esteban Harding y gracias a la buena labor de uno de sus monjes, Bernardo de Claraval, comenzaron a fundarse nuevas abadías cistercienses que se extendieron por toda Francia, el imperio y llegaron hasta los reinos hispanos.

En los tiempos en que Luis VII fundó la abadía de Barbeau, Alfonso VII creó en el reino de León el monasterio cisterciense de Fitero, en la Rioja navarra, y, poco después, el de Sacramenia, en

Segovia. En ambos casos, los edificios que vemos ya están edificados desde finales del siglo XII en adelante, pero no podemos dejar de llamar la atención sobre sus portadas de ingreso que responden al modelo establecido en Compostela a comienzos del siglo XII con la entrada abocinada. En el caso de Sacramenia, tenemos hasta cinco arquivoltas en la entrada occidental, pero todas ellas desnudas de decoración. Una ausencia de decoración figurativa tan propia de la reforma cisterciense, que también podemos observar en el interior de la iglesia y en el claustro, que fue vendido a William Randolph Hearst y está remontado de una forma un tanto libre en Miami (Florida).

En este empeño de los cistercienses podemos ver tanto esa búsqueda de una vida más ascética y rigurosa —algo que contrasta con la grandeza de sus construcciones, por sobrias que sean— como cierto rechazo moderado hacia las imágenes, que participa

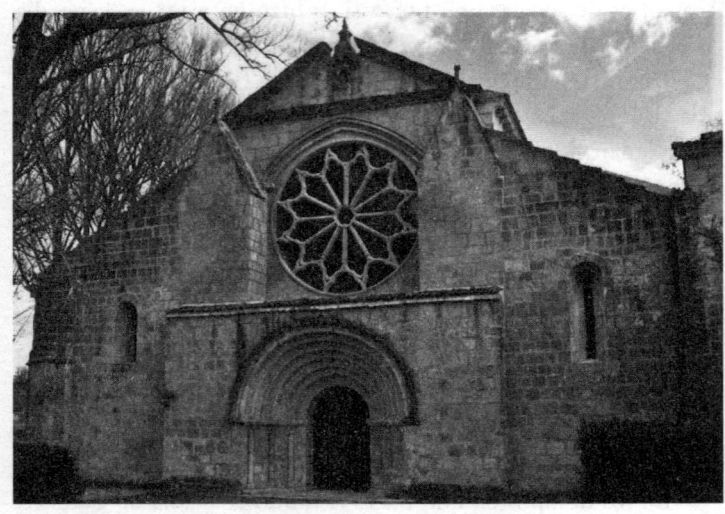

Fachada de la iglesia del monasterio cisterciense de Sacramenia, Segovia (siglo XII).

en ese constante temor a la idolatría dentro de la Iglesia cristiana. Recordemos cómo se desmontó el figurativismo en el siglo IV, o las luchas iconoclastas en Bizancio en los siglos VIII y IX. El Císter volvió a cuestionarse en estos siglos XII y XIII la validez de las imágenes, más en una época donde la iconografía figurativa dominaba las iglesias en las esculturas de los pórticos y los capiteles, los frescos de las paredes o las vidrieras de las ventanas. Y aún volverá a abrirse el debate de las imágenes con la Reforma protestante a partir del siglo XVI.

Vemos así cómo ese empeño de los artistas por evitar un exceso de realismo responde más a esa preocupación constante por la idolatría que a la falta de capacidad para representar del natural. Pero en el caso del Císter, el hecho de que la crítica a las imágenes se llevara más por el camino de la sobriedad que por el de la idolatría puede explicar por qué, como veremos a continuación, los artistas recuperaron la figuración realista ya desde el siglo XII.

Capítulo 11
LA GLORIA DE COMPOSTELA

En el año 1144, el condado de Edesa, el primer Estado cruzado creado en el alto Éufrates, fue conquistado por los turcos. Al llegar la noticia a Roma, el papa Eugenio III decidió convocar una nueva cruzada, pero su propuesta no tuvo eco hasta que el cisterciense Bernardo de Claraval, ya en 1146, predicó a favor de esa cruzada. Su llamado fue contestado por el emperador Conrado III y el rey de Francia Luis VII, que marcharon a Jerusalén. En España, mientras tanto, también eran incluidas dentro de la cruzada las acciones que Alfonso I de Portugal emprendía contra Lisboa; el ataque de Alfonso VII de León a Almería; o la toma de Tarragona por parte del conde Ramón Berenguer IV.

Pero la segunda cruzada terminó en fracaso. No se pudo reconquistar Edesa, los monarcas cruzados terminaron por desconfiar los unos de los otros y volvieron a sus reinos en 1149; el propio Bernardo de Claraval, que ante tanto desatino quiso convocar una nueva cruzada, terminó por dejarlo y murió en 1153.

Antes de 1146, Bernardo de Claraval ya era considerado uno de los más grandes predicadores de la cristiandad y hemos visto cómo, durante sus años de actividad, el número de monasterios cistercienses creció de forma notable.

En este sentido, el Císter había seguido la fórmula desarrollada por Cluny. Los monasterios cistercienses eran independientes de sus fundadores, reyes o nobles, y podían tener una red de abadías dependientes. Pero, además, el Císter aceptó monasterios fundados con anterioridad que se apuntaban a su reforma.

Ya antes señalábamos como Alfonso VII había fundado dos monasterios cistercienses en su reino de León en torno a 1140. Hubo más. Se ha considerado que, de esta forma, el rey leonés organizó un sistema para colonizar sus territorios sin tener que depender de los grandes señores con los que había tenido que negociar la corona desde su infancia.

Pero lo llamativo es que esas mismas familias nobiliarias —los Traba, los Haro…— también favorecieron las fundaciones cistercienses.

Aquí, de nuevo, podríamos pensar en la influencia y prestigio de san Bernardo en esos años centrales del siglo XII para que no solo en el reino de León, sino también en Portugal, Navarra o Aragón se crearan abadías cistercienses.

Cabe preguntarse si este éxito del Císter y su empeño por reducir el número de representaciones puso fin a esa corriente artística figurativa de principios del siglo XII que veíamos en los pórticos del transepto de Compostela o en San Isidoro de León, y que, por ejemplo, en Santiago hubiera que esperar hasta el último tercio del siglo XII para volver a encontrar grandes obras figurativas, ya vinculadas al taller del maestro Mateo.

Por supuesto, hay excepciones. De mediados del siglo XII es el pórtico de Santa María de Ripoll, en Gerona. Pero aquí estamos ante un caso muy singular. La abadía benedictina de San Víctor en Marsella, siguiendo el modelo de Cluny, había logrado a mediados del siglo XI que el papa León IX pusiera este monasterio marsellés directamente bajo su jurisdicción. A partir de ese momento, San Víctor logró que otras abadías pasaran a depender de la suya y Santa María de Ripoll se convirtió en sufragánea en 1070. Para mediados del XII, sin embargo, los monjes de Ripoll buscaban recuperar su independencia y levantaron entonces el pórtico de la

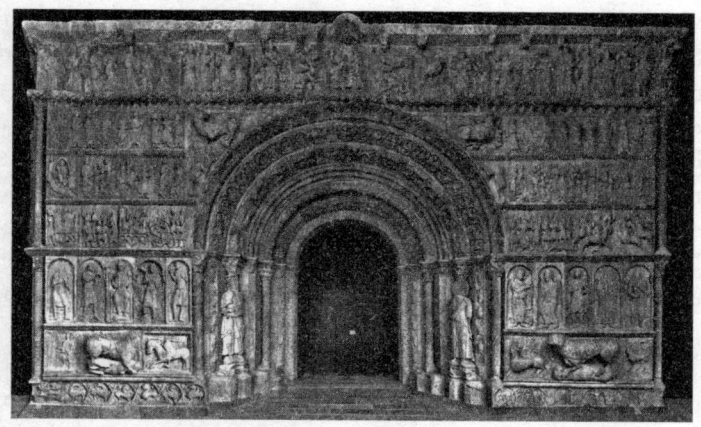

Pórtico de la iglesia del monasterio de Ripoll, Gerona (siglo XII).
Foto: Vidalarnau.

iglesia, rememorando las glorias de su monasterio. Ripoll recuperó su plena autonomía poco después, en 1169.

El misterio del maestro Mateo

Para 1169, ya estaban en marcha de nuevo los trabajos en Compostela. Desde 1168, el rey de León, Fernando II, había otorgado una pensión al maestro Mateo para que rematara su labor en la iglesia de Santiago, donde el propio monarca mostró deseos de ser enterrado. Ya estaban inhumados allí su madre Berenguela de Barcelona y su abuelo Raimundo de Borgoña.

Mateo fue el maestro de obras de la catedral de Santiago desde al menos 1160 hasta 1212. Con su taller, no solo hubo de hacer frente a la finalización del templo, sino también levantar el pórtico occidental de la Gloria, con su rico programa iconográfico, y construir el coro de la iglesia.

Podemos preguntarnos si él mismo era escultor. En la inscripción que tenemos en la parte inferior de uno de los dinteles del Pórtico de la Gloria, fechada en abril de 1188, se nos dice que Mateo —a quien se le califica de maestro—, fue quien colocó esos dinteles tras haber dirigido la obra de todo el pórtico desde sus cimientos. Volveremos a la interpretación de esta inscripción más adelante.

Cuando Mateo tomó la dirección de las obras de Compostela faltaban los tres últimos tramos de las naves y tenía que resolver el fuerte desnivel que había entre el templo y la plaza que quedaba por delante.

Para ello, remató la cripta que había de quedar por debajo del pórtico, una cripta que tiene la forma de una pequeña iglesia subterránea con su cabecera y sus naves. La cripta se cerró con bóvedas de crucería de medio punto. Es decir, se siguió la forma que ya vimos en Saint-Denis, construyendo los arcos cruceros para sostener los plementos, pero en vez de emplear arcos ojivales, se quedó con la solución tradicional del arco de medio punto; lo que no tiene nada de extraño, dado que estamos en un espacio que no cuenta con gran anchura, de modo que los arcos de medio punto eran suficientes para resolver las bóvedas.

Con el problema del desnivel resuelto, en 1168 ya pudo enfrentarse al pórtico.

La idea era generar una entrada abocinada, triple, con una puerta por cada nave. A cada lado del pórtico, sendas torres, lo que nos devuelve a esa fachada armónica que llegada del mundo normando quiso Suger para Saint-Denis.

Hemos de pensar que otras catedrales de la segunda mitad del siglo XII no adoptaron esta fachada armónica. Así, las catedrales de Zamora, Solsona (Lérida), Santo Domingo de la Calzada o la catedral vieja de Segovia —demolida tras la revuelta de los comuneros— solo tuvieron una torre campanario.

Tras las restauraciones recientes es posible apreciar tímidamente los colores que tuvo en su origen el Pórtico de la Gloria y

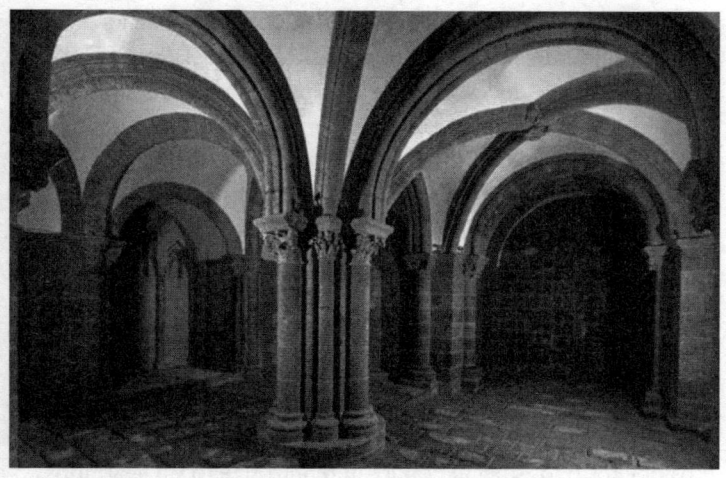

Cripta del Pórtico de la Gloria de la catedral de Santiago de Compostela
(siglo XII). Foto: Fundación Catedral de Santiago.

hemos de ser conscientes de que estos pórticos medievales de toda
Europa tenían una rica policromía que los hacía más legibles. A
modo de ejemplo, aunque sea un siglo posterior al Pórtico de la
Gloria, tenemos el pórtico de la Majestad, de la Colegiata de Toro
(Zamora), donde podemos ver cómo la policromía original facili-
ta distinguir los rasgos de los personajes, sus gestos o sus acciones.

El relato que nos cuenta el Pórtico de la Gloria aparentemente no es novedoso. Vamos a verlo recorriendo con detalle la puerta central. En su tímpano, la figura principal es un Cristo en majestad, aquel que vimos que ya surgía en el siglo VI. Pero aquí, en
vez de llevar un libro en una mano y bendecir con la otra, muestra
las palmas marcadas con las llagas de la crucifixión. Con lo que
estamos pasando de la iglesia triunfante a la iglesia sufriente de la
que hablábamos en un capítulo previo, donde mostrábamos cómo
progresivamente, en este siglo XII, los Cristos eran representados
con huellas de dolor.

Alrededor de Jesús, los evangelistas, de menor tamaño, que escriben utilizando como pupitres sus símbolos del Tetramorfos. De nuevo, un aporte del escultor. El Tetramorfos estaba claramente establecido —san Juan representado por el águila, san Marcos por el león, san Lucas por el toro y san Mateo por el ángel—. Después, cada artista podía presentar a los evangelistas como deseara y, en este caso, el taller del maestro Mateo optó por esa original solución de esculpir cuatro hombres y que cada cual se apoyase para escribir su evangelio sobre el símbolo que le correspondía.

A cada lado de los evangelistas, sendos grupos de ángeles, aún más pequeños, llevando los instrumentos de la Pasión. De nuevo, una singularidad en la representación. Ninguno de los ángeles agarra los objetos del sufrimiento de Jesús. Los ángeles sirven de apoyo a esos objetos o los sujetan con los antebrazos, pero sin agarrarlos.

Finalmente, sobre los ángeles, y en figuras todavía más pequeñas, sendos grupos de bienaventurados.

Este tímpano queda rodeado por una gran arquivolta donde están los veinticuatro ancianos del Apocalipsis, cada uno con un

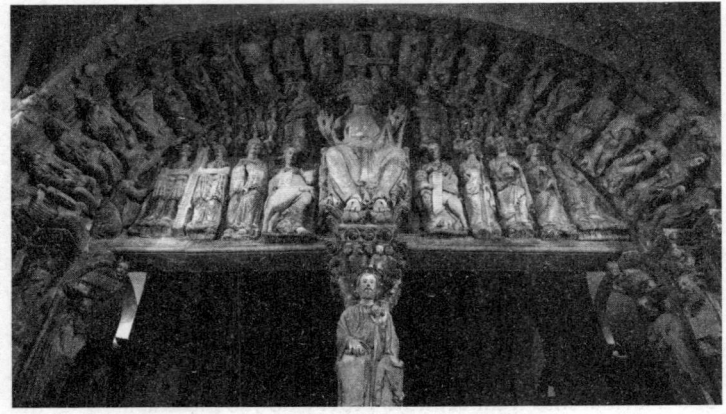

Tímpano central del Pórtico de la Gloria de la catedral de Santiago de Compostela (siglo XII). Foto: Xunta de Galicia.

instrumento que están en disposición de tocar. Esos veinticuatro ancianos son citados dos veces en el último libro bíblico. En el capítulo cuarto, se nos cuenta que estaban sentados en tronos y llevaban coronas. En el capítulo quinto, los veinticuatro ancianos llevan arpas y copas con incienso y se postran ante el Cordero de Dios cantando.

En la arquivolta de Compostela, la mayor parte de los ancianos lo parecen por sus largas barbas, pero hay alguno de ellos barbilampiño con un aire más juvenil. Todos están sentados, aunque no se ven los tronos, y llevan coronas. Varios hablan entre ellos, pero el hecho de que los personajes representados actúen ya lo vimos en las pinturas del panteón de San Isidoro, de un siglo antes. En este sentido, todo este arte medieval no solo cuenta una historia, sino que también la representa.

Aunque lo más importante de los veinticuatro ancianos es que cada uno de ellos lleva un instrumento. Todos son de cuerda, pero solo un par son arpas, como las citadas en el Apocalipsis. Entre el resto de instrumentos tenemos dos arpas salterios, dos salterios, dos laúdes, ocho violas ovales, cuatro violas en ocho y un organistrum, justo por encima de la cabeza de Jesús.

Podemos preguntarnos por qué si en la Biblia solo se indicaba la presencia de arpas, el maestro Mateo se esforzó por individualizar cada uno de esos instrumentos. Los musicólogos contemporáneos no solo han identificado los que están esculpidos en Compostela, sino que los han reproducido —mostrando que eran propios de esos finales del siglo XII— e incluso los han tocado, para comprender el tipo de música que se interpretaba en esos momentos del medievo.

Posiblemente, esa era la idea que quiso transmitir el escultor. Más allá de representar el Apocalipsis, Mateo incluyó los instrumentos conocidos no solo para que los espectadores del pórtico entendieran el mensaje bíblico que transmitía, sino que incluso pudieran reconstruir en sus cabezas la música con la que los ancianos veneraban al Cordero de Dios, una música que podía resultar familiar por ser la propia de la época de Mateo.

La representación de los ancianos del Apocalipsis con instrumentos individualizados fue una práctica habitual en el arte medieval, desde la Alta Edad Media hasta el final del gótico, especialmente en los pórticos historiados como este de Compostela. Por lo general, los ancianos llevaban instrumentos de cuerda, pulsada o frotada, pero también es posible encontrar de viento o percusión, como en la Hiniesta en Zamora.

En Chartres se ha hecho un inventario de todos los instrumentos que decoran la catedral; no solo las arquivoltas de los pórticos, sino también en capiteles interiores y, sobre todo, en vidrieras, habiendo contabilizado más de trescientos. Dominan las cuerdas, pero también hay instrumentos de viento y percusión.

Retengamos esta idea de la importancia de la música en el ornato de las iglesias. Volveremos sobre ella más adelante.

Pero ahora regresemos al Pórtico de la Gloria. Por debajo del tímpano tenemos el parteluz, que además de servir de soporte, es el elemento protagonista en esta entrada. En la base del parteluz tenemos a un personaje melenudo y barbado que obliga a abrir sus fauces a dos leones. Se ha interpretado como una representación de Daniel en el foso, lo que no parece muy acertado, puesto que el milagro que le concedió Dios a Daniel cuando este fue arrojado al foso consistió en que los leones permanecieran con la boca cerrada (Daniel 6, 22). Aquí volvemos a algo que comentábamos antes. Hoy no entendemos la iconografía del hombre barbado entre los leones, pero en los tiempos del maestro Mateo debía resultar evidente y con un mensaje claro: el hombre barbado, quien fuera, tenía tal poder que dominaba a los leones.

Por encima del hombre barbado se colocó el árbol de Jesé, la filiación humana de Jesús, desde el padre del rey David, —Jesé—, hasta la Virgen María. Encima del árbol, un capitel representando una singular Trinidad Paternitas. Dios padre, sentado, acoge a Jesús hijo en su regazo —una simbología que suele ser más propia de la Virgen María— y, por encima, el Espíritu Santo en forma de paloma. Aquí tendríamos la filiación divina de Jesús, narrada de una forma poco habitual y que solo se va a encontrar en los reinos hispanos en esta segunda mitad del siglo XII.

Por encima de esta Paternitas, ya tenemos la gran imagen del apóstol Santiago, coronada por un nuevo capitel representando las Tentaciones de Cristo, capitel sobre el que ya se apoya el dintel que soporta el tímpano y donde aparece la inscripción que mencionamos anteriormente de 1188.

Hemos visto en el capítulo previo cómo la iconografía del árbol de Jesé fue empleada por Suger en Saint-Denis con una clara significación política. Jesús partía de una filiación humana, sus raíces materiales, para llegar a la Gloria, su objetivo espiritual. Este modelo lo volvemos a tener en Compostela: el árbol de Jesé es el soporte para el capitel de la Trinidad. Seguía Suger diciendo que para los reyes de Francia, el procedimiento era el mismo: las raíces eran san Dionisio y sobre ellas crecía el árbol de los monarcas franceses que se hacían enterrar en Saint-Denis para dejar sitio a la siguiente rama, el siguiente rey. En Compostela, esas raíces de la monarquía habrían de ser el propio apóstol Santiago, y sobre ellas, los reyes de León, que gustaban llamarse reyes de toda España —el propio Fernando II se tituló así, como su padre Alfonso VII o su bisabuelo Alfonso VI— y que construían su árbol haciéndose enterrar en Compostela. Porque recordemos que quien financia el pórtico es el rey Fernando II, que tiene el deseo de ser inhumado allí, como ya explicamos, junto a su madre y su abuelo. Además, esperaba que sus descendientes también lo hicieran.

Pudiera ser que el hombre barbado y melenudo que abre las fauces de los leones al pie del parteluz, ese personaje poderoso, fuera Fernando II después de todo, rey de León y señor de los leoneses.

Aunque lo más probable es que el hombre barbado sea Hércules, el héroe clásico, que derrotó al león de Nemea estrangulándolo. En la *Estoria de España* de Alfonso X, escrita hacia 1270, por tanto algo más de ochenta años después de terminado el pórtico, se habla de los leones que Hércules mató con sus manos. Es decir, en la tradición hispana, Hércules había estrangulado más leones que en el relato clásico, un error que quedó plasmado al pie del parteluz de Santiago.

Hércules estaba en el origen mítico de España, algo que ya se consigna en la crónica de al Rasi, del siglo x, y que perdura hasta hoy, cuando en el escudo nacional aparecen las columnas de Hércules. De modo que la lectura política del parteluz de Santiago se mantiene. La base no sería un rey en concreto, —Fernando II—, sino el símbolo de todos los reyes hispanos —Hércules—, que han de alcanzar la gloria como en el modelo francés, sobre ese linaje de monarcas que apoyándose en Santiago y tras superar las tentaciones que aparecen en el capitel sobre la cabeza del Apóstol, se ganan el Cielo.

En todo este programa iconográfico, el motivo más curioso es el de la Trinidad Paternitas.

Cómo representar iconográficamente la Santísima Trinidad ha sido siempre un motivo de gran dificultad para las iglesias cristianas y más aún si se humaniza a Dios padre además de a Jesús. Habitualmente, esa solución antropomórfica del Padre y el Hijo se atribuye al mundo bizantino tras el cisma de 1054. Sin embargo, es posible encontrar una representación de este tipo en una miniatura inglesa de finales del siglo x —el manuscrito Harley de la British Library— que precedería a la iconografía bizantina, donde, además, la mayor parte de las imágenes conservadas ya son tardías, del siglo XVI en adelante.

De modo que la Trinidad Paternitas de Compostela entraría dentro de la reflexión teológica sobre cómo representar con forma humana al Padre y al Hijo. Pero en este caso, no solo como parte de la Trinidad, sino mostrando el linaje divino de Jesús. Esta idea sí que es propia del capitel de Compostela y la comparte con otras cuatro representaciones todas de la segunda mitad del siglo xii y todas en los reinos hispanos, concretamente además de Santiago de Compostela, en Santo Domingo de Silos, Santo Domingo de la Calzada, San Nicolás de Tudela y en Santo Domingo de Soria — antes Santo Tomé—, en la diócesis de Osma. ¿Cuál de las cinco es la primera? Resulta difícil de establecer, pues la cronología de casi todas ellas es muy debatida, pero posiblemente, todas puedan ser posteriores a 1170. ¿Podría ser la de Compostela la original y después difundirse por el camino de Santiago y hasta Soria? Es más, ¿podría ser una idea propia del maestro Mateo la que diera forma a esa cuestión teológica de la Trinidad Paternitas?

Recordemos la inscripción que mencionábamos antes y que el propio Mateo puso en el Pórtico de la Gloria, donde señala que «los dinteles de los pórticos principales de la iglesia de Santiago fueron colocados por el maestro Mateo, que tuvo el control magistral (*gessit magisterio*) desde los fundamentos (*fundamenti*) de estos mismos portales».

Por lo general, se ha interpretado lo que aquí se dice como que Mateo se atribuye la construcción de la cripta, entendiendo *fundamenti* —fundamentos—, como los cimientos de la fachada, hasta terminar esta. Pero ¿y si lo que quiso decir es que él tuvo el control, la maestría (*gero magisterium*), de todo lo relativo a la fachada desde sus principios intelectuales —que es la otra acepción de *fundamenti*—, hasta tenerlos materializados en el pórtico?

Es decir, si lo que nos está contando es que desde su libertad como artista fue dando salida a su creatividad para representar una serie de ideas más o menos reconocibles, pero que pasó por el tamiz de sus propias reflexiones.

Ya hemos señalado la curiosa manera que tuvo de representar el Tetramorfos, todos los evangelistas como seres humanos y sus símbolos como escritorios. O los veinticuatro ancianos, alguno de los cuales era demasiado joven, con sus instrumentos perfectamente distinguibles, con lo que a Mateo le preocupa más que se vean que son veinticuatro músicos que solo veinticuatro coronados de edad avanzada.

Por supuesto, estas nuevas formas iconográficas no habrían sido expuestas sin el aval del arzobispo compostelano, en aquel entonces Pedro Suárez de Deza; quien sabemos que tenía sus inquietudes, en concreto, sobre la forma de entender la Santísima Trinidad, tal como mostró en una carta que el arzobispo envió al papa Inocencio III en el año 1200. Podemos imaginar entonces a Suárez de Deza y a Mateo debatiendo cómo mostrar la filiación divina de Jesús y Mateo proponiendo la Trinidad Paternitas y asumiendo la responsabilidad de su apuesta iconográfica en la inscripción del dintel.

No queremos dejar el capitel de la Paternitas sin una última reflexión sobre su composición, que no se aleja mucho de la mayor parte de la escultura sobre soporte arquitectónico de estos siglos de la Plena Edad Media.

La primera idea a retener es que todo el soporte es empleado para contar la historia que se desea narrar. Eso provoca que las figuras pueden adoptar unas posiciones imposibles que terminan por deformar sus cuerpos o sus facciones, lo que no impide reconocer las figuras representadas —a Dios coronado, a Jesús niño pero con el libro que suele llevar cuando aparece como Pantocrátor, al Espíritu Santo como paloma, a los ángeles como niños alados—. Si miramos el tímpano de este mismo pórtico, es la misma solución. Todo el espacio cuenta historias, todas las historias son reconocibles, pero ninguna es naturalista.

Si pensamos en el arte a partir del Renacimiento, al crear figuras naturalistas había que dejar espacios vacíos, aire circulando entre los personajes. Las personas no viven totalmente pegadas unas a otras como el capitel de la Paternitas. Sin embargo, ese recurso de composición será otra de las herramientas de los artistas medievales para evitar caer en un realismo excesivo que pudiera llevar a la idolatría.

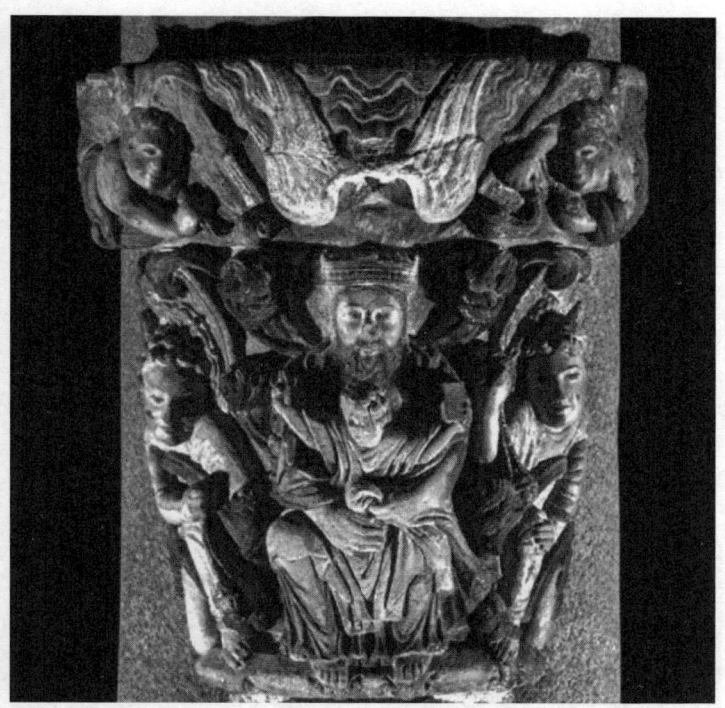

El capitel de la Trinidad Paternitas del Pórtico de la Gloria de la catedral de Santiago de Compostela. Foto: Fundación Catedral de Santiago.

Por supuesto, esa falta de aire entre las figuras puede dificultar la lectura de los relatos narrados, pues la cesura entre una historia y otra no es evidente. Pensemos en el pórtico de Santiago en Carrión de los Condes, contemporáneo del Pórtico de la Gloria.

En la misma arquivolta podemos encontrar a un hombre interpretando un instrumento y a un magistrado, que quizás simbolicen las virtudes de la música y la justicia; para después tener a un zapatero y a dos herreros, que formen parte de los comitentes de la obra; para luego dar paso a un guerrero que combate contra otro frente a una desdichada dama, acaso una historia que marcó la vida de las gentes de Carrión de esa segunda mitad del siglo XII.

Esa falta aparente de orden nos puede chocar a nosotros, formados en los relatos muy lineales y bien estructurados que tenemos desde el Renacimiento. Quizás por ello, hemos de enfocar este arte medieval no con ojos renacentistas, sino de absoluta modernidad. Pensemos en esos vídeos donde mientras en el centro nos narran una historia, en la parte inferior nos pasan información de otro tipo y en los márgenes van surgiendo recomendaciones a otros canales o publicidad. Ese es el sistema que dominaba en este arte medieval y que satisfacía al público que lo contemplaba, de ahí ese empeño por ocupar todo con historias en los pórticos, los capiteles, las bóvedas, las vidrieras, los libros. Los artistas medievales no fueron realistas, en cuanto que no hacían copias literales de la

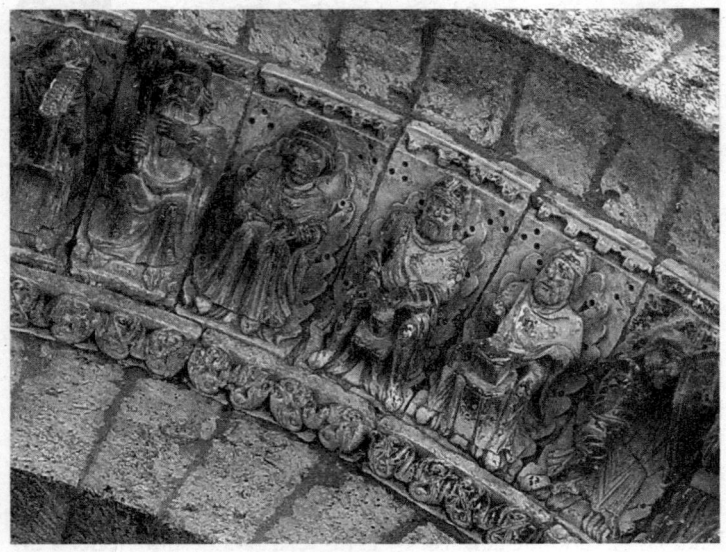

Detalle del pórtico de la iglesia de Santiago en Carrión de los Condes, Palencia (siglo XII). Foto: archivo del autor.

naturaleza. No podían serlo. Pero esa ausencia de realismo, lejos de ser un inconveniente, les permitió desarrollar una libertad compositiva que habría de chocar a los artistas desde el siglo XVI hasta la irrupción del movimiento moderno.

La arquitectura al servicio de la música sacra

Antes de dejar Compostela, queremos detenernos en la última obra documentada del maestro Mateo en la catedral de Santiago: el coro de piedra.

Ya hemos explicado en el capítulo ocho como hacia 1025, Guido d'Arezzo publicó su sistema de notación musical, base de la escala diatónica —la del do, re, mi—. De esta forma, se pudo homogenizar el canto gregoriano que formaba parte de la liturgia romana. Ya había coros en las iglesias antes de Guido d'Arezzo. En realidad, desde el origen del cristianismo. Pero desde el siglo XI, se sistematizaron los coros situados por delante del altar, en la nave central. Lo hemos visto en Cluny o en Saint-Denis.

La liturgia romana centraba toda la eucaristía en el presbiterio, en la cabecera principal. La colocación del coro por delante del presbiterio generaba una especie de iglesia interior semicerrada dentro del templo, en dos úes, la del altar que se enfrentaba a la del coro. Los fieles quedaban fuera de este espacio sagrado, aunque podían seguir la ceremonia, bien por el espacio que quedaba abierto entre el presbiterio y el coro, bien porque la mayor parte de estos coros medievales contaban con entradas a sus pies.

Pero, sobre todo, los fieles escuchaban la liturgia que era cantada en su totalidad.

Cuando el taller del maestro Mateo esculpió el coro que estuvo en la catedral de Santiago hacia el año 1200, todo este modelo que acabamos de explicar ya estaba consolidado en la cristiandad occidental. Pero el maestro supo ponerle un plus significativo.

En Santiago de Compostela ya había un coro de los tiempos del obispo Diego Gelmírez, de comienzos del siglo XII, del que no queda ningún vestigio. Desde 1173, era arzobispo de Santiago el ya mencionado Pedro Suárez de Deza. Previamente había sido obispo de Salamanca desde 1167, puesto que ocupó con el beneplácito del rey Fernando II, a quien siempre prestó leal apoyo y consejo, así como a su hijo Alfonso IX.

Cuando Pedro Suárez de Deza fue nombrado arzobispo de Santiago, la diócesis llevaba tres décadas de episcopados breves que habían ido debilitando la autoridad de Compostela. Suárez de Deza se puso manos a la obra para recuperar el prestigio perdido. Entre sus logros, además de restituir el dominio sobre propiedades enajenadas o reorganizar el capítulo cardenalicio, consiguió la confirmación del jubileo compostelano por parte del papa Alejandro III en 1179, lo que haría aumentar notablemente el número de peregrinaciones en los años santos jacobeos.

En 1188, el maestro Mateo, como acabamos de ver, remató el Pórtico de la Gloria. Posiblemente, Suárez de Deza consideró que ante el creciente número de peregrinos, había que seguir engalanando la iglesia y aprovechar el buen hacer de Mateo. De ahí que le encargase reemplazar el coro. El maestro Mateo, con su taller, diseñó y talló el nuevo coro que quedó colocado en la nave principal, pasado el crucero, con esa forma de u abierta hacia el altar, manteniendo la solución de la iglesia interior que mencionábamos antes.

Los muros exteriores de los lados largos del coro, los que daban sobre las naves laterales de la iglesia, eran una sucesión de arcos ciegos sobre los que colocó estatuas de profetas y apóstoles. El trascoro estaba formado por un pórtico columnado, con más apóstoles y profetas en su nivel superior, que daba acceso a la pequeña puerta por la que se podía entrar al coro.

El interior del mismo estaba formado por dos hileras de asientos, una por encima de la otra. La inferior no era más que un banco corrido. Pero la superior era mucho más compleja, con treinta y seis sillas enmarcadas entre columnillas de piedra y cubiertas por doseles también de piedra. En cada uno de estos doseles tenemos unos arcos trilobulados que encierran un bestiario. Pero lo más interesante es que entre arco y arco encontramos esculpidos a unos jóvenes cantores, cada uno con su mano en una posición diferente, marcando las notas como solía hacerse a partir del modelo de Guido d'Arezzo.

Pero ya no podemos saber qué canción entonaban.

El coro fue desmontado entre 1603 y 1604 y sus piezas repartidas por diferentes partes de la catedral o, sencillamente, se perdieron. Hoy se ha reconstruido una parte que se exhibe en el Museo de la Catedral.

De la misma manera que Mateo se había preocupado por representar a un verdadero grupo de músicos en la arquivolta del tímpano central del Pórtico de la Gloria, en el coro colocó a un

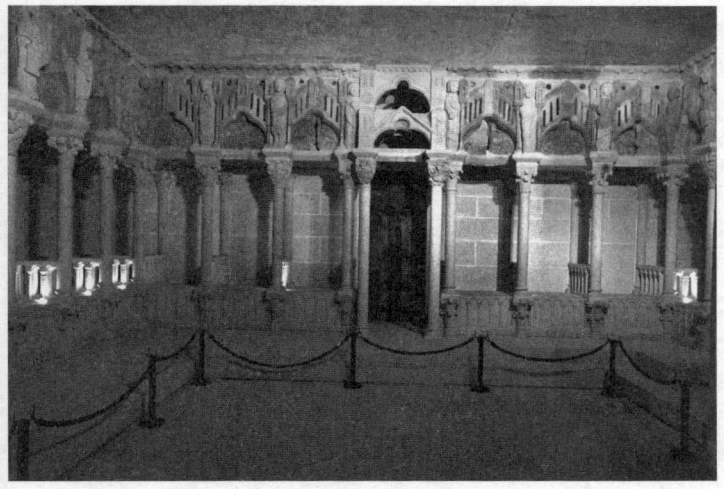

Reconstrucción del coro de Santiago de Compostela (siglo XII).
Foto: José Luis Bernardes Ribeiro.

grupo de niños cantores marcando las escalas de la composición que podían estar interpretando. Sabemos que la catedral de Santiago contaba con una escolanía, de modo que Mateo se limitó a poner en piedra lo que habitualmente se podía escuchar en buena parte de las misas.

Más allá de que el caso de Compostela destaca por el rigor que Mateo puso en distinguir cada elemento de la música instrumental y vocal de su tiempo, lo que no hemos de olvidar es que desde la imposición de la liturgia romana a finales del siglo XI en toda la cristiandad latina, la música desempeñó un papel fundamental. Es más, el templo en su conjunto se concibió como un soporte para esa liturgia cantada.

Se accedía por las puertas abocinadas, que vimos que se habían convertido en la entrada propia de las iglesias de la cristiandad latina desde comienzos del siglo XII. Pero además servían en sus tímpanos, jambas, arquivoltas y cornisas como soporte de un mensaje teológico: la Crucifixión y Resurrección de Jesús, la Asunción de la Virgen, el Juicio Final. Cuando el fiel entraba en la iglesia tenía presente, gracias a ese recordatorio de la decoración del pórtico, que iba a enfrentarse a los misterios del dogma cristiano.

Un dogma que habría de llegarle a través de una serie de rezos y oraciones, muchos de los cuales se cantaban. Porque la música era clave para reconocer el mensaje de Dios y darle respuesta. De ahí que, entre los motivos decorativos de ese pórtico, vamos a encontrarnos con los ancianos del Apocalipsis, aquellos encargados de cantar la gloria de Dios.

Ya dentro del templo, lo primero que iban a ver los fieles era el trascoro —la pared trasera del coro— que les cerraba la vista al altar, porque la visión del espacio donde había de celebrarse el misterio de la eucaristía no podía ser inmediato. Quedaba velado por ese coro de donde emergía el rezo de forma musical envolviendo al creyente.

Además, con el desarrollo de las técnicas góticas desde mediados del siglo XII, se pudieron elevar los muros y sus cubiertas. El fiel subía la mirada hacia el alto cielo de colores de las bóvedas mientras sus oídos se llenaban de la música que le anunciaba el sacrificio y resurrección del Señor. Se había logrado el espacio perfecto para recrear la música y la luz celestiales, apelando así a todos los sentidos de los cristianos para entender la gloria de Dios.

Hoy, cuando muchos de estos coros medievales se han desplazado o se han perdido, sustituidos por bancas que pueblan las naves y que permiten a los cristianos seguir la ceremonia cómodamente, sin barreras y sin misterio; cuando la iluminación mayoritariamente se hace con lámparas eléctricas que ponen la misma intensidad de luz, sino más, en la parte baja de la iglesia que en la bóvedas; cuando la voz del celebrante se escucha de igual forma por todo el templo gracias al uso de micrófonos, altavoces e, incluso, televisiones, nos resulta difícil entender las sensaciones que pudieron vivir los fieles medievales y, sobre todo, nos resulta difícil comprender el valor de la iconografía como muestra fija del misterio de la liturgia y el valor de la arquitectura como caja de luz y de resonancia musical del cielo al que aspiraban los creyentes.

Capítulo 12
EL NATURALISMO MEDIEVAL

Cuando en 1200 el maestro Mateo concluyó su coro de piedra de la catedral de Santiago, gobernaba en Roma Inocencio III, a quien vimos escribiéndose con el arzobispo de Compostela y quien había sido elegido como papa en 1198. Un año antes, en 1197, había muerto el emperador Enrique VI, dejando como heredero a su hijo Federico II, un niño de solo tres años. Se abrió entonces un largo periodo de inestabilidad en el imperio, con varios candidatos oponiéndose a Federico II.

Inocencio III se convirtió en el árbitro de esta disputa, marcando así una de las cumbres del poder pontificio. Los papas ya no eran elegidos por los emperadores, sino que eran los emperadores los que dependían de la voluntad papal.

Amparado en esa situación de plena autoridad, Inocencio III convocó tres cruzadas.

La primera, a partir de 1198, contra los musulmanes de Tierra Santa, tratando de recuperar Jerusalén. Sería la llamada cuarta cruzada, que terminó por quedar bajo los intereses de los venecianos, quienes lejos de reconquistar Palestina, invadieron y tomaron Constantinopla en 1204. Se creó entonces el llamado Imperio latino de Oriente, que habría de durar hasta 1261, cuando los bizantinos recuperaron Constantinopla.

En esta cuarta cruzada se saquearon los cuatro caballos de bronce que coronan la puerta de la basílica de San Marcos de Venecia y que podían datar del siglo IV a. de C —los que hoy se ven en San Marcos son replicas, los originales se guardaron en el museo de la basílica en 1982.

La conquista temporal de Constantinopla supuso además una mejora en las condiciones del comercio entre las ciudades italianas, no solo Venecia, también Génova o Pisa. Esa hegemonía de los mercaderes italianos en el Mediterráneo habría de mantenerse por varios siglos, permitiendo el éxito de otra ciudad italiana, Florencia, desde finales del siglo XIV y que habría de explicar el surgimiento del Renacimiento en esta urbe.

Pese al inesperado resultado de esta cuarta cruzada y a que Inocencio III llegó a excomulgar a algunos de los jefes de la expedición por atacar a otros cristianos; el papa hizo un nuevo llamamiento para otra guerra contra los musulmanes, en este caso en la península ibérica, una cruzada que había de concluir con la victoria cristiana de las Navas de Tolosa en 1212.

Entre medias, Inocencio III tuvo tiempo de convocar otra cruzada más, en 1209, esta vez contra los herejes cátaros.

El catarismo era un movimiento religioso que ya encontramos en Europa desde mediados del siglo XI, pero que alcanzó su apogeo a finales del siglo XII en el Languedoc francés, donde contó con la magnanimidad de los señores locales, en especial, el conde de Toulouse y el rey de Aragón.

Los cátaros, partiendo de una postura maniquea, abogaban por el rechazo a lo material y la austeridad como forma de vida, criticando la acumulación de riquezas de la Iglesia. De esta manera, más allá de las desavenencias teológicas, los cátaros se convirtieron en uno de los primeros movimientos que atacaban directamente a la institución eclesiástica. Pensemos que, con antelación, herejías como el arrianismo del siglo IV, o el adopcionismo del siglo VIII —que hemos visto aquí al tratar la arquitectura promovida por Alfonso II de Asturias y sus sucesores— planteaban una interpretación diferente de las Sagradas Escrituras, pero no cuestionaban la validez de la Iglesia como institución mediadora entre Dios y los hombres.

Los cátaros sí abogaban por acabar con la Iglesia tal como se había establecido desde los tiempos de Constantino. A mediados del siglo XII había otras corrientes también contrarias al poder temporal de la Iglesia, como los arnaldistas o los valdenses. Pero fue el éxito de los cátaros lo que les puso en la mira del papado y se fueron combinando los envíos de misioneros con algunas expediciones militares durante toda la segunda mitad del siglo XII. Con el nombramiento de Inocencio III, este volvió a intentar la conversión pacífica de los cátaros enviando nuevos misioneros al Languedoc, entre ellos santo Domingo de Guzmán, quien habría de crear la orden de los Predicadores —los dominicos— precisamente para tratar de convertir a los cátaros.

Los misioneros volvieron a fracasar e Inocencio III decidió entonces fomentar una cruzada que se inició en 1209 y había de concluir con la derrota cátara en 1229. Esta guerra supuso además que los reyes de Francia terminaron por hacerse con todo el Languedoc. Pero también, que los papas, incapaces de organizar su propio ejército para combatir a los herejes, hubieron de apelar a un poder laico —en este caso, el rey de Francia— con lo que esa independencia que Inocencio III había conseguido al convertirse en árbitro del imperio, la volvió a perder al tener que contar con la ayuda del monarca francés. Cien años más tarde, en 1309, ese sometimiento papal a los reyes de Francia hará que los papas dejen de vivir en Roma para trasladarse a Aviñón.

La herejía cátara fue el resultado de una cristiandad occidental que crecía económicamente en un mundo que seguía siendo mayoritariamente rural, pero donde las ciudades volvían a adquirir importancia. Hemos de pensar que el catarismo se difundió a través de los mercaderes, cada vez más numerosos, que transitaban entre las ciudades del sur de Francia.

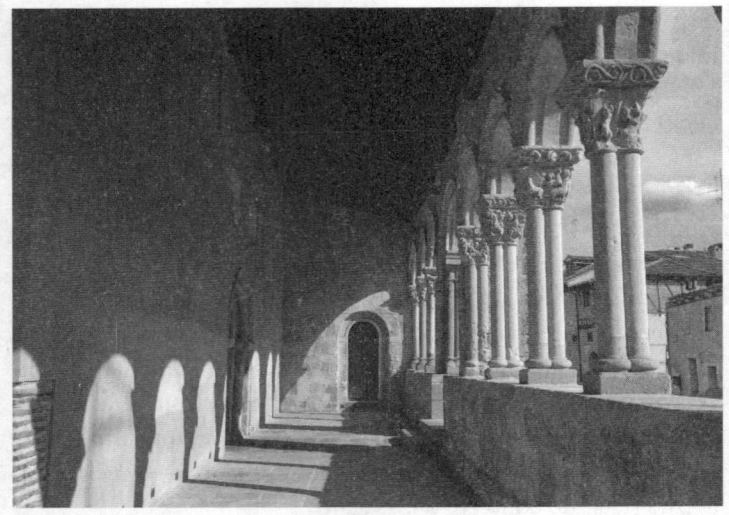

Pórtico de la iglesia de San Lorenzo de Segovia (siglo XIII).
Foto: Loren Lemus.

Ese éxito de las ciudades acabamos de verlo también en el mundo italiano, con los mercaderes venecianos, genoveses o pisanos tomando el control del comercio en todo el Mediterráneo.

En el caso de la península ibérica, la importancia de las ciudades quedó patente a través de los llamados pórticos de comunidades. Según avanzaba la Reconquista —sobre todo tras la toma de Toledo de 1085 que vimos antes— se hizo necesario reorganizar los nuevos territorios incorporados tanto en el reino de León, como en el de Castilla o el de Aragón, ya mediante la concesión de fueros, ya mediante la creación de comunidades de villa y tierra, o comunidades de aldeas en Aragón.

El resultado de esta nueva organización del territorio es que se potenciaban los señoríos urbanos a la cabeza de los cuales estaban los concejos municipales, que fueron adquiriendo así cada vez más importancia.

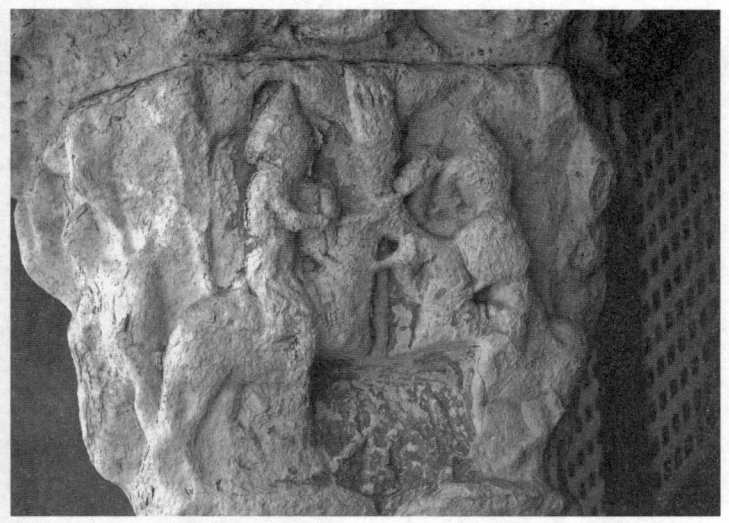

Capitel de dos guerreros combatiendo en el pórtico de la iglesia
de San Juan de los Caballeros, Segovia (siglo XIII). Foto: archivo del autor.

Si tomamos el caso de Segovia, tenemos las iglesias de San
Martín y San Juan de los Caballeros dentro del recinto amurallado;
San Millán, en el arrabal de su nombre; y San Lorenzo, con su
propio arrabal. Los actuales templos de San Millán, San Martín y
San Juan de los Caballeros fueron levantados a comienzos del siglo
XII. San Lorenzo, posiblemente a finales de esa centuria. Pero los
pórticos que tenemos frente a las entradas de estas iglesias ya son
de este siglo XIII caracterizado por el auge urbano y, en el caso
concreto de Castilla, el reforzamiento de los concejos locales que
aprovechaban estos pórticos —sino es que los construían exprofe-
so— para sus reuniones.

Estos pórticos suelen tener planta alargada, pegados a la pared
sur de la iglesia, o acodada, con el codo en la cara oeste. Esta ubicación les permitía aprovechar la luz y el calor del sol incluso en

invierno. Como estaban formados por una sucesión de arcos sobre columnas, los capiteles de las columnas eran utilizados para colocar motivos iconográficos, así como los canes que soportaban los voladizos del tejado. Estos motivos iconográficos no obedecían a un programa único. Hay capiteles con motivos florales. Otros parecen imitar cesterías. Puede haber representaciones más canónicas, como una Anunciación o una Adoración de los Magos. Otros llevan temas que pueden aparecer en otras partes de la iglesia, como Bestiarios. Y, por fin, motivos no fácilmente comprensibles, como soldados o caballeros guerreando entre ellos.

Por supuesto, la manera de poner las figuras sigue el formato que ya veíamos en Compostela. No son representaciones realistas, aunque sí reconocibles. Se aprovechaba todo el soporte, lo que puede deformar a los personajes. Y no hay cesuras claras entre las historias. Un mismo capitel puede contar varias y una misma historia puede desarrollarse en varios capiteles.

Esta aparente anarquía de las representaciones en los capiteles de los pórticos de las comunidades obedece a sus comitentes, los parroquianos, que posiblemente solicitaban a los escultores temas que para los lugareños eran importantes, por razones devocionales o quizás anécdotas o cuentos locales.

Asistimos así a un cambio en la manera de concebir el arte. Desde el siglo IV, hemos venido viendo cómo el arte era, sobre todo, la manifestación de la voluntad de las autoridades políticas y religiosas. Pensemos en el empeño por evitar la representación naturalista. O la necesidad de que todos los elementos que constituyen el templo respondan a una función clara, como hemos visto en el capítulo previo donde la iconografía, la música y la luz de las bóvedas se combinaba para reforzar la liturgia romana.

Probablemente también había una música profana que incluso podía ser irreverente. O habría quien realizase dibujos procaces —algunos parecen colarse en las miniaturas—. Pero en los soportes públicos, se seguía el arte oficial.

Ya vimos antes cómo en Carrión de los Condes, en la segunda mitad del siglo XII, junto a motivos religiosos y los posibles retratos de los comitentes, se colaban otras historias más difíciles de definir. Estas que, estamos viendo, se hacen habituales en los pórticos castellanos del XIII.

Auge económico y tecnología gótica

En 1197, Ricardo Corazón de León —rey de Inglaterra y duque de Normandía—, en lucha contra el rey de Francia, Felipe Augusto, por esas tierras normandas, hizo construir Château-Gaillard, el que había de ser el castillo mejor fortificado en la Europa occidental. El rey Ricardo traía todas las novedades poliorcéticas que había aprendido en su estancia en Tierra Santa durante la tercera cruzada. Pero también supo sacar partido de las innovaciones góticas que ya habían llegado a Europa un siglo antes. Hemos hablado de los arcos ojivales y cómo estos permitían aumentar la altura de los edificios. Para garantizar la estabilidad de estas estructuras elevadas, ya en el Saint-Denis de Suger, se emplearon contrafuertes exteriores, pero que quedaron separados de los muros para permitir la colocación de las vidrieras, mediante el uso de arbotantes.

A estas soluciones estructurales se añadieron otras relativas a la organización de la propia construcción. Frente al modelo que había dominado desde la Alta Edad Media, donde el maestro de obras contaba con un equipo que hacía las diferentes tareas, desde el siglo XII ya empezamos a encontrar especialistas que se dedican a trabajos muy concretos. En el caso de una gran construcción en piedra como Château-Gaillard, se podía distinguir entre los canteros que sacaban las piedras de los bancos geológicos, los que tallaban los sillares simples —que eran la mayoría— y aquellos otros canteros que ya solo tallaban determinadas piezas —bloques de ángulo, jambas de vanos, dovelas…—. Piezas que además se hacían

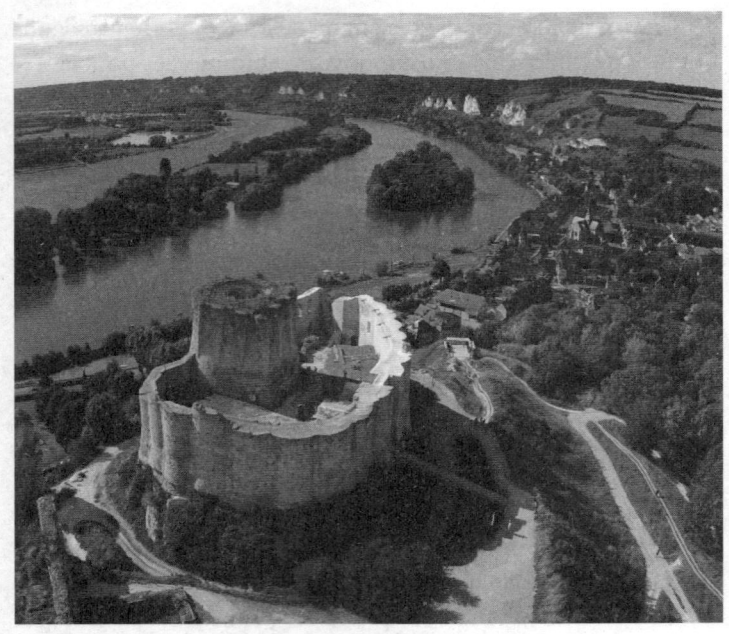

Vista aérea de Château-Gaillard, Normandía (siglo XII).
Foto: Sylvain Guerlain.

en serie. Es decir, habría un grupo de vanos que tendrían el mismo despiece, lo que facilitaría su construcción. Por ejemplo, el maestro de obras preveía diez de la misma dimensión. Los canteros especialistas tallaban en el suelo todas las piezas de cada uno de esos diez vanos. Todos los bloques de las jambas derechas eran iguales para ellos. Lo mismo los de las jambas izquierdas y así con todas las estructuras significativas. Los canteros podían tallar todas estas piezas en cualquier momento, incluso cuando los albañiles que las colocaban en su sitio no estaban trabajando o estaban haciendo otras tareas. De esta manera, la parte más elaborada, preparar los bloques, no ralentizaba su colocación, que solía ser más rápida. Cada cantero firmaba las piedras que trabajaba para cobrar por ellas. La mayor parte de las marcas que aún vemos en los sillares son por el pago de la tarea. Pero además se desarrollaron nuevas máquinas para la construcción, sobre todo para elevar los materiales, con todo tipo de poleas y grúas.

Esta especialización de la mano de obra que se fue produciendo a lo largo del siglo XII, unida a las ventajas de la arquitectura ojival y a las nuevas máquinas, sería lo que permitiría, por un lado, que Château-Gaillard se construyera en solo dos años. Y, por otro, la construcción de las grandes catedrales del siglo XIII. Este es un punto importante sobre el que insistir. Sin los avances constructivos desarrollados en la arquitectura militar —en la forma de organizar la mano de obra y en la maquinaria— habría sido muy difícil conseguir las grandes catedrales góticas.

Como decíamos antes, desde el siglo XII y especialmente en el siglo XIII, se vivió un auge de la vida urbana que explica el lanzamiento de numerosos proyectos de construcción. En 1194, se comenzó la reconstrucción de la catedral de Chartres. En 1204, se retoman los trabajos de la catedral de Ruán, la que había sido capital del rey Ricardo en sus dominios normandos. Felipe Augusto había tomado Château-Gaillard a la muerte de Ricardo Corazón de León y se había hecho señor de toda Normandía ese año de 1204. En 1211, se inició la construcción de la nueva catedral de Reims. En 1220, las de Amiens y Evreux. En 1225, la de Beauvais. A comienzos del siglo XIII ninguna de esas ciudades era una gran urbe —hoy siguen siendo ciudades medianas, ninguna llega a doscientos mil habitantes—, pero los obispos de cada una de ellas contaban con el apoyo de sus ciudadanos para emprender esas obras catedralicias.

En Saint-Denis se había establecido el modelo a seguir, que había sido retomado en Notre Dame de París a partir de 1163 y de ahí a todas esas catedrales que acabamos de enumerar.

Pero además, las diferentes urbes competían por conseguir edificar la catedral más alta. El ejemplo paradigmático fue el de

Beauvais, que alcanzó los 48,5 metros de altura en el coro, logrando así las bóvedas más elevadas de la arquitectura gótica. En 1284, partes de las bóvedas se vinieron abajo. Los trabajos no se reemprendieron hasta ciento cincuenta años después, para concluirlos en 1569, cuando se terminó la torre sobre el crucero que llegó a medir 153 metros de altura. Esta torre se vino abajo en 1573 y la catedral quedó inconclusa hasta nuestros días.

El caso de Beauvais nos muestra bien el doble objetivo perseguido con estas catedrales del XIII. La capacidad de los arquitectos góticos para lograr construir en altura facilitaba la creación de un volumen colosal que no solo había de dominar la ciudad, sino toda la comarca. La catedral se convertía en todo un símbolo del señorío urbano. Pero, además, esas cubiertas cada vez más altas agudizaban la idea de las bóvedas celestiales, más grandes, más luminosas, pero también más alejadas para los fieles.

¿Cómo pasaban las novedades de una construcción a otra? Hemos visto que una primera posibilidad es que fuera el comitente —el rey, el noble, las autoridades eclesiásticas— quien se llevara las ideas consigo y las compartiera con sus propios artistas. Pero también hemos explicado que podían ser los propios artistas los que se desplazasen, moviendo su saber y a sus equipos de obra en obra.

Había una tercera posibilidad: que los artistas fueran peregrinando de un lugar a otro, durante su proceso de aprendizaje. Trabajaban en las diferentes construcciones mientras se estaban formando hasta que ellos mismos quedaban como maestros de una obra determinada.

En ese peregrinar formativo, podían tomar notas de lo que iban aprendiendo, hacer bocetos de las soluciones de otros para emplear en el futuro o, sencillamente, idear sus propias invenciones.

Ese fue el caso de Villar de Honnecourt —que debió estar en activo entre 1225 y 1250—, y sabemos que trabajó, entre otros lugares, en las catedrales de Chartres y Reims, pero que incluso llegó hasta Hungría. Villard elaboró un cuaderno de viaje, del que tenemos treinta y tres páginas en pergamino. En ese cuaderno, no solo dibujó planos, alzados y partes de edificios —incluyendo secciones de las piezas que los canteros podían tallar en serie—, también bosquejó las máquinas empleadas en la construcción y otras con fines militares. Además, dibujó numerosos retratos, planteando que, a partir de determinadas figuras geométricas, se podían conseguir rostros más proporcionados.

En definitiva, Villard se nos presenta como un artista completo, que por igual podía ejercer de arquitecto, ingeniero o pintor. No tiene nada de sorprendente, pues los límites entre esas tres artes eran muy difusos. El arquitecto partía del diseño para poder ordenar sus ideas sobre la construcción a realizar, por lo que había de ser un buen dibujante. Pero además había de saber organizar la construcción, incluidas la preparación de esas máquinas que facilitaran la obra.

Ya hemos explicado antes el caso del monje Teophilo, a la vez miniaturista, orfebre, herrero y vidriero. Como vemos, el concepto de artista completo es muy anterior al Renacimiento.

Igual que es muy anterior al Renacimiento la recuperación de la representación figurativa naturalista.

El despertar de la figuración realista

Ya hemos visto en el capítulo previo, al hablar de Carrión de los Condes, y al comenzar este, al ver los pórticos segovianos, cómo los comitentes se iban tomando cada vez más libertades a la hora de solicitar los motivos iconográficos. En esa línea, en este siglo XIII los artistas comenzaron ya a realizar representaciones naturalistas, posiblemente para clientes que podían pagar un trabajo así y a quienes no les importaba esa asociación que ya llevaba siglos de realismo e idolatría.

Entre estos artistas, tenemos al maestro de Naumburgo. Posiblemente originario de la Picardía francesa, sabemos que hacia

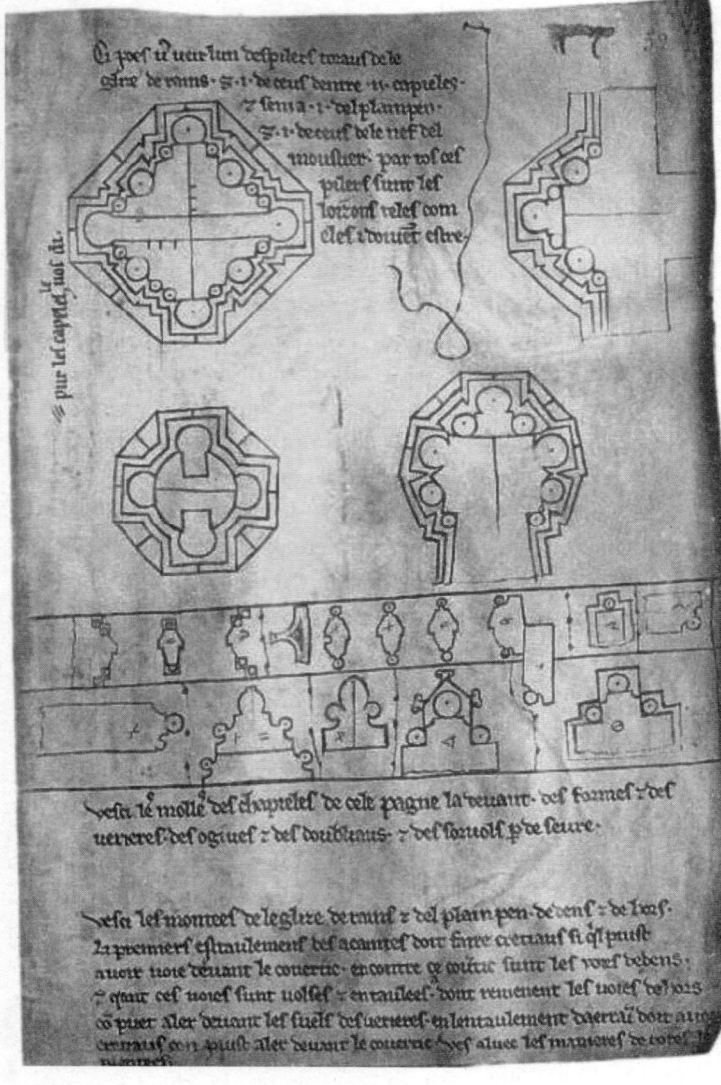

Secciones de elementos arquitectónicos del cuaderno
de Villar de Honnecourt (siglo XIII).

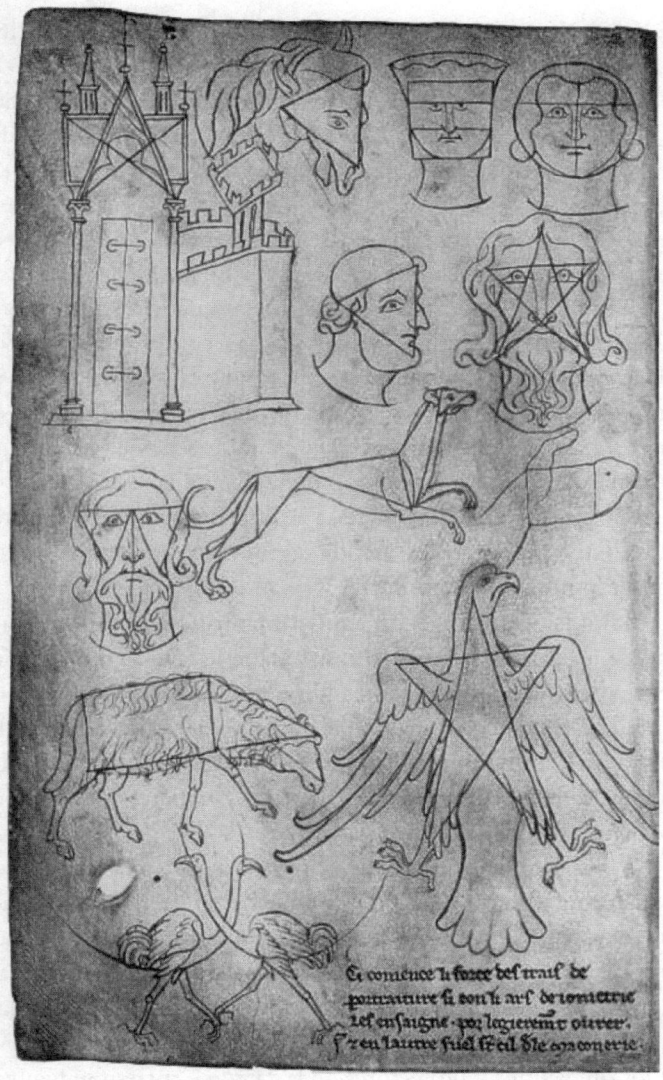

Estudio de proporciones en los cuadernos de Villard de Honnecourt
(siglo XIII).

1225 trabajó en las construcciones de Noyon, Amiens y Reims, por lo que pudo coincidir con Villar de Honnecourt.

Después, el maestro de Naumburgo se fue desplazando hacia el Sacro Imperio, donde le encontramos trabajando en la catedral de Maguncia hacia 1230. Allí esculpió un relieve dedicado a san Martín, que el canónigo Casimiro Wandbott se llevaría a Bassenheim, al norte de Maguncia, en 1683. De ahí que la escultura sea conocida hoy como el caballero de Bassenheim.

El relieve representa a san Martín montado a caballo, en el momento que se gira para partir su capa con el mendigo. Nos falta una pierna del santo, lo que hace que la imagen se vea un tanto distorsionada, a lo que se añade que las proporciones de san Martín no son del todo correctas. La cabeza demasiado grande respecto a los brazos, la posición del brazo de la espada un tanto forzada. Quizás lo que más destaca es la forma de hacer los rostros, tanto del santo como del mendigo. Ahí sí hay un empeño claro por ser lo más realista posible.

Lo que estamos viendo aquí es un artista que se enfrenta al reto de realizar unas figuras realistas y aún le falta algo de técnica, pero no es alguien que esté descubriendo todo de nuevo. Es más, si nos fijamos en la espalda del mendigo, vemos que es un estudio del natural, con lo que el maestro de Naumburgo estaba combinando ese análisis directo de la realidad con ciertos estereotipos, como la forma de colocar el caballo.

El maestro de Naumburgo siguió viajando hacia el este, hacia el interior del Sacro Imperio, y posiblemente para 1243 ya estaba en Naumburgo, donde entró a trabajar en las obras de ampliación de la catedral. Allí se hizo cargo del nuevo coro que iba a instalarse a los pies de la iglesia —una vez más, la importancia de la música en esta liturgia medieval—, así como de los retratos de doce de los fundadores y protectores de la catedral, correspondientes a tres generaciones diferentes, si bien todos ellos habían muerto al menos dos siglos antes de que se hiciesen sus estatuas.

Esto le dio una gran libertad al maestro de Naumburgo, pues si bien quizás quedaba algún relato oral de cómo eran los rostros de esos fundadores, el escultor pudo elegir cómo retratarles. Además, al ser todas esculturas de bulto redondo, ya no se enfrentaba a las dificultades de relieves como el de san Martín y sus brazos en gestos forzados.

El resultado fueron doce esculturas de tamaño natural, con un alto grado de realismo, rostros perfectamente individualizados y de marcado carácter. Así Reglindis, esposa de Herman de Mes-

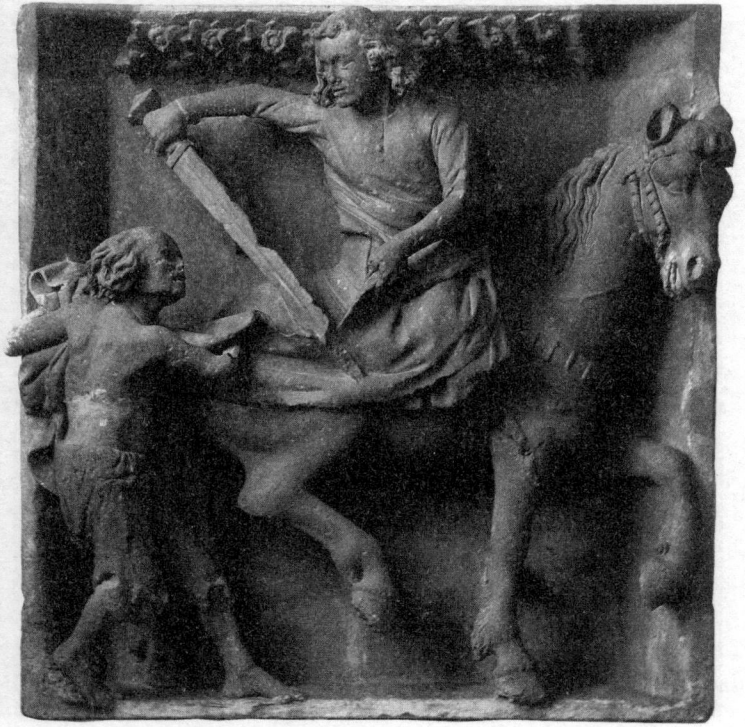

El caballero de Bassenheim, obra del maestro de Naumburgo (siglo XIII).
Foto: Spurzen.

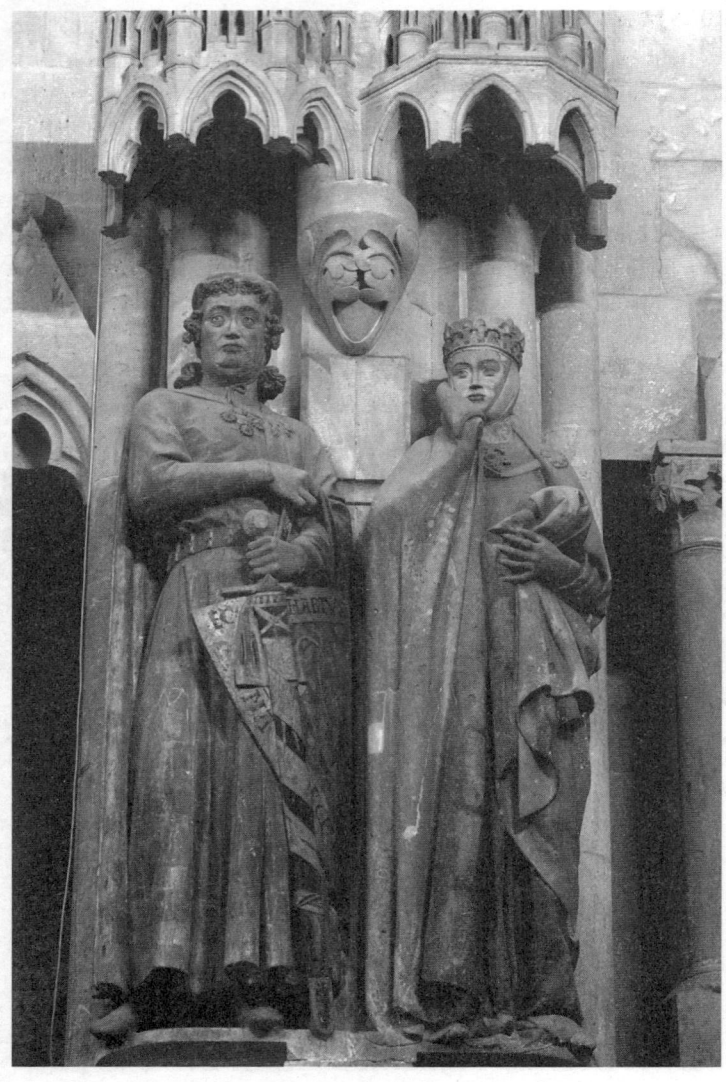

Esculturas de Ecardo II y Uta de Ballenstedt en el coro de la catedral de Naumburgo (siglo XIII). Foto: Josep Renalias.

sine, sonríe; mientras Uta de Ballenstedt, esposa de Ecardo II, margrave de Lusacia y Meissen, aparece altiva. Lo mismo ocurre con los caballeros, que muestran su buen vivir en sus rostros rellenos.

En el san Martín de Maguncia el maestro de Naumburgo había demostrado su buen hacer para resolver un rostro. En las figuras de los doce donantes continúa con ese trabajo de calidad; pero ahora, al tener que mostrar los cuerpos y al estar vestidos, se limita a jugar con los pliegues de las túnicas y los mantos, lo que le hace salvar el problema de las proporciones. Eso sí, en las manos logra un alto grado de naturalismo, dotando a las damas de unas manos finas y a los caballeros de manos más contundentes.

Como además las figuras fueron coloreadas y así continúan hoy, la expresividad de todos ellos es mayor.

Es cierto, como decíamos antes, que el maestro de Naumburgo hubo de inventarse los rostros, de modo que no sabemos hasta qué punto las esculturas de Uta y su esposo Ecardo II se corresponden con los verdaderos personajes y, sobre todo, si el artista logró reflejar el auténtio carácter de los retratados. Es decir, si logró el grado de realismo que consiguió precisamente por no tener que copiar del natural.

Pero pensemos que cuando Miguel Ángel esculpió en la primera mitad del siglo XVI las figuras funerarias de Giuliano y Lorenzo de Medici, sus contemporáneos le hicieron ver que las estatuas se parecían poco a los difuntos. Miguel Ángel consideró que esa falta de parecido era la licencia creativa que todo artista había de tener. Una licencia que no es exclusiva de los artistas del Renacimiento en adelante, sino que podemos encontrarla en casos como el de maestro de Naumburgo, apostando por el naturalismo; pero también en el miniaturista de finales del siglo XI que vimos antes y que dibujó al arquitecto Lanfranco, con algunos rasgos que debían ser propios de ese arquitecto —su barba, su gorra…—, pero sin que estemos seguros de hasta qué grado de detalle el artista fue fiel al retratado.

Cabe pensar que el maestro de Naumburgo, que había empezado a hacer ese estudio del desnudo natural en el San Martín de Maguncia, no fue más allá en estas estatuas de los doce donantes porque iban a estar vestidos. Pero además por ese temor a no lograr las proporciones correctas o, incluso, por las reservas que las autoridades cristianas podían tener a representar un cuerpo desnudo de forma naturalista. Ahí se estaría muy cerca tanto de los dioses páganos como de representaciones con cierta carga de lujuria.

Pero esta lectura que acabamos de hacer corresponde más a la forma que tenemos hoy de mirar la Edad Media que a cómo realmente se comportaban los artistas y comitentes medievales.

Una vez más: la figuración realista se había dejado de practicar a partir del siglo IV, cuando la Iglesia cristiana se distanció del mundo pagano de esculturas muy naturalistas. A partir de ahí, los movimientos iconoclastas volvían una y otra vez: las lecturas teológicas rigurosas de la Antigüedad tardía, la irrupción de los musulmanes en el siglo VII y la disputa iconoclasta bizantina en los siglos VIII y IX, la sobriedad cisterciense del XII. Todo ello había provocado el desarrollo de una simbología, ya fuera no figurativa —como la *crux gemmata*—, o una figurativa, pero muy esquemática e, incluso, carente de sentimientos de debilidad —como los Cristos triunfantes hasta el siglo XI—.

Todo fue cambiando desde finales del siglo XII y, sobre todo, en el XIII.

La cristiandad occidental logró crecer económicamente. Lo hemos ido viendo con el avance cristiano sobre el islámico, por ejemplo, a través de las cruzadas, pero también con ese desarrollo urbano que hemos indicado al comienzo de este capítulo.

Pero además la Iglesia latina logró su máximo grado de autoridad tras siglos buscándolo. Roma rompe con Constantinopla a mediados del siglo XI e impone su liturgia en todo Occidente para finales de esa centuria.

En ese momento de máximo apogeo, los cristianos latinos reclaman una nueva religiosidad, menos encorsetada, más cercana. El cielo no es una entelequia sin más, son las bóvedas de colores de las catedrales góticas. Jesús sufrió al ser crucificado y los Cristos dolientes dejan paso a Cristos sufrientes. El dogma ha de acercarse a la feligresía y surgen los dominicos, que ya veíamos antes predicando frente a los cátaros, pero también los franciscanos. Los monjes ya no solo van a tener una vida contemplativa en sus monasterios. Estas otras órdenes comparten la vida con el común de la gente.

Es ahí cuando vemos que en Naumburgo son las autoridades eclesiásticas de la catedral las que le piden al maestro retratar a los donantes, y cuando este ofrece unas imágenes muy naturalistas, lejos de rechazarlas, coronan el nuevo coro. Ya no hay ese temor a la idolatría y sí una necesidad de ir reconociéndose en gentes honorables, como los fundadores de la catedral de Naumburgo.

Nos preguntábamos antes si la ausencia del desnudo humano, además de por no parecer muy pertinente, podía deberse a alguna reticencia religiosa. Lo más probable es que el maestro de Naumburgo no se sintiera cómodo en ese terreno. Pero poco después de que él concluyese el retrato de Uta de Ballenstedt, Pierre de Montreuil tallaba en París, hacia 1260, un Adán para la fachada sur del transepto de Notre Dame; que hoy tenemos en el Museo Cluny y que, posiblemente, estuvo acompañado de una Eva.

Si hacemos abstracción del brazo que bendice, que fue colocado así en la restauración que sufrió la estatua en el siglo XIX, este Adán de proporciones clásicas puede equipararse a los desnudos del Imperio romano. Estamos a mediados del siglo XIII y en principio falta siglo y medio para que en el Renacimiento florentino se vuelva a esa sensibilidad. Pero aquí Pierre de Montreuil demostró que ese retorno al mundo clásico era posible, que estos artistas medievales tenían capacidad para ello y que si no lo hicieron, no fue por falta de destreza, sino de un mercado que demandara este tipo de esculturas. Bien es cierto que este Adán fue creado para su exhibi-

ción pública frente a los feligreses, que aceptaron esta imagen tan
naturalista sin mayor problema, pues estuvo en Notre Dame hasta
que los revolucionarios de 1789 lo quitaron de allí. Pero si pensamos
en la mayor parte del arte que se continuó produciendo durante los
siglos XIII, XIV y XV, siguió primando el valor didáctico de las obras.

Esta ruptura con las formas dominantes —también se produjo en arquitectura en este París de mediados del siglo XIII, y en una
obra que tradicionalmente se había considerado del mismo Pierre
de Montreuil, aunque hoy se duda de esta atribución: la Santa
Capilla de París.

Cuando tras la cuarta cruzada se instaló en Constantinopla el
Imperio latino, sus emperadores se volvieron custodios de las muchas reliquias que los bizantinos habían ido atesorando. Entre ellas,
estaba la corona de espinas que se consideraba que Cristo había
llevado en el momento de la Pasión.

En 1238, san Luis, rey de Francia, compró la corona al emperador latino Balduino II. En 1241, el monarca adquirió además un
fragmento de la Cruz, la Santa Sangre y la piedra del Sepulcro. En
1242, aún obtendría fragmentos de la lanza que Longinos clavó a
Jesús y unos pedazos de la esponja que Estefatón le ofreció empa-
pada en vinagre.

Entusiasmado por las reliquias reunidas, el rey decidió hacer
construir una cámara santa digna de tan distinguidos objetos, que
habría de levantarse en la isla de la Cité, cerca de donde se encontraba el palacio real, hoy palacio de la Justicia.

Como decíamos antes, aunque tradicionalmente se consideró
que el arquitecto de la Santa Capilla había sido Pierre de Montreuil, hoy se duda que estuviera a cargo de las obras, aunque sí pudo
realizar algunas de las esculturas. El director de los trabajos habría
podido ser Thomas de Cormont, quien estaba a cargo de la catedral
de Amiens y quien, por tanto, conocía perfectamente las soluciones
técnicas góticas dominadas por esa capacidad de elevar las cubiertas
generando esas bóvedas luminosas que imitaban el cielo.

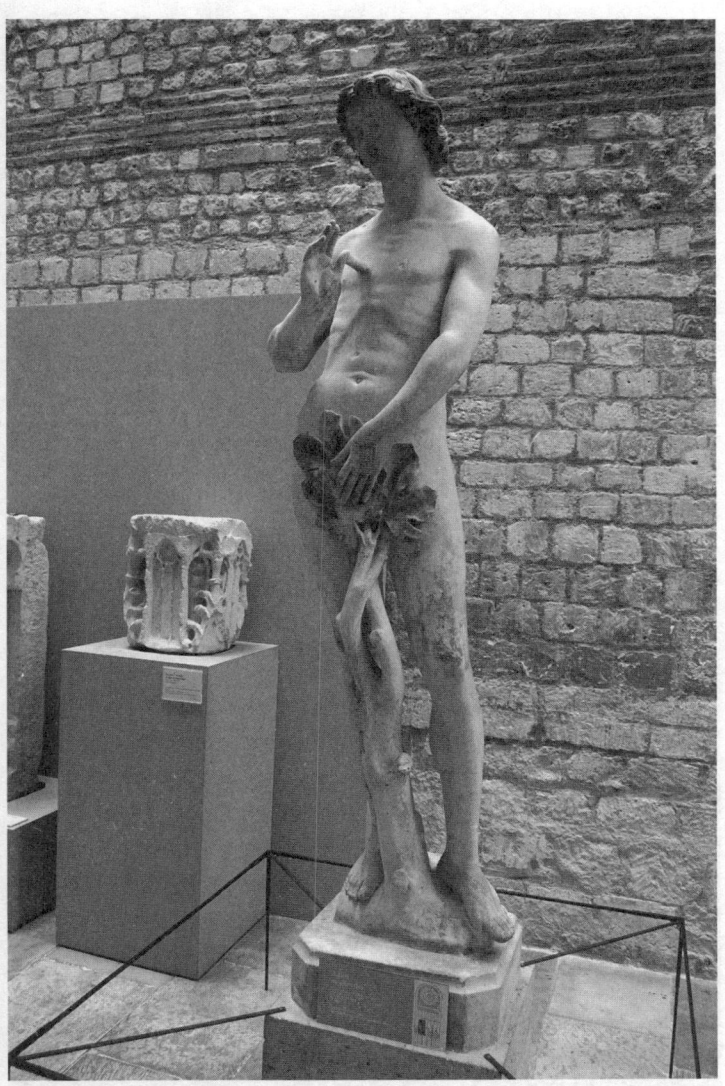

Escultura de Adán proveniente de Notre Dame de París, hoy
en el Museo Cluny, París (siglo XIII). Foto: archivo del autor.

Posiblemente, san Luis propuso entonces que las reliquias fueran albergadas directamente en ese cielo arquitectónico. Para ello, la Santa Capilla tendría dos pisos. El inferior, que serviría de acceso desde la calle, estaría cubierto, con lo que la sensación de penumbra de cualquier catedral gótica a este nivel por el que se mueven los hombres sería aún más pronunciada.

Después, por dos escaleras situadas a los pies del templo, se accedería al piso superior, entrando en el espacio de las vidrieras y llegando, por tanto, al cielo. No habría ninguna otra compartimentación. No habría naves, ni un deambulatorio, ni un espacio aparte para el coro. Sencillamente, los que acudieran a la Santa Capilla a orar entrarían directamente en el cielo.

Esta variación del espacio litúrgico solo podía darse en un ámbito tan singular como el gran relicario que el rey de Francia se había hecho construir al lado de su palacio real. La existencia de capillas reales como gigantescos relicarios junto a los palacios reales ya se daba desde la Alta Edad Media. Aquí vimos más atrás el caso de

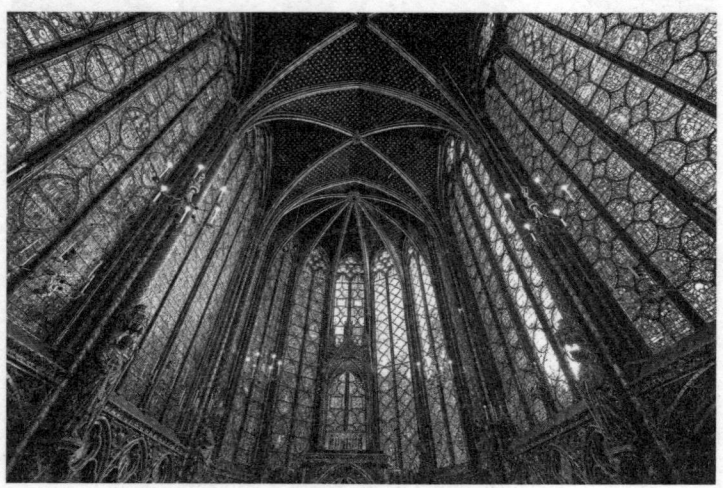

Interior de la Santa Capilla de París (siglo XIII). Foto: Jean Pierre Chazel.

la Cámara Santa de Oviedo, donde se encuentra la Cruz de los Ángeles. La gran novedad de san Luis es que pudo sacarles partido a las innovaciones técnicas góticas para realizar un edifico sublime.

Pero en paralelo se estaba produciendo otro cambio en el espacio litúrgico, con la popularización de los púlpitos como tribunas situadas a mitad de las naves desde donde se podían realizar alguna de las lecturas o, incluso, impartir un sermón.

Hemos de pensar que tenemos constancia desde el siglo VI en Rávena de la existencia de tribunas relativamente elevadas desde donde hacer las lecturas, con los ambones que se situaban frente al presbiterio encarando la nave central. Pero fue en el siglo XIII, con la llegada de las órdenes mendicantes —dominicos y franciscanos— y sus prédicas, cuando empezamos a encontrar más ambones, ya convertidos de forma sistemática en verdaderos púlpitos elevados y situados en medio de las naves.

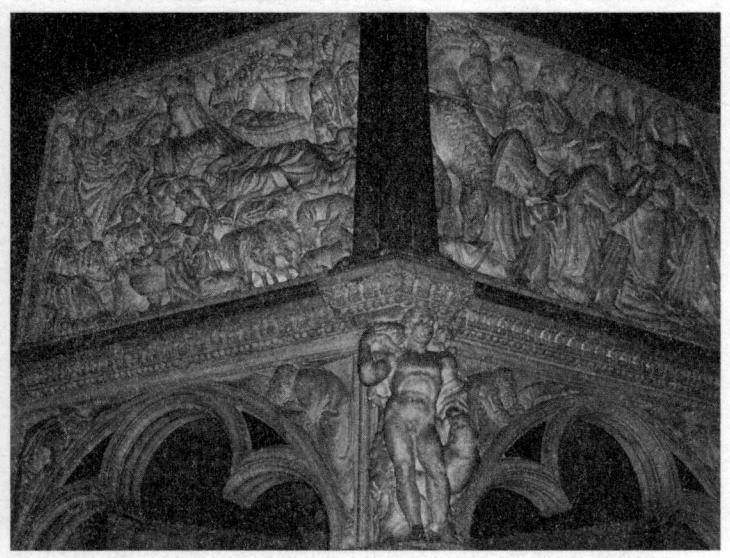

Detalle del púlpito del baptisterio de Pisa (siglo XIII).

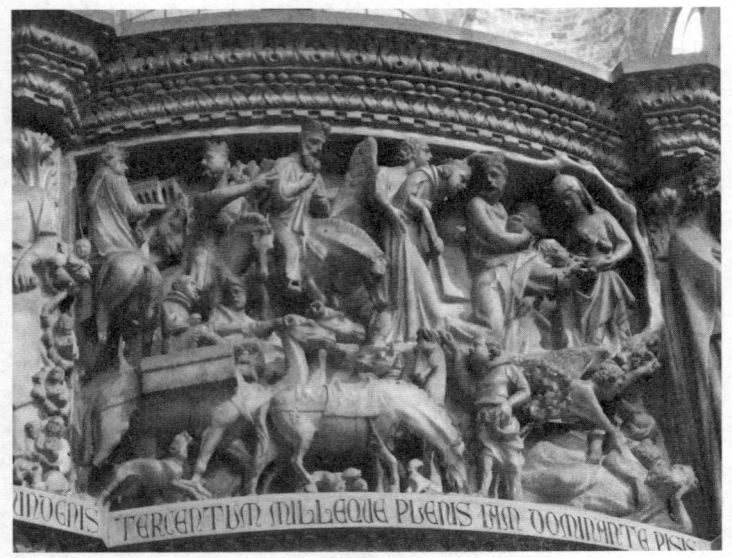

Detalle del púlpito de la catedral de Pisa, con escenas de la Natividad,
la Anunciación a los pastores y la Epifanía (siglo XIV).
Foto: Ho Visto Nina Volare.

Con todo, hemos de considerar que la sistematización de estos púlpitos en todas las iglesias de la cristiandad latina no habría
de llegar hasta después del Concilio de Trento, en la segunda mitad
del siglo XVI. De ahí que buena parte de los púlpitos que encontramos hoy en las iglesias, ya fuera de uso, son del siglo XVII.

Pero en este siglo XIII ya tenemos algunos ejemplos notables
de estos púlpitos. Así, en 1260 —por lo tanto, en la misma fecha
que Pierre de Montreuil estaba haciendo el Adán de Notre
Dame—, Nicola Pisano terminó el púlpito del baptisterio de la
catedral de Pisa.

El baptisterio de Pisa se había comenzado a construir en
1152, sustituyendo al previo. Es un edificio exento, como en otras
muchas ciudades de Italia, que mantiene la tradición de la Anti-

güedad tardía de que había que bautizar fuera de la iglesia, pues solo los cristianos bautizados podían entrar en el templo. Tiene una planta formal circular que, además, se suele utilizar —planta funcional— de manera central, puesto que la ceremonia principal, el bautismo, se celebra en la pila que queda en medio del edificio. Ya vimos antes cómo las plantas longitudinales son las más apropiadas para las liturgias dedicadas a Dios, mientras las centrales funcionan mejor cuando el protagonista es un hombre: el bautizado en el baptisterio, el difunto en el mausoleo.

Al lado de la pila central, se comenzó a levantar el púlpito en 1257 y se terminó en 1260. Se trata de un pequeño templete de planta hexagonal concebido por el obispo de la época, Federico Visconti, que quiso crear una pequeña ciudad de Dios, constituida por la parte inferior más en penumbra y rodeada por siete columnas —aunque al final fueron seis— los sacramentos —pensemos que los siete sacramentos tal como los conocemos hoy quedaron institucionalizados en el Segundo Concilio de Lyon de 1274—. A través de esos sacramentos se podía ascender a la parte superior de esa ciudad de Dios, que quedaba más allá de los relieves del Nacimiento y la Pasión de Jesús, además del Juicio Final.

En esos relieves, Nicola Pisano mostró toda su maestría. Lo llamativo es que la composición sigue respondiendo a la forma habitual de contar las historias en el relieve medieval, que ya vimos en el capítulo previo cuando analizábamos la obra del maestro Mateo. Las figuras aparecen amontonadas sin dejar un espacio libre. La sensación de profundidad parece lograrse mediante la superposición de planos, aunque puede haber figuras pequeñas al lado de otras grandes en el mismo plano, en este caso no para marcar profundidad, sino jerarquía. Pero junto a esta composición medieval, tan didáctica como poco canónica, llama la atención que muchos de los personajes representados fueron tomados directamente de sarcófagos clásicos; y la Virgen María recostada tras dar a luz a Jesús más parece una matrona romana en su triclinio que una humilde madre judía. Aunque aún resulta más interesante la representación de las Virtudes, situadas sobre las columnas que soportan el nivel superior. Así, la Fortaleza es un joven desnudo que recuerda a Hércules, hasta el punto de que lleva la piel del león de Nemea, en una apostura perfectamente clásica.

Este púlpito es contemporáneo del Adán de Notre Dame de París, por tanto, se sitúa dentro de esa recuperación de las formas clásicas que de nuevo se podían utilizar porque los artistas estaban dotados para esculpirlas, pero que no se hacía más porque la demanda era pequeña.

Prueba de ello es que cuando muera Nicola Pisano, su hijo Giovanni se hará cargo de continuar el trabajo de su padre en Pisa y también en Siena.

Así, a partir de 1302, Giovanni esculpirá el púlpito de la catedral de Pisa, un púlpito que se asemeja mucho al de su padre, salvo que este es octogonal. Sí se replica el espacio inferior en penumbra con columnas que soportan símbolos de las Virtudes, antes de acceder a los relieves que narran el Nacimiento y la Pasión de Cristo, así como el Juicio Final, para ascender a la ciudad de Dios.

Al contrario que Nicola, Giovanni apostó claramente por esas composiciones medievales donde las historias se multiplican, hay mucha acción y no se obsesionó tanto por lograr unas figuras que estuvieran apegadas a las proporciones clásicas; hasta el punto de que sus esculturas de bulto redondo, en las columnas, tienen unas formas alargadas que parecen querer evocar ese empeño de narrar el relato bíblico, pero sin buscar un naturalismo excesivo.

Giovanni Pisano concluyó su trabajo en el púlpito en 1311 y murió tres años después. Para entonces, Pisa ya había entrado en crisis tras la dolorosa derrota de Meloria frente a los genoveses en 1284 y ya comenzaba a despuntar otra ciudad Toscana que la desbancaría por completo: Florencia.

Capítulo 13
PALACIOS MUDÉJARES Y CASTILLOS GÓTICOS

En 1299, Arnolfo di Cambio, arquitecto de la catedral de Florencia, recibió el encargo de construir un palacio para los magistrados de la ciudad, que fuera una prueba del poder de estos, pero también un lugar donde protegerse.

El edificio fue concluido para 1314, incluida la gran torre de Arnolfo, levantada en 1310 y que alcanzó los 94 metros de altura.

Para ese año de 1314, la construcción de elevadísimas torres urbanas ya era habitual. El mejor ejemplo lo tenemos en San Gimigniano, pequeña localidad a una sesentena de kilómetros al sur de Florencia, que llegó a contar con setenta de estas torres —de las que aún se conservan catorce—, levantadas desde comienzos del siglo XIII a comienzos del siglo XIV.

Como en Florencia, el objetivo de las torres de San Gimigniano era a la vez defensivo, en esencia contra los tumultos urbanos, y, sobre todo, de prestigio. Cada una de las familias de la élite económica sangimiagnesa quería mostrar su nivel de poder levantando la torre más alta posible.

En el caso de Florencia, ese prestigio era sobre todo el de la ciudad en su conjunto. Como lo sería la torre del Mangia en Siena, levantada entre 1338 y 1348, también junto al palacio municipal y que llegó hasta los 88 metros, la misma altura que la catedral sienesa, demostrando el equilibrio entre el poder eclesiástico y el municipal.

Hemos de pensar que, para levantar unas torres tan elevadas, los constructores toscanos pudieron aprovechar todos los avances tecnológicos que hemos venido viendo en la construcción de los castillos y las catedrales góticas. No solo soluciones como el arco ojival, sino, más aún, la especialización de la mano de obra, la talla en serie y las máquinas para subir los materiales.

En varias de estas torres, y podemos verlo bien en la torre Grossa de San Gimigniano —contemporánea de la torre de Arnolfo florentina—, se colocó un remate formado por un matacán corrido del que emergía el cuerpo superior, más estrecho que el resto. Un matacán es un voladizo colocado sobre la parte superior de las murallas con el suelo abierto, lo que permitía a los defensores arrojar proyectiles en vertical a cualquier enemigo que llegara hasta el pie de los muros. Por lo general, los matacanes se concentraban sobre aquellos puntos más susceptibles de ser atacados, como las puertas de entrada al castillo. Pero lo que eran elementos claramente defensivos y para situar en un punto muy concreto, se convirtieron en matacanes corridos que rodeaban la totalidad de la torre, como en el caso de la torre Grossa, con lo que perdieron el valor poliorcético y pasaron a ser un motivo de ornato.

Lo más interesante es que se trata de una pieza decorativa derivada de una de uso bélico, propia de los castillos, lo que muestra bien esa relación entre la arquitectura militar y la urbana, algo de lo que ya hablamos antes al explicar cómo las catedrales lograron las dimensiones que alcanzaron porque previamente toda la tecnología que lo permitió se probó en los castillos.

Pero hemos señalado también que una de las razones para contar con estas torres urbanas, junto al prestigio que suponían, era la defensa frente a las turbas.

A lo largo del siglo XIII, Italia había sido el escenario de la pelea entre los partidarios de los emperadores alemanes, conocidos como gibelinos, y los seguidores del papa y contrarios al empera-

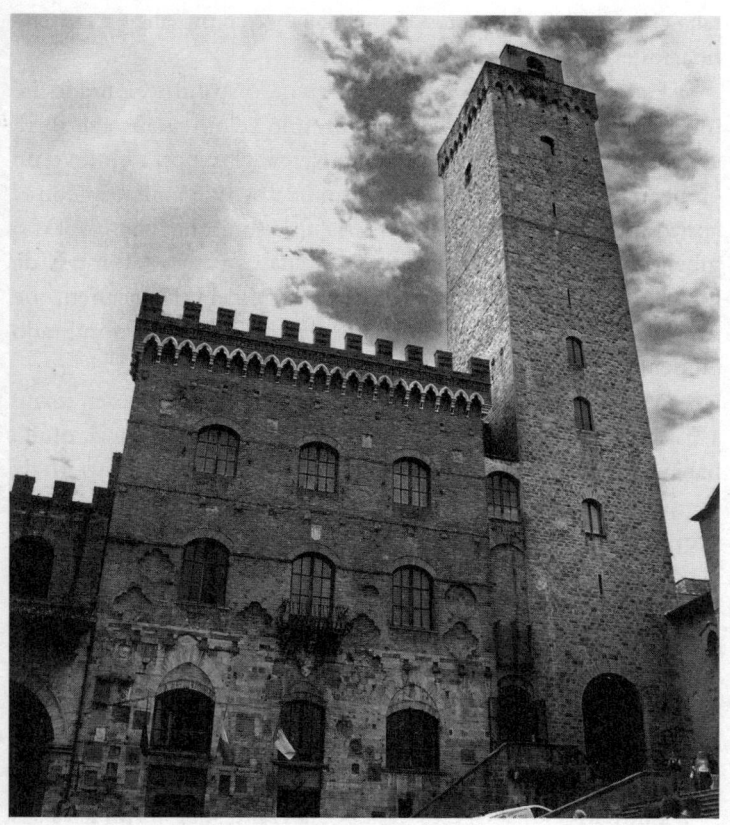

Torre Grossa de San Gimigniano, Toscana (siglo XIV).
Foto: archivo del autor.

dor, los güelfos. Ya hablamos de ellos cuando vimos cómo los otónidas lograron la corona imperial.

El siglo XIII había arrancado con Inocencio III como árbitro
de los candidatos imperiales. Este papa apoyó inicialmente a Otón
IV —de la casa Welf y, por tanto, güelfo— quien hubo de abdicar
en 1215. Fue sucedido por Federico II de Hohenstaufen, que es-

taba claramente enemistado con el papa y que movilizó a sus partidarios en Italia, los gibelinos.

Federico II murió en 1250 y cuando su hijo Conrado IV murió prematuramente en 1254, con solo veintiséis años, se abrió el llamado gran interregno; durante el cual el imperio no tuvo un emperador titular, sino diferentes candidatos, que contaban con el apoyo de distintas ciudades italianas, que se declaraban güelfas o gibelinas según el caso. Entre esos candidatos estuvo Alfonso X de Castilla, hijo de Beatriz de Suabia de la familia Hohenstaufen, que nunca logró el apoyo de todos los electores para ser nombrado emperador.

Mientras tanto, el partido güelfo en Italia se reunía en torno a Carlos de Anjou, hermano del rey san Luis de Francia, quien había conquistado el reino de Sicilia y Nápoles en 1266 y trató de dominar el resto de Italia. Pero las ambiciones de Carlos de Anjou provocaron que el norte se sublevara contra él, perdiendo Carlos el control en el Piamonte y la Lombardía. Florencia se mantuvo en el partido güelfo, aunque estalló el conflicto dentro de la propia ciudad entre los güelfos negros, firmes partidarios del papa, y los güelfos blancos, que querían autonomía plena para la ciudad. Es en ese momento de enfrentamiento urbano cuando los güelfos blancos pusieron en marcha la construcción del Palazzo Vecchio. No les sirvió de mucho, pues en 1301 fueron derrotados y exiliados.

Entre los exiliados estuvo el poeta Dante, que terminaría sus días en Rávena, en 1321.

Dante había nacido en Florencia en 1265. Su padre, Alighiero de Bellincione, ya formaba parte del partido güelfo blanco y Dante le siguió los pasos involucrándose en las luchas políticas que vivía Florencia a finales del siglo XIII.

A la par, comenzó a escribir. Su primera obra fue *Vita Nova*, en lengua toscana, un relato de amor dedicado a su amada Beatriz. Cuando ya había sido alejado de Florencia, escribió *De vulgari eloquentia*, un tratado en latín donde defendía la dignidad de las lenguas vernáculas y se preguntaba cuál de todos los dialectos italianos podría ser el más ilustre. Ya a partir de 1304 comenzó a escribir la *Divina comedia*, en italiano, trabajo al que se dedicaría hasta su muerte.

Hemos de destacar que todos estos escritos de Dante, más allá de la temática en sí, se ajustaban al plan político de los güelfos blancos. De partida, el rechazo a los imperiales, esos bárbaros que llegaban de más allá de los Alpes. Por otro lado, un orgullo por lo local, lo italiano, que se oponía al empeño universalista de los papas, quienes, además, utilizaban el latín como lengua franca.

Ese empeño universalista había llevado al papa Bonifacio VIII a enfrentarse con su principal valedor, el rey de Francia Felipe IV. Los reyes de Francia, desde que combatieron la herejía cátara, habían ido sacándole cada vez más privilegios a los papas en la organización de la iglesia francesa. Bonifacio VIII emprendió una serie de medidas para acabar con lo que consideraba que era una situación inapropiada. Pero Felipe IV reaccionó enviando un ejército a Roma en 1303. El papa logró huir hasta Anagni, al sur de Roma, donde fue hecho prisionero por las tropas francesas. Aunque pudo ser liberado por la población local, Bonifacio VIII murió en octubre de ese año de 1303, fruto del maltrato sufrido en prisión.

Fue nombrado entonces papa Benedicto XI, un cardenal de la confianza de Bonifacio VIII, pero que buscó la paz con Felipe IV de Francia. Benedicto XI solo ocupó la silla de San Pedro unos pocos meses, pues falleció en julio de 1304, siendo sucedido por Clemente V, quien hasta ese momento había sido arzobispo de Burdeos.

En aquel tiempo, Burdeos formaba parte de los territorios que el rey de Inglaterra controlaba en Francia. Por tanto, Clemente V no venía de ser súbdito de Felipe IV. Sin embargo, se plegó a los deseos de este. Comenzó poniendo fin a la polémica abierta por la muerte de Bonifacio VIII. En 1312, suprimió la orden del Temple, también por la presión del rey francés. La orden del Temple había sido creada en 1119 para defender Tierra Santa, pero tras la expulsión de los cruzados de Jerusalén, los templarios se habían puesto al servicio de aquellos señores de la cristiandad latina que necesitaban su apoyo. Así llegaron a ser los que administraban el tesoro del rey de Francia. Todo apunta a que Felipe IV apoyó la disolución de la orden ante su incapacidad para pagarles las deudas que había contraído con ellos y con el fin de quedarse con todos sus bienes.

Además, Clemente V decidió trasladar la sede del papado desde Roma hasta Aviñón, en el sur de Francia; en principio, dentro de los dominios de la casa de Anjou, que aún seguían siendo reyes de Nápoles, pero claramente bajo la influencia de los reyes de Francia.

Durante su estancia en Aviñón, los papas decidieron levantar un palacio donde residir. Las obras comenzaron con Juan XXII, sucesor de Clemente V. Pero fue Benedicto XII, sucesor de Juan XXII, quien ordenó a partir de 1334 construir una residencia digna. En esencia, lo que concibió fue erigir un castillo en el pro-

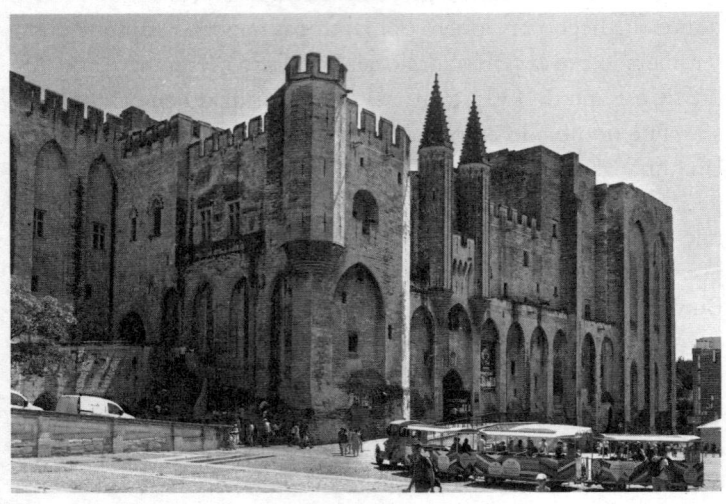

Palacio de los papas en Aviñón (siglo XIV). Foto: Bjs.

montorio de los Doms, por encima del río Ródano, a salvo de las crecidas y, sobre todo, en la ubicación que ofreciese la mejor protección posible, lo que demostraba la desconfianza de los papas ante su inestable situación. El palacio se levantó junto a la catedral de la ciudad, que ya había sido emplazada en los Doms en el siglo x.

Es cierto que en Aviñón tenemos todas las innovaciones propias de la arquitectura gótica del siglo xiv, lo que permitió levantar una fortaleza de gran altura. Por supuesto, hubo otros elementos más residenciales en el palacio papal, como los grandes jardines de los tiempos de Urbano V, pero la imagen que predomina es su carácter militar.

La fascinación cristiana por el arte mudéjar

Hemos mencionado antes cómo entre los candidatos a la corona imperial estuvo Alfonso X de Castilla, quien, con objeto de pagar a los electores, llegó a utilizar el dinero obtenido por firmar la paz con el rey nazarí Muhammad II de Granada.

El reino de Granada había sido establecido por el padre de Muhammad II: Muhammad I, en 1238, quien tuvo que pactar con Fernando III, el padre de Alfonso X, en 1246 para garantizar la pervivencia de su monarquía. Hemos de pensar que en ese momento Granada era el último Estado islámico que sobrevivía en la península ibérica, pues Fernando III había realizado un notable avance sobre al-Ándalus al conquistar las ciudades de Córdoba y Sevilla.

El rechazo de los electores del Sacro Imperio a Alfonso X podría haber hecho que el monarca castellano se planteara recuperar, en compensación, el viejo título imperial hispano que ya habían exhibido Alfonso VI y su nieto Alfonso VII; quienes tuvieron a gala no solo ser los primeros entre los reyes de los reinos cristianos de la península ibérica, sino también señores de musulmanes.

Pero justo cuando en 1275 Alfonso X entendió que había perdido cualquier oportunidad para obtener la corona imperial en Roma, el sultán benimerín Abu Yusuf desembarcó en la península ibérica llamado por el rey de Granada, lo que provocó un mayor rechazo por parte del rey castellano hacia los andalusíes. En realidad, la actitud de Alfonso X hacia los musulmanes había ido variando a lo largo de su vida, desde una atracción inicial a una paulatina oposición.

Eso no impidió que, cuando en 1282 el futuro Sancho IV se levantó contra su padre Alfonso X, este llegó a solicitar la ayuda de sus enemigos benimerines para combatir a su hijo rebelde. Esta singular alianza no llegó a ningún lado, pues Alfonso X murió en 1284.

Pero el caso de Alfonso X ejemplifica bien la actitud ambivalente de los reyes hispanos cristianos respecto a sus vecinos musulmanes.

Según avanzaba la Reconquista, sobre todo en el siglo XIII, el número de súbditos musulmanes de los monarcas cristianos aumentaba. La toma de ciudades como Sevilla o Córdoba, además, dejó en manos de los reyes de Castilla un botín cultural notable, en forma de arte y arquitectura áulica. La atracción por este arte chocaba con el hecho de que los musulmanes seguían siendo potenciales enemigos, tanto los que se mantenían en el oriente de Andalucía, como los que podían llegar desde el otro lado del estrecho de Gibraltar.

El resultado fue una relación tensa, donde la admiración y la desconfianza se mezclaban. Más aún cuando, tras la muerte de Alfonso X, sus sucesores tuvieron unos reinados especialmente agitados. Así, Sancho IV hubo de enfrentarse tanto con los hijos de su fallecido hermano mayor, los infantes de la Cerda; como con su hermano pequeño, el infante don Juan, que no tuvo inconveniente en buscar el apoyo de los benimerines.

Sancho IV murió en 1295 y su hijo Fernando IV, que solo tenía diez años, hubo de enfrentarse con los mismos enemigos de su padre: su tío don Juan y los infantes de la Cerda, a los que se añadió otro sobrino de Alfonso X, don Juan Manuel.

Para tener a todos unidos por una misma causa, se esforzó por avanzar en la conquista del reino de Granada, logrando tomar Gibraltar en 1309, ciudad que se volvería a perder pocos años después.

Pero Fernando IV murió en 1312, con veintiséis años de edad, dejando el trono a un nuevo rey niño, su hijo Alfonso XI. Con solo un año hubo de comenzar su reinado, como ya le ocurriese a su padre y a su abuelo, peleando contra todos los parientes que se consideraban con derechos a reclamar la corona, a los que consiguió controlar para 1332. A partir de ese momento, Alfonso XI ya pudo centrar su interés en combatir a los musulmanes a los que derrotó en la batalla del Salado en 1340. Cuando estaba tratando de recuperar Gibraltar en 1350, murió de peste negra.

Alfonso XI además de procrear a su hijo legítimo, Pedro I, con su esposa María de Portugal; tuvo otros diez hijos con su favorita, Leonor de Guzmán, los Trastámara. Con lo que, a su muerte, Pedro I volvió a encontrarse con un problema para consolidar su trono al tener que enfrentarse a sus hermanastros, encabezados por el futuro Enrique II.

Pedro I había pasado buena parte de su infancia en Sevilla, junto a su madre María de Portugal, alejado de la corte de su padre. Cuando Alfonso XI murió, su cuerpo fue enterrado en Sevilla, ciudad donde Pedro I se hizo coronar.

El nuevo rey castellano logró firmar la paz con Muhammad V, el sultán de Granada, en 1354, estableciéndose una relación entre ambos monarcas que podemos calificar de firme amistad. Muhammad V fue depuesto en 1359 en una conspiración de palacio y Pedro I le ayudó a recuperar su trono en 1361.

Entra aquí la figura de Ibn al-Jati. Visir de Muhammad V, acompañó a este durante su exilio. Cuando el sultán regresó a Granada, Ibn al-Jati volvió con él, siempre como visir. Sabemos que al-Jati también tuvo relación con Pedro I. Es cierto que este es un tema controvertido, pues los Trastámara quisieron exagerar esta relación para mostrar lo demasiado heterodoxo que Pedro I era como cristiano. Y las fuentes islámicas presentan a al-Jati como un avezado diplomático que supo manipular al rey castellano. En cualquier caso, nos muestra una relación intensa entre el rey cristiano y la corte islámica de Granada.

El resultado fue que Pedro I tuvo un gusto marcado por el mundo andalusí, lo que mostraría en la construcción de sus palacios reales.

Antes de Pedro I, es posible rastrear la influencia andalusí en el arte de los reinos cristianos del norte de la península ibérica, el llamado mudéjar.

De partida, los mudéjares eran los musulmanes que quedaban en el territorio cristiano una vez que este había sido reconquistado. Sin embargo, el arte mudéjar no era necesariamente realizado por ellos. Tampoco se ajustaba al uso de unos determinados materiales considerados pobres, como el adobe, el ladrillo, la madera o el yeso.

En este sentido, hay una falsa asociación entre las obras de piedra como muestra de una sociedad rica y las obras en ladrillo o madera como prueba de una sociedad humilde. Así, el hecho de que a partir del siglo XVII Madrid, capital de los llamados Austrias menores, se llenase de bóvedas encamonadas —es decir, falsas bóvedas de madera revocadas de yeso— se ha considerado una prueba de la crisis política y económica a la que se enfrentaron dichos monarcas.

Pero es que en ese mismo siglo XVII, Luis XIV, el rey Sol de Francia, en su salón de los espejos de Versalles —máximo exponente de su poder absoluto y exitoso—, también colocó una bóveda encamonada para cubrir todo ese espacio.

Que la arquitectura de prestigio se construya en piedra suele obedecer a dos razones. Una, las características de la región, que abunde o no la piedra. Dos, las modas. Madrid es una ciudad básicamente de ladrillo. Sus palacios de la primera mitad del siglo XVII, los palacios de la corte europea más poderosa de la época, eran de ladrillo. Imitando a esa corte, en París, una ciudad de piedra, en la primera mitad del siglo XVII se construyeron varios palacetes en ladrillo —los más significativos, los de las plazas Dauphine y de los Vosgos—. Por el contrario, cuando los Borbones llegan a Madrid y han de rehacer el palacio real a mediados del siglo XVIII, entonces es París, en ese momento la corte más notable de Europa, la que influye en Madrid, y ese nuevo palacio real madrileño habrá de ser en piedra.

Volviendo al arte mudéjar, ni es el arte realizado por los mudéjares ni es el arte humilde del ladrillo, la madera y el yeso. Es la querencia por parte de determinados clientes de incorporar elementos del arte andalusí en las obras que encargaban.

Ya hemos ido viendo los guiños que desde Alfonso VI se habían venido haciendo al mundo islámico, esos reyes de cristianos y musulmanes, que pueden explicar la aparición de determinados elementos andalusíes en las obras regias.

Un fenómeno similar se vivirá en la América virreinal del siglo XVII, y volvemos a salir del marco cronológico de este libro, cuando se organicen desfiles públicos en México donde en la caravana salen en primer lugar figuras de los antiguos reyes —chichimecas, toltecas y aztecas—, para luego mostrar a Carlos V y terminar con el anda principal donde iba la Virgen de Guadalupe. Al asumir los símbolos de los derrotados e integrarlos entre los motivos de los vencedores, estos últimos tenían un plus. Además de la victoria, se habían quedado con los elementos de prestigio de los perdedores.

Por tanto, hemos de entender el mudéjar en esa relación de dominación y fascinación que los reyes cristianos tenían hacia los sultanes musulmanes. Una fascinación que no solo cuajó por la conquista de las ciudades islámicas y, con ello, la adquisición de una serie de edificios destacados, sino también por toda la producción de las llamadas artes menores que desde el mundo islámico llegaban a los reinos cristianos de la península ibérica desde el siglo X y, de ahí, seguían viaje al resto de Europa.

En particular, hubo dos tipos de objetos que tuvieron gran predicamento. Por un lado, los botes y arquetas en marfil o metales preciosos. Por otro lado, los textiles, sobre todo de seda.

Un ejemplo de recipientes es el bote de Zamora, en marfil, que formó parte del tesoro de la catedral zamorana hasta su adquisición por parte del Museo Arqueológico Nacional de Madrid en 1911, tras una encendida polémica que llegó al Congreso de los Diputados ante el temor de que el bote saliese de España. En la base de la tapadera hay una inscripción en caracteres árabes que dice «La bendición de Dios al Imam, esclavo de Dios, al Hakam al Mustansir bi'llah el príncipe de los creyentes. De lo que se ha ordenado fabricar para la madre del príncipe Abd el Rahman, bajo la dirección de Durri As Saghir, en el año 356 Hégira». Es decir, que el bote fue realizado por solicitud del califa al Haken II para su favorita Subh, todo supervisado por el tesorero Durri as Saghir en el año 964.

Fabricado, por tanto, durante el periodo omeya, en la decoración se entremezclan los motivos vegetales con la representación de animales —pavos, gacelas, pájaros—. No hemos de olvidar que estos omeyas cordobeses eran herederos de los omeyas de Damasco que no rehuían el arte figurativo, como vimos en el capítulo seis.

Aunque, tal como acabamos de señalar, es una obra del 964, posiblemente no llegó a Zamora hasta la toma de Córdoba por Fernando III en 1236. Lo que sí sabemos es que la primera vez que aparece inventariado es en 1367, dos años antes de la muerte de Pedro I.

Detengámonos en estas fechas. Algo fabricado a mediados del siglo X fue considerado lo suficientemente valioso o bello para ser entregado a la catedral zamorana a mediados del XIII o del XIV. Esto supone que el atractivo de este arte omeya fue más allá del momento de su creación, saltándose las modas, lo que puede hacer que los mudejarismos que hallemos en territorio cristiano no tengan necesariamente una relación cronológica evidente con el momento de producción de esa obra de arte.

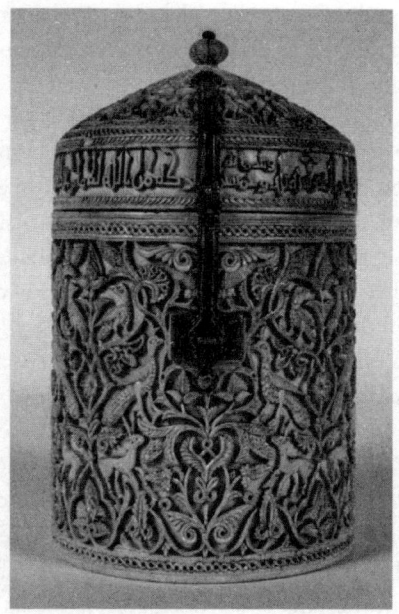

Bote de Zamora, de origen califal (siglo x).
Foto: Ángel Martínez Levas.

Lo mismo ocurre con el significado del objeto original. Pensemos en el bote de Zamora, ofrecido a la favorita del califa para que esta guardase sus joyas o sus perfumes, y que terminó convirtiéndose en un relicario de una catedral cristiana. Es cierto que cualquiera que hubiese leído la inscripción del bote entendería que se trataba de un regalo galante. Podemos pensar que los eclesiásticos de Zamora no entendían lo que decía allí y lo aceptaron sin más y sin ser conscientes de que era un objeto islámico. Pero en esos siglos XIII y XIV era habitual encontrar clérigos que supieran el árabe, de modo que los prelados zamoranos sabiendo el origen del bote, sencillamente, lo aceptaron por su belleza y le cambiaron el uso.

En gran medida, esa es la realidad de la mayor parte del arte mudéjar. Los cristianos lo asumieron por su valor o su belleza, no por su significado inicial.

Volvamos entonces con Pedro I, quien al ser coronado rey, encargó una serie de palacios reales siguiendo el gusto andalusí. El más grande y en el que residió con frecuencia fue el Real Alcázar de Sevilla. Aquí partía de los modelos que aún subsistían de la época abadí —el reino taifa de Sevilla— y almohade. Pero además, en ese 1350 el sultán Yusuf I llevaba varios años realizando una reforma general de la Alhambra de Granada.

Comenzó entonces un curioso viaje de artistas e ideas. Más allá de las novedades que estuvieran llegando de Granada, a partir de 1354 y una vez firmada la paz entre Pedro I y el nuevo sultán Muhammad V, se va construyendo esa amistad que hubo entre ellos, lo que hace posible que el monarca granadino enviase alguno de sus maestros a trabajar a Sevilla. Pero lo que sí sabemos es que cuando Muhammad V fue depuesto en 1359, buena parte de sus artistas dejaron Granada, se trasladaron a Sevilla y colaboraron activamente en los trabajos del Alcázar.

Cuando Muhammad V recuperó su trono en 1361, esos artistas huidos regresaron a Granada y continuaron las obras en la Alhambra, incorporando algunas de las ideas que habían desarrollado en Sevilla. Con lo que tenemos un singular círculo de influencias: la Alhambra fue el modelo para el Alcázar hasta 1359 y el Alcázar sirvió en parte como modelo para la Alhambra a partir de 1361.

Pero junto al Real Alcázar de Sevilla, Pedro I hizo levantar otros tres palacios reales: el alcázar de Carmona, del que solo queda el recinto fortificado; el palacio de Tordesillas, concebido como residencia de María de Padilla, la favorita de Pedro I y que más tarde fue reconvertido en convento de clarisas; y el palacio de Astudillo, el más humilde de los cuatro, un sector del cual también fue aprovechado para un convento de clarisas, aunque la mayor parte quedó en ruinas.

En el caso de Tordesillas, aunque pudo haber algún edificio previo de los tiempos de Alfonso XI —quizás la capilla dorada, ya mudéjar—, la obra conservada es la que inició Pedro I a partir de 1354, cuando ya está trabajando en Sevilla y con maestros que pudieron venir desde allí.

De partida, estamos ante una construcción en la tradición andalusí. El ingreso es por un ángulo del palacio donde encontramos una fachada monumental con dos cuerpos. El cuerpo inferior tiene una puerta con un arco recto con las dovelas dentadas. El superior tiene un ajimez —un ventanal con celosía— de arcos polilobulados coronado por un paño de sebka —ese entrelazado decorativo romboidal—. Toda esta portada es de buen sillar, demostrando cómo el mudéjar puede hacerse en piedra.

Tras pasar el vestíbulo, compuesto por cuatro arcos de descarga polilobulados que sostenían una cúpula —la que hoy se ve ya es del siglo XV—, se accedía al patio del vergel, actual claustro del convento. En las excavaciones arqueológicas realizadas a partir de 1988, en los extremos este y oeste del patio se encontraron los cimientos de lo que podían haber sido unos templetes que recordarían a los que años después, en 1377, se levantaron en el Patio de los Leones de la Alhambra, en ese viaje de ida vuelta entre la corte de Muhammad V y Pedro I del que hablábamos antes.

Por el ángulo suroeste del claustro se accedía a un nuevo patio porticado, con unos pórticos configurados por arcos de herradura en dos de sus lados y arcos polilobulados en los otros dos, y con las enjutas de todos esos arcos decoradas con atauriques —yeserías.

Desde este patio se accedía a la Capilla Dorada, que decíamos antes que podía ser la única obra que subsistiese de la edificación previa de Alfonso XI. En un palacio islámico, esta estancia cubierta por una cúpula —quba— podría haber sido una de las salas de recepción más nobles del conjunto. Pero siendo un palacio cristiano, debió utilizarse como el oratorio para el rey y María de Padilla.

El palacio se completaba con unos baños que contaban con sus salas fría, templada y caliente, en la tradición del hamán islámico —derivada, a su vez, de las termas romanas—, unos baños que aún se conservan.

Llegados aquí hemos de preguntarnos por las razones de Pedro I para construir esta serie de palacios.

Sus predecesores, incluido su padre, ya habían tomado elementos del arte andalusí y lo habían incluido en sus construcciones: algunos motivos decorativos, la forma de unos vanos, pequeños guiños en los que mostraban su aprecio por el arte de sus enemigos.

Pero Pedro I se hizo construir cuatro palacios copiando de forma literal las residencias de gobierno de los musulmanes.

Ya hemos señalado antes que monarcas como Alfonso VI o Alfonso VII quisieron presentarse como reyes de cristianos y musulmanes. Quizás Pedro I volvía a retomar esa idea, más aún ante la debilidad de su corona con ese enfrentamiento constante contra sus hermanastros Trastámara, que además lograron el apoyo del rey de Francia. Acaso Pedro I con este gesto quería demostrar que era más que un simple rey de cristianos como Juan II de Francia.

También se ha planteado la posibilidad de que en ese empeño de afianzar su corona apostase por un gobierno autoritario, similar al que disfrutaban los sultanes andalusíes, algo que decidió exteriorizar a través de estos espacios de poder.

Pero de lo que no hay duda es de que Pedro I sentía una manifiesta atracción por la cultura andalusí, algo que hemos visto que merodeaba entre otros muchos cristianos, como los eclesiásticos de Zamora que recibieron encantados el bote de la favorita del califa al Hakem.

Ahora bien, ese gusto por lo andalusí de Pedro I había de convertirse en una constante y ese arte mudéjar dejó una profunda huella en el arte cristiano hispano de los siguientes siglos.

Volviendo a Tordesillas, María de Padilla murió en 1361, posiblemente víctima de la peste. Al año siguiente, moría su hijo, el

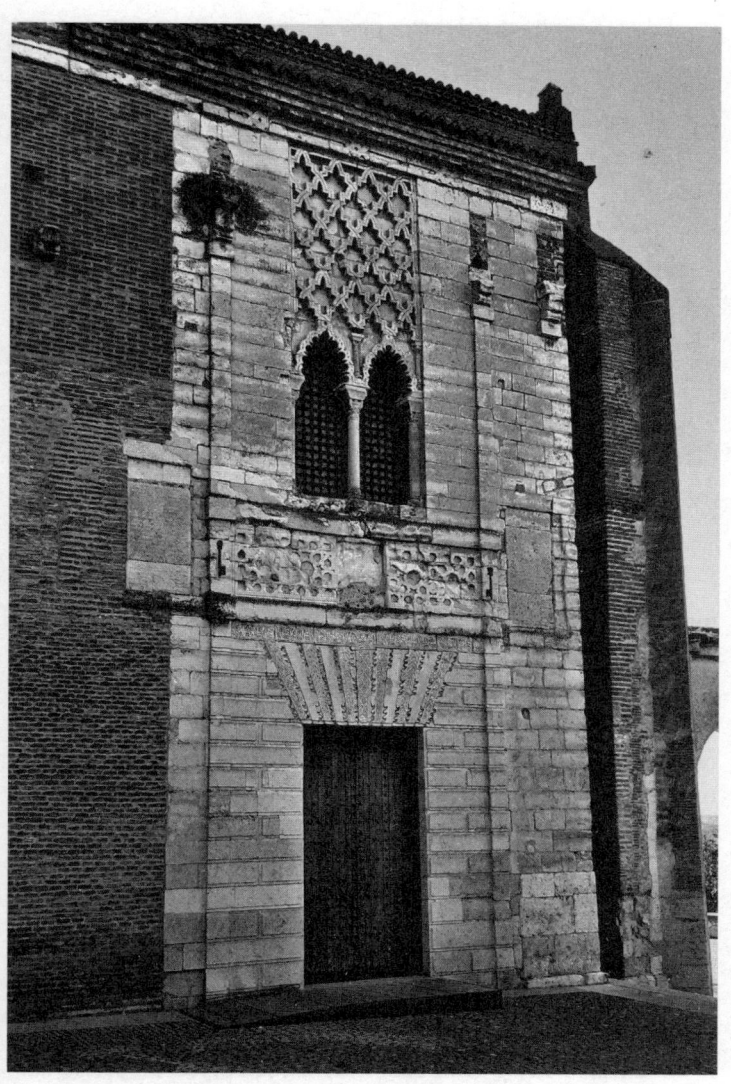

Fachada del palacio de Pedro I en Tordesillas, Valladolid, hoy convento
de Santa Clara (siglo XIV). Foto: archivo del autor.

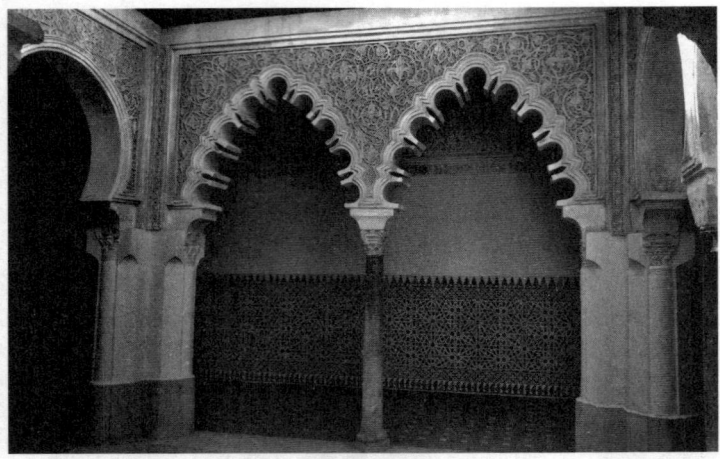

Patio de la Capilla Dorada en el palacio de Pedro I en Tordesillas, Valladolid (siglo XIV). Foto: archivo del autor.

infante Alfonso, de solo un año de edad. Pedro I decidió entonces convertir el palacio de Tordesillas en un convento donde las monjas rezarán por las almas de los difuntos y por él mismo.

En el momento que el palacio devino en cenobio, hubo que reacondicionar todos los espacios e incorporar nuevos motivos de ornato, más propios para una comunidad de monjas. Así, el vestíbulo dejó de funcionar como tal —la entrada se ubicó en otro punto— y se convirtió en capilla, y bajo los arcos de descarga polilobulados se pintaron imágenes religiosas como una Anunciación, una Magdalena o al apóstol Santiago. Podríamos pensar que, sencillamente, acondicionaron lo que había sin más.

Pero es que cuando se construyó la iglesia, de una sola nave cubierta por bóvedas de crucería ojivales, en el presbiterio de finales del siglo XIV o comienzos del XV, se colocó un artesonado mudéjar de cinco paños, soportado sobre un arrocabe —o friso— ornamentando por cuarenta y tres nichos bajo mocárabes, donde están pintados una serie de personajes cristianos, incluidos Jesús, la Virgen o san Juan.

Lo mudéjar había quedado como una moda de larga duración, una forma autóctona de hacer arte, y podía servir para el ámbito cristiano, ya sin todo el significado que los monarcas hubieran querido darle.

Pero en ningún caso el mudéjar quedaría como un ejemplo de resistencia de los musulmanes que de esta manera algo críptica mantenían parte de su cultura. No se dio lo que hemos denominado como la paradoja del alarife pícaro, que era capaz de convencer a sus clientes para ofrecerles un producto que, en realidad, ocultaba las verdaderas intenciones del artista. Primero, porque ya hemos señalado que el arte mudéjar podía estar hecho o no por musulmanes. Pero, sobre todo, porque para los maestros de obras de Tordesillas y las monjas de ese convento, mantener el gusto mudéjar era continuar las formas que había establecido su fundador Pedro I, aunque sin la carga política que el monarca pudo tener en mente. Una vez más, se trató de una moda que resultó exitosa porque gustaba y la querían los comitentes.

Los gremios de la Baja Edad Media

Hemos mencionado cómo el rey Alfonso XI, pero también María de Padilla, murieron por la peste.

La peste negra había llegado a las costas del Mediterráneo oriental en 1347, provocando sucesivas oleadas que diezmaron a la población. Entre el 30 y el 60 por ciento de los habitantes de Europa murieron por esta enfermedad.

Junto al drama humano y la crisis económica que supuso tan alta mortalidad, hubo otra pérdida destacada: la de una memoria colectiva con todas sus formas de saber hacer.

Hemos ido viendo a lo largo de estas páginas cómo la principal manera que tenían los artistas de formarse era o bien integrados en un taller, o bien moviéndose de una obra a otra, de un mercado a otro.

Pero es que no solo se movía el aprendiz que quería educarse. También los maestros que querían ofrecer sus servicios. Lo comprobamos con los escultores que viajaron entre Toulouse y Compostela a comienzos del siglo XII o en el caso del maestro de Naumburgo a mediados del XIII.

Cómo saber quién estaba dotado para ciertas funciones, quién venía con ánimo para seguir mejorando, quién contaba con una buena recomendación. Para ello tenían la memoria colectiva. Esa información que se había ido construyendo durante décadas y siglos, y que pasaba boca a boca. En esas ciudades que hemos visto permanecer desde el fin del Imperio romano en el mundo mediterráneo y luego crecer de forma notable, y en el resto de Europa a partir del siglo XII, la gente se conocía e identificaba a los maestros de cada arte. Los comerciantes que transitaban de un lugar a otro, pero también las embajadas políticas y religiosas, servían para ir contando qué se hacía en cada lugar y quién lo hacía. Se trataba de un conocimiento disperso que, sin embargo, había permitido progresar al mundo medieval.

Todo este sistema se vino abajo con la peste negra, porque la pequeña porción de memoria que tenía cada habitante de Eurasia y que configuraba esa gran memoria colectiva se vio reducida a la mitad o incluso más.

Pensemos en nuestro mundo contemporáneo y qué pasaría si en menos de una década perdiésemos la mitad del conocimiento social que poseemos: el quién es quién y, sobre todo, quién sabe hacer qué. Eso ocurrió tras 1347 y se buscaron soluciones para paliar una pérdida tal.

El resultado fue la institucionalización del saber a partir de la segunda mitad del siglo XIV. En el terreno del arte, de las artes y los oficios en general esto quedó plasmado en el sistema de los gremios.

Ya hemos tenido ocasión de comentar cómo los artistas medievales podían ser conocidos si lograban éxito en el mercado del arte, incluso alcanzaban posiciones socialmente elevadas. Y en gran medida, el desconocimiento de sus nombres se debe más a que el papel no había llegado aún a Europa para poder emplearlo en firmar contratos, pero además dichos contratos escritos tampoco fueron moneda común. Hasta esta segunda mitad del siglo XIV bastaban los acuerdos verbales.

Antes de 1347 ya existían corporaciones profesionales que podían garantizar la formación de sus miembros. En la Alta Edad Media, en algunas ciudades italianas, existían las ministerias: asociaciones que podían reunir a los artesanos de un determinado ramo —mercaderes, zapateros, pescadores—. Contamos con poca información sobre ellas y solían tener un carácter intermitente. Para finales del siglo XII ya están los mercaderes del agua de París defendiendo sus intereses comunes. En 1211, encontramos el gremio de canteros y albañiles de Barcelona.

Un momento clave fue cuando en 1268, el preboste de París, Étienne Boileau, publicó el *Libro de los oficios*, en donde establecía cómo habían de organizarse los diferentes tipos de artesanos. Así, por ejemplo, los orfebres estaban agrupados con los escultores; mientras en otro grupo quedaban los herreros, armeros y herradores; y en un tercer grupo toda la construcción, desde el maestro de obras a los albañiles, los canteros o los carpinteros.

Además, estas corporaciones habían de garantizar la formación de sus miembros con un sistema de maestros y aprendices.

Pero este sistema en apariencia cerrado solo funcionaba en algunas ciudades y, una vez más, de forma episódica. Solo cuando los miembros de la corporación actuaban en conjunto eran capaces de hacer valer sus privilegios, pues como hemos tenido ocasión de ver con algunos de los artistas que hemos estudiado, los límites entre profesiones no eran tan evidentes y un escultor podía ejercer de maestro de obras, además de que los artistas se desplazaban con relativa libertad, pudiendo sortear en muchos casos las limitaciones de estos incipientes gremios.

Todo cambió, como venimos señalando, con la peste negra de 1347. La pérdida de esa memoria colectiva exigía la necesidad de empezar a registrar por escrito todo lo que previamente se hacía de forma verbal, como los contratos entre el maestro y su aprendiz, las condiciones para ser reconocido como oficial de una profesión o quién podía ejercer qué arte y en dónde. Ya señalamos que el papel llegó a Europa gracias a los musulmanes que lo llevaron, primero, a la península ibérica en el siglo XI, para después empezar a fabricarse en Sicilia y avanzar por toda Italia hasta popularizarse por el resto de Europa ya en el siglo XIV. La presencia de ese papel permitió aumentar la cantidad de artistas conocidos al haber más contratos escritos que antes. Pero es tras 1347 cuando el papel se convierte en indispensable en este nuevo sistema de reglamentación de la enseñanza de un oficio y de quiénes eran las personas autorizadas para ejercerlo. Hasta el punto de que si antes del papel tenemos pocos nombres de artistas y, por lo general, solo son conocidos los que fueron bendecidos por el éxito en su quehacer; desde la segunda mitad del XIV tendremos muchísimos más nombres, incluyendo aquellos que se mencionen brevemente y cuya obra puede ser menor, pero cuyo nombre se conoce porque había papel.

En el momento que comenzó el colapso demográfico fruto de la peste negra, los príncipes de la época trataron de poner en marcha medidas de emergencia que garantizasen la continuidad de la producción artesanal y comercial.

En 1349, en Inglaterra, Eduardo III decretó la *Ordenanza de los trabajadores*, que el parlamento aprobaría al crear el *Estatuto de los trabajadores* en 1351. Ese mismo año, en Francia, Juan II promulgó la *Gran ordenanza*. Y también en 1351 fue cuando Pedro I convocó a las cortes en Valladolid, que sancionaron el *Ordenamiento de menestrales*.

Todas estas leyes perseguían los mismos objetivos. Ante la falta de mano de obra, por la gran mortandad y la consiguiente subida de salarios, se establecieron una serie de principios comunes. Primero, la persecución de la vagancia y la mendicidad para que cualquier persona útil trabajase. Segundo, el tope a los precios y salarios, para evitar un excesivo aumento de los unos y los otros. Tercero, la libertad para trabajar. Cualquier restricción que esos primitivos gremios pudieran poner se eliminaba.

Pero lejos de afectar a los gremios, estos salieron reforzados tras un primer momento de debilidad. En esencia, a través de los sistemas de formación. Dado que cualquiera debía trabajar, había que garantizar que fuera capaz de hacerlo, por lo que el modelo de aprendiz-oficial-maestro que antes era bastante laxo, ahora se convirtió en un sistema tremendamente rígido. Además, el control de precios y salarios que trató de llevarse a cabo mediante oficiales reales, con rapidez volvió a las manos de los gremios, que así tuvieron otra importante herramienta de control del oficio.

Hemos de pensar que este sistema de gremios establecido ya de forma contundente tras la peste negra sobreviviría hasta las revoluciones liberales de finales del siglo XVIII y XIX. Cualquier repaso a la legislación gremial nos permite ver cómo hay muchas más ordenanzas en los siglos XVII o XVIII que en la Edad Media, pese a que los gremios suelen ser vistos como una institución eminentemente medieval. De ahí que, a la hora de estudiar la producción artística de la Edad Moderna, será importante tener en cuenta las limitaciones que esos gremios imponían a los artistas, algo que prácticamente no ocurrió en la época anterior.

Un ejemplo de artista agremiado en este sistema reforzado lo tenemos con Claus Sluter. En 1379 se registró como cantero en el gremio correspondiente de Bruselas. Sluter había nacido en Haarlem, en los Países Bajos, hacia 1355. Es posible que antes de llegar a Bruselas trabajase hacia 1375 en el castillo de Vincennes, a las afueras de París. Allí pudo tallar las consolas de la bóveda de la entrada a la torre de Village.

El castillo de Vincennes fue construido entre 1337 y 1380, como una residencia fortificada donde los reyes de Francia pudieran refugiarse en caso de correr riesgo su vida. Pensemos que, en esos momentos, había comenzado ya la guerra de los Cien Años.

De partida, se levantó la gran torre del homenaje, el donjon, con su propia muralla y foso. Pero entre 1372 y 1380 se edificó una segunda muralla que incluía además del donjon, un viejo pabellón de caza del rey san Luis. El resultado fue un recinto fortificado de seis hectáreas, con nueve torres a lo largo de esa segunda muralla, siendo la principal la situada más al norte —la de Village—, que miraba al pueblo de Vincennes y donde trabajó Sluter.

Si hemos visto antes cómo las torres urbanas de los siglos XIII y XIV se engalanaban con motivos poliorcéticos, como los matacanes corridos, en el castillo de Vincennes, concebido en principio como una fortificación militar, se incorporaron elementos más propios de las residencias palaciegas.

Así, al donjon de planta cuadrada, que estaba reforzado por cuatro torres en cada uno de sus ángulos, se le añadió una quinta torre donde colocar las letrinas, una por cada planta.

Además, para circular entre los diferentes pisos del donjon, se habilitaron dos escaleras. Una amplia, para la corte; y una segunda, más estrecha, para el servicio. Cada uno de esos pisos contaba con su propia chimenea para pasar los fríos inviernos.

Es cierto que el grado de confort de Vincennes no es comparable con el del palacio de Pedro I en Tordesillas, contemporáneo de este castillo francés, pero hemos de pensar que, en estos tiempos y hasta el siglo XVIII, el nivel de desarrollo general era menor en el noroccidente de Europa, incluida Francia, que en el área mediterránea.

El rey Carlos V, que fue quien dirigió la mayor parte de la construcción, además se hizo habilitar un despacho sobre el castillete que daba acceso al donjon, lo que le permitía estar aislado para concentrarse en su trabajo, pero en un punto desde donde podía contemplar toda la extensión del castillo cuando quisiera pasar un momento de relax. A la vuelta de un siglo, los nobles se harían construir villas extraurbanas donde pasar sus momentos de solaz. Carlos V aún no pudo tomarse la libertad de hacerse construir una villa, sino un verdadero castillo, dada la inseguridad del momento. Pero recordemos que entonces también los papas estaban construyendo su gran fortaleza de Aviñón, temerosos de la inestabilidad de su puesto.

Hemos mencionado antes que cuando se construyó el castillo de Vincennes ya había comenzado la guerra de los Cien Años.

Pero además, Carlos V en 1358 —cuando aún era regente en nombre de su padre, Juan II, prisionero en Londres—, hubo de hacer frente a la revuelta de los parisinos encabezada por Étienne Marcel, preboste de la ciudad. Unos tumultos que provocaron la muerte de dos hombres del rey en el mismo palacio de la Cité, donde está la Santa Capilla, y frente al regente.

Después de esos acontecimientos, fue cuando Carlos V tomó la decisión de ampliar el donjon de Vincennes con esa segunda gran muralla, de modo que pudiera llevarse su corte con él fuera de París.

Tres siglos después, el rey niño Luis XIV también residió en Vincennes, mientras parte de sus súbditos se insubordinaban en el movimiento de la Fronda. Hemos de preguntarnos si esa estancia en Vincennes y el ejemplo de su antepasado Carlos V no fueron las razones que animaron a Luis XIV a hacer construir Versalles, un lugar fuera de París y sus motines, donde ir a vivir con su corte.

Claus Sluter, después de trabajar en Vincennes se instaló en Bruselas, entrando al servicio del duque de Borgoña, Felipe el Atrevido, hermano de Carlos V. Para ese momento, el ducado de Borgoña ya era la suma de una serie de territorios inconexos que se repartían por los actuales Países Bajos, noreste de Francia, Bélgica, Luxemburgo y la zona fronteriza entre Francia y Alemania.

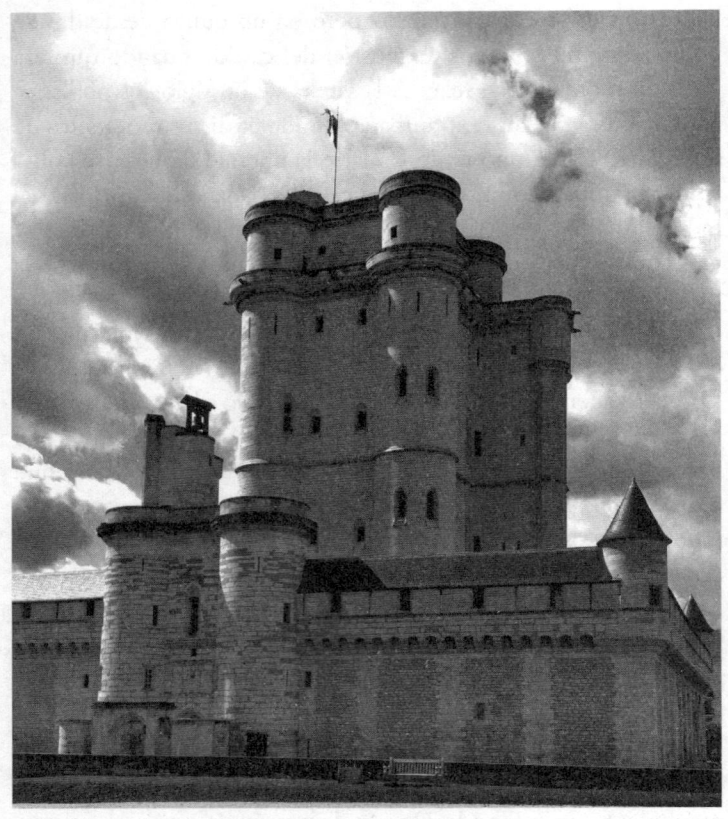

El donjon del castillo de Vincennes, Île-de-France (siglo XIV).
Foto: archivo del autor.

La parte más rica era la ribereña con el mar del Norte, donde había una serie de ciudades —Brujas, Amberes…— que controlaban el comercio entre el Báltico, el mar del Norte y podían llegar hasta el Mediterráneo. Es cierto que aún faltaba para el momento de mayor auge de los Países Bajos, que sería en el siglo XVII, pero ya para finales del XIV, los duques de Borgoña podían aprovechar el dinamismo de sus ciudades para establecer una corte fastuosa. Un punto este, el de la fastuosidad, en el que insistieron ante su imposibilidad de ser reyes, puesto que eran vasallos de los reyes de Francia por sus posesiones occidentales, y de los emperadores, por sus posesiones orientales.

Sluter encontró así en Felipe el Atrevido un cliente ávido de novedades y buen arte, que le hizo pasar de Bruselas —la capital borgoñona en los Países Bajos— a Dijon, sede de la corte del duque en la propia Borgoña.

A las afueras de Dijon, Felipe el Atrevido había fundado el monasterio cartujo de Champmol, que había de convertirse en el panteón ducal. Claus Sluter estuvo a cargo de la fachada de la capilla, la tumba del propio duque y el llamado pozo de Moisés.

En la fachada de la capilla, en las jambas de la entrada, Sluter incluyó las estatuas arrodilladas rezando del duque y su esposa, Margarita de Flandes. Dos retratos que fueron considerados muy realistas en su época, pues el artista no tuvo inconveniente en incluir los defectos de los representados.

La ubicación de las estatuas en el derrame de la puerta, donde habitualmente solemos encontrar a los apóstoles o los profetas, y retratados con gran realismo, no dejaba dudas de la intención del duque de Borgoña de mostrar que aquella era su obra para la gloria de su casa.

Una vez más, el realismo llegaba cuando el cliente lo consideraba absolutamente necesario.

Claus Sluter murió en 1406. Pero ya estaba bastante enfermo dos años antes, de modo que en su último trabajo, el pozo de Moisés, hubo de contar con el apoyo de su sobrino, Claus de Werve, además de su fiel colaborador Jean Malouel, que había sido el encargado desde años atrás de la policromía de las esculturas de Sluter —como la mayor parte de la escultura medieval, estas también estaban pintadas—.

El pozo de Moisés era en realidad un gran calvario del que solo subsiste la base, ese pozo. De planta hexagonal, en cada una de las caras está esculpido un profeta, enmarcado entre columnillas rematadas por capiteles florales; columnillas que también podemos encontrar empleadas en la arquitectura de la época, por ejemplo, enmarcando las ventanas de las torres de la muralla de Vincennes.

Los profetas están esculpidos de forma muy naturalista. Los rasgos de sus rostros son muy realistas, así como los pliegues de sus vestiduras. Casi todas ellas estaban pintadas de azul con motivos dorados, los colores de los reyes Valois, pero también de los duques de Borgoña, porque Felipe el Atrevido era el hijo del rey Juan II, el hermano del rey Carlos V y el tío y regente del rey Carlos VI. De modo que no tenía inconveniente en apelar a esos colores reales en sus esculturas para no dejar duda alguna de su ascendencia y, en cierta medida, de su control sobre el trono francés.

Insistamos en esta idea. Los elementos que Sluter empleaba en sus esculturas eran fácilmente reconocibles por sus contemporáneos. No es solo que las estatuas de Felipe y Matilde se parecieran a los duques. Es que los elementos arquitectónicos que enmarcaban las figuras eran los propios de la época y los colores de las vestiduras también.

Cuando Sluter estaba haciendo el pozo de Moisés, en 1401, Brunelleschi competía contra Ghiberti por esculpir las puertas del baptisterio de la catedral de Florencia. Ganó Ghiberti, con una propuesta muy naturalista. En eso no difería de lo que Sluter estaba haciendo en Champmol. Pero Ghiberti no quiso imitar la realidad que le rodeaba, sino que se puso a imitar el naturalismo propio del Imperio romano, aquel que había ido abandonándose a lo largo del siglo IV para evitar la idolatría. Esa fue la verdadera revolución de los florentinos de comienzos del siglo XV. Volvieron sus ojos al Imperio romano clásico y no lo hicieron por la necesidad de recuperar un realismo que ya se había dado en el arte medieval desde el siglo XIII, sino por el empeño político de apelar a ese imperio como la seña de identidad que había de distinguir a los florentinos —y a la larga a los italianos— de esos bárbaros de allende de los Alpes, los imperiales, donde, sin embargo, había artistas con la sensibilidad de Claus Sluter.

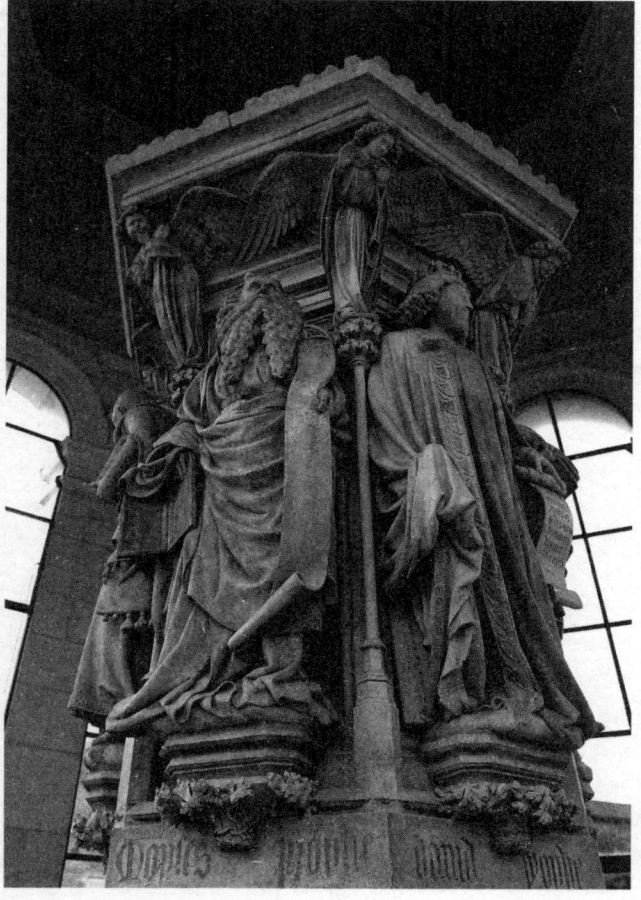

El pozo de Moisés en el claustro del monasterio de Champmol, Borgoña (siglo XIV). Foto: Ponyterr.

Capítulo 14
ENTRE EL GÓTICO
Y EL RENACIMIENTO

Felipe el Atrevido murió en abril de 1404. Le sucedió como duque de Borgoña su hijo Juan sin Miedo. En ese entonces reinaba en Francia Carlos VI, primo de Juan sin Miedo. Carlos VI se hallaba afectado de ataques de locura desde 1392. Aunque Juan sin Miedo fue llamado a apoyar al rey, la regencia estaba en manos de Luis de Orleans, hermano de Carlos VI. Decidido a controlar al monarca, Juan sin Miedo hizo asesinar a Luis de Orleans en 1407 y quedó como dueño de París hasta 1414, cuando los partidarios del fallecido Luis de Orleans, los Armañacs, lograron recuperar la regencia de Francia.

Aprovechando su dominio de París, Juan sin Miedo se hizo construir un gran torreón urbano junto al palacio de Artois. Este palacio ya había sido reformado por Felipe el Atrevido para ser su residencia en la capital. El edificio estaba apoyado contra la cara externa de la muralla de Felipe Augusto, que ya había sido totalmente sobrepasada por la ciudad.

Juan sin Miedo, como decimos, añadió un gran torreón al palacio de su padre, un torreón más alto que la propia muralla y que había de servir como escalera para el palacio ducal, pero en donde, en su parte superior habilitó una serie de estancias que se convirtieron en un elevado balcón sobre París, como muestra del dominio que el duque de Borgoña tenía sobre la ciudad.

Actualmente, solo sobrevive esa torre de escalera que añadió Juan sin Miedo —*la tour de Jean sans Peur*—. Se trata de una elevadísima estructura sobre dos colosales pilares que soportan una bóveda ojival. En el pilar norte se alberga la escalera que daba acceso tanto al palacio ducal, como a los dos pisos superiores. En el pilar sur se habilitó un acceso directo al adarve de la muralla, por si el duque necesitase salir de improviso.

En el último tramo de esta escalera, antes de acceder a esos dos últimos pisos, hay una singular bóveda de crucería donde los nervios han sido esculpidos como ramas de roble en las que se enredan otras ramas de espino, y las que, a su vez, se enredan otras ramas, pero de lúpulo.

El roble era el símbolo de Felipe el Atrevido y el espino de su esposa Margarita de Flandes. De la unión de estos dos nació Juan

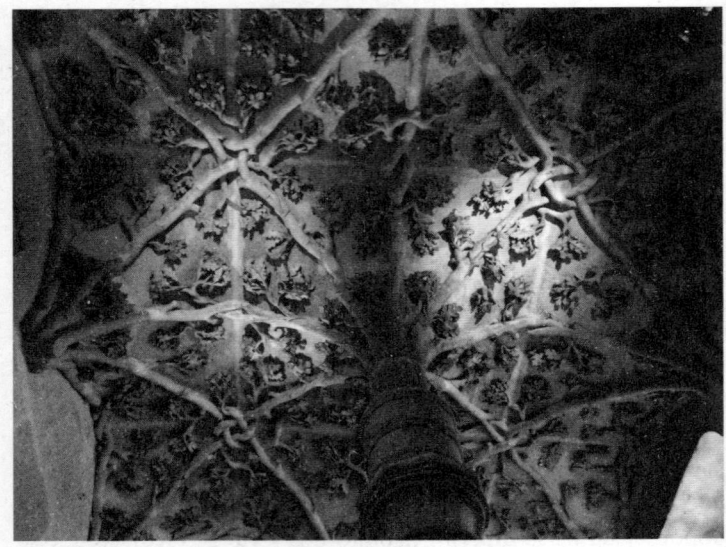

Bóveda de la escalera de la torre de Juan sin Miedo, París (siglo xv).
Foto: Chaoborus.

sin Miedo, representado por el lúpulo, pero también por el roble, pues adoptó el emblema de su padre.

La simbología debía ser evidente para los visitantes de la torre. Pero además la forma de trazarla es también interesante. Las ramas de roble son los nervios de la bóveda, los que ayudan a mantenerla. La casa de Borgoña se convierte así, a través de dichas ramas, en el armazón de esa torre que vigila París. De esta forma, la estructura arquitectónica no es el soporte para los símbolos, es el símbolo en sí misma.

En cuanto a los dos últimos pisos, reunían las mejores comodidades de la época para el norte de Europa, con una chimenea por planta y detrás se habilitaron sendas letrinas, para el confort de los que tenían que ir al baño en invierno.

Juan sin Miedo fue asesinado en 1419, cuando parecía que iban a acabar sus diferencias con los Armañacs ante el avance de los ingleses sobre París, en una nueva fase de la guerra de los Cien Años. Felipe el Bueno, hijo de Juan sin Miedo, decidió apoyar a los invasores para vengar la muerte de su padre.

En 1420, Carlos VI de Francia firmó el tratado de Troyes, declarando ilegítimo a su hijo, el futuro Carlos VII, y nombrando como su heredero al rey de Inglaterra Enrique V, que habría además de convertirse en su yerno.

Enrique V y Carlos VI murieron en 1422 —el inglés en el castillo de Vincennes que veíamos antes—. Francia quedó partida entre los partidarios de Enrique VI de Inglaterra, hijo de Enrique V, y Carlos VII. Felipe el Bueno ejerció de regente en Francia en nombre de Enrique VI, lo que aprovechó para reforzar el patrimonio borgoñón; algo que aún acrecentó más cuando volvió a cambiar de bando en 1435, favoreciendo claramente a sus ciudades en los Países Bajos, que aún adquirieron más preeminencia en el comercio por los mares septentrionales de Europa, del Cantábrico al Báltico. Como decíamos antes, este éxito económico es lo que permitió a los duques de Borgoña crear la corte más suntuosa de la Europa del siglo xv, marcando modas que eran imitadas por doquier.

Felipe el Bueno contó con el buen hacer de Giovanni di Arigo Arnolfini, mercader toscano que durante décadas le hizo llegar las más ricas telas —sobre todo, de seda y oro—, además de ser uno de sus más destacados banqueros.

Es de sobra conocido un cuadro del artista flamenco Jan van Eyck titulado *El matrimonio Arnolfini*, pintado en 1434. Posiblemente el Arnolfini que aparece aquí junto a su esposa no sea Giovanni di Arigo, sino su primo Giovanni di Nicolao y la dama por tanto sería la esposa de este segundo, Costanza Trenta, que había fallecido al dar a luz. El cuadro sería entonces un homenaje del viudo a la difunta cuando ya estaba embarazada.

Se trata de una obra de tamaño medio, 80 centímetros de alto por 60 de ancho, un óleo pintado sobre tabla. Ya hemos mencionado antes que el óleo era conocido desde el siglo xi, pero Van Eyck ideó una mejora al poner como aglutinante aceite de lino o de nuez, lo que hacía más resistente la pintura. El óleo permitía mayor detalle en el dibujo y con la solución técnica aportada por Van Eyck se fue volviendo cada vez más popular por toda Europa.

Van Eyck tenía necesidad de conseguir ese grado de detalle, dado el tipo de tema que estaba abordando, un retrato en el que el cliente deseaba que quedasen claros la mayor cantidad posible de pormenores.

Solo cuarenta años antes, Claus Sluter ya había esculpido los retratos de los duques de Borgoña en Champmol, buscando ese grado máximo de realismo.

De esta manera, volvemos a ver cómo la apuesta por el realismo nació del interés del cliente por tener una obra naturalista, para lo que se buscaba al artista más fino en ese terreno, algo que se volvió costumbre en las tierras borgoñonas.

La obra está firmada. No tiene nada de sorprendente, pues hemos ido viendo cómo los artistas orgullosos de su trabajo podían firmarlos. Sin embargo, en este caso, puede haber una razón más. Ya no solo es cuestión de reconocer la autoría, sino que Van Eyck se podía estar promocionando frente a futuros clientes.

Hemos de pensar que estamos ante un retrato doméstico privado, un tema que no era tan habitual, pero que se iba abriendo paso entre la burguesía enriquecida. Si algún colega de los Arnolfini, al verlo, deseaba algo parecido, no estaba de más que quedase claro quién había sido el autor.

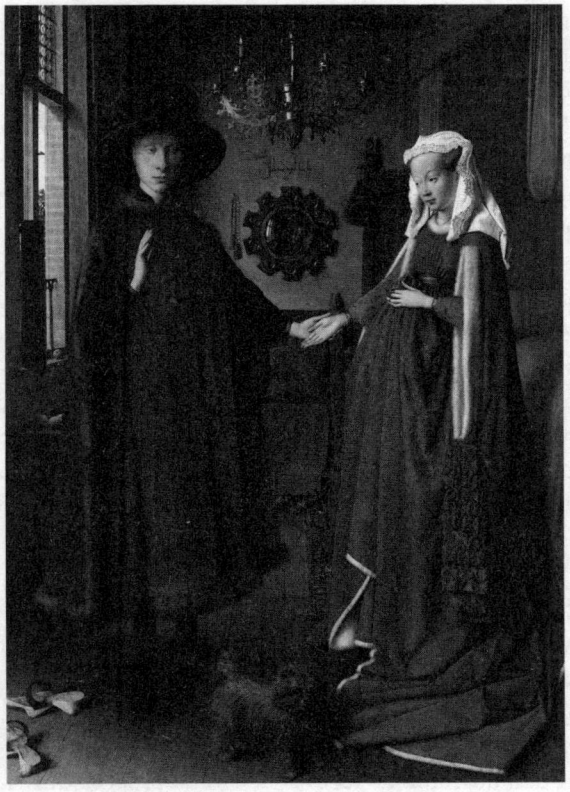

El matrimonio Arnolfini, de Jan van Eyck (1434).

Los espectaculares retablos medievales

Dos años antes de pintar el retrato de los Arnolfini, en 1432, Jan van Eyck había concluido el políptico de Gante, un retablo articulado que había comenzado su hermano Hubert años atrás — Hubert murió en 1426, de ahí que fuera Jan quien terminara el trabajo—.

El retablo está formado por veinticuatro tablas. La mayor parte del año permanecía cerrado. En ese momento, lo que se veía era una Anunciación, que tenía por encima a dos sibilas y dos profetas y, por debajo, a san Juan Bautista, san Juan Evangelista y los retratos de los donantes, Joos Vijdt y su esposa, Lysbette Borluut.

Al abrir el retablo, en la parte inferior quedaba la Adoración del Cordero místico, con el cordero situado en mitad de un paisaje arbolado, al que acuden a adorar numerosos grupos de personas. Por supuesto, están los mártires hombres a un lado y las mártires mujeres a otro, además de la Iglesia católica en general. También los ermitaños, los peregrinos, los caballeros de Cristo y los jueces justos. Aún hay dos grupos más, los paganos y los judíos. Pero estos de forma simbólica, como sabios que recibieron el mensaje de Dios, más allá de que no le sacaron todo el partido posible al no convertirse. En el caso de los judíos, hubo una primera expulsión de Flandes a mediados del XIII y las escasas comunidades hebreas que quedaron fueron definitivamente expulsadas a mediados del XIV. Los Países Bajos, especialmente los del norte, no se convirtieron en refugio para los judíos hasta avanzado el siglo XVI.

Por encima de la Adoración del Cordero, una Déesis —Cristo en Majestad con la Virgen y san Juan—, flanqueada por los ángeles cantores y músicos, lo que nos recuerda la importancia de la música en la liturgia cristiana; y, en los extremos, Adán y Eva, ocasión que aprovecharon los Van Eyck para representar la figura humana desnuda, aunque les quedó algo desproporcionada, prueba de que manejaban mejor los detalles que las proporciones.

Toda esta iconografía ya era plenamente conocida en estas primeras décadas del siglo XV. Había sido empleada desde la Antigüedad tardía y ya había pasado a formar parte del imaginario de la cristiandad latina. Lo interesante era la forma que los Van Eyck tuvieron de componer las historias, derrochando creatividad, más allá de cómo las resolvieron.

Porque los Van Eyck habían alcanzado un nivel muy alto en la pintura de detalles, sobre todo en los rostros o la joyería, pero no así, como acabamos de señalar, en las proporciones y la construcción del espacio. No ha de sorprendernos. Aunque la perspectiva cónica ya había sido establecida por Brunelleschi unos pocos años antes de que los Van Eyck empezaran el políptico de Gante, aún no se había popularizado, de modo que el espacio se seguía construyendo por superposición de planos y empequeñecimiento de las figuras más alejadas, dos sistemas que no siempre casaban. Pero esa falta de naturalismo tampoco preocupaba. Que el resultado fuera más o menos realista era lo de menos. Lo importante es que se entendiera el mensaje. Lo que buscaban los feligreses es que les contaran la historia de la adoración del cordero y quiénes estaban llamados a acudir.

Los retablos habían empezado a ser habituales en las iglesias de la cristiandad occidental desde el siglo XIII, decorando la pared del fondo del presbiterio contra la que se apoyaba el altar.

Con anterioridad, era posible encontrar altares más o menos decorados. Pensemos en el altar de San Ambrosio de Milán, obra del orfebre Vuolvinus —que dejó grabado su nombre—, de mediados del siglo IX. Pero en estos casos, lo que se hacía era enriquecer el ara con un afán de prestigio.

Porque la idea de ornamentar la pared del fondo del presbiterio tenía por objeto centrar la atención de los fieles en ese punto durante la celebración de la liturgia y aprovechar para transmitir un mensaje religioso. Hemos visto varios ejemplos en este ensayo de ábsides decorados con frescos o mosaicos que ya tenían esta idea.

Pero con el retablo se creaba un mueble que ofrecía la posibilidad de aumentar el número de imágenes vinculadas al mensaje a transmitir y que incluso podía cambiarse según las necesidades. Pensemos en el políptico de los Van Eyck, que se abría o cerraba según el calendario litúrgico.

De partida, lo que se buscaba era contar con un soporte más allá del altar donde colocar reliquias. Poco a poco, se empezaron a situar imágenes hasta que se buscó consolidar todo el conjunto en una estructura ya más arquitectónica y es entonces cuando empezamos a encontrar esos primeros retablos del siglo XIII. El ejemplo más señero en esta evolución es la Pala d'Oro en San Marcos de Venecia, que comenzó siendo un pequeño tablero con algunas imágenes —enmarcadas en un fino trabajo de orfebrería del siglo X— colocado sobre el altar, para convertirse a partir de 1209 en el gran retablo actual, ampliando esa estructura inicial con un ultimísimo añadido en 1342.

Para el siglo XIV, los retablos se habían convertido en gigantescas estructuras arquitectónicas que cubrían y, en muchos casos, se adaptaban a las paredes de los ábsides, tapando la decoración previa. Es importante entender que los grandes retablos también son la consecuencia de las formas de organización del trabajo gótico, con sus nuevas herramientas y con su especialización de mano de obra.

En el caso de los retablos, apareció la figura del entallador, que no solo era el encargado de la traza y montaje del retablo, sino el que coordinaba la actividad de los pintores y escultores que decoraban esa obra. Por supuesto, el entallador también podía ser uno de esos pintores y escultores.

El resultado de esos ábsides de altura elevada que se recubrían con los retablos fueron unas cavidades sagradas de grandes dimensiones. El valor de esa cavidad sagrada aún se puede apreciar hoy, cuando en la liturgia es fácil observar la diferencia entre el celebrante, una figura diminuta, frente a la totalidad del retablo. Una vez más, la idea era transmitir la sensación del espacio eclesiástico como parte de la inmensidad divina. Posiblemente, de todos los aportes que el arte medieval hizo al espacio litúrgico en la combinación de volúmenes, imágenes, la luz y la música, este de los retablos de los presbiterios es el único que de verdad permanece.

Siete años después de que Jan van Eyck concluyese el políptico de Gante, en 1439 se le encargó a Dello Delli el retablo para el ábside mayor de la catedral vieja de Salamanca. La obra sería concluida por los hermanos de Dello, Nicolás y Sansón, hacia 1446.

El de Salamanca es uno de los retablos más complejos de estos finales de la Edad Media. No solo la estructura se adaptó perfectamente a la bóveda de horno —de cuarto de esfera— del ábside, sino que el repertorio iconográfico alcanzó un número inusual de imágenes: setenta y cuatro desde la predela —la parte inferior del retablo, donde se apoya este— hasta el Juicio Final del remate.

En las tablas de Salamanca, como en las de Gante, lo importante era contar muchas historias. Aunque es cierto que sí hay diferencias en cómo las cuentan. Los hermanos Delli son menos naturalistas y con menos capacidad para dibujar los detalles que los Van Eyck; pero manejan mejor el espacio, generan mejores perspectivas, lo que no ha de sorprendernos considerando que los Delli son originarios de Florencia, donde recibieron su primera formación en el segundo cuarto del siglo XV —por tanto, con la perspectiva cónica de Brunelleschi ya conocida en los círculos artísticos florentinos—.

Pero el relato bíblico, en este caso la vida de María desde su nacimiento hasta su Dormición, incluyendo la vida y pasión de Jesús, sí sigue los parámetros que vimos en Gante en cuanto a acumular historias, personajes y paisajes en un interesante derroche de creatividad.

A la larga, con estos retablos que ya se venían haciendo desde el siglo XIV y que habrían de perdurar hasta mediados del XVI, la idea era ofrecer la historia más completa posible sobre el motivo teológico elegido, con el mayor número de tablas, prácticamente

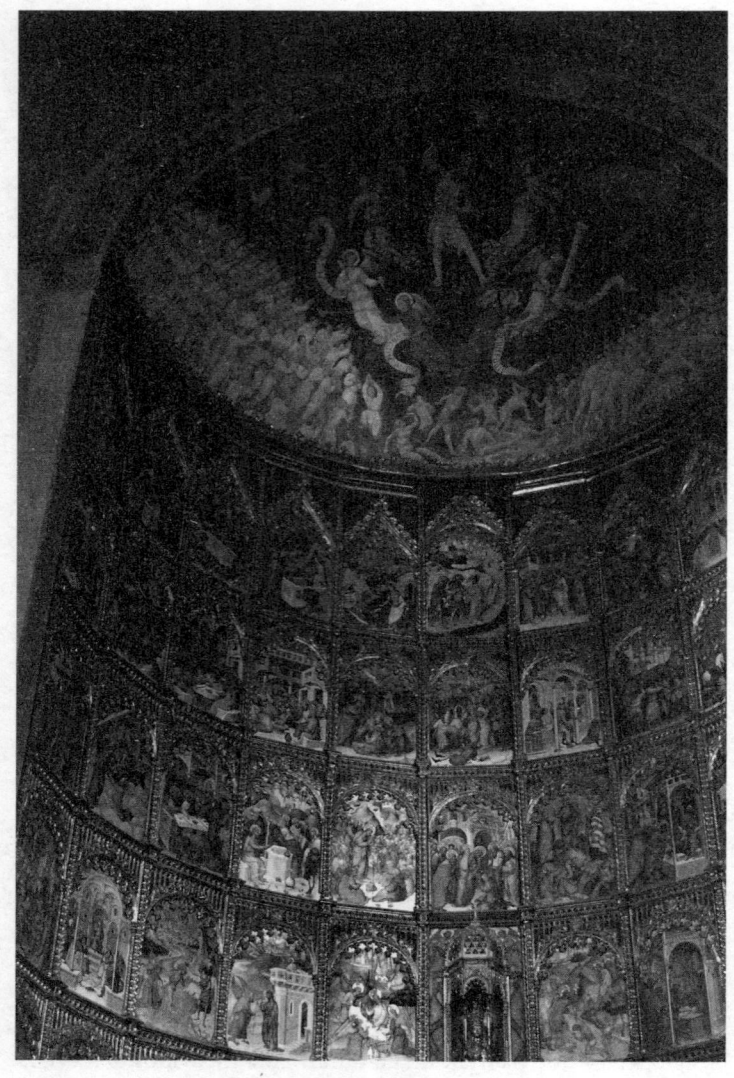

Retablo de la catedral vieja de Salamanca (siglo xv).
Foto: Conde negro.

entrando en una competición similar a la que veíamos en el siglo XIII por ver qué catedral alcanzaba mayor altura, pero aquí por ver qué iglesia ofrecía el retablo con más escenas.

Estos retablos de la Baja Edad Media en muchos casos fueron sustituidos por otros realizados ya en la Edad Moderna, en donde predominaban las esculturas y el número de escenas había disminuido de forma notable. Pensemos, por ejemplo, que el retablo mayor de la catedral de Burgos, de la segunda mitad del XVI, tiene unas treinta escenas —mayoritariamente, escultóricas—, menos de la mitad de las que vemos en Salamanca pese a que el retablo burgalés es diez metros más alto que el salmantino.

Posiblemente, el principal inconveniente de estos retablos bajomedievales es que en muchos casos la explicación teológica que quería transmitirse se perdía entre la abundancia de imágenes, que podían resultar ilegibles. Si hoy, con luz eléctrica y pudiendo emplear el macro de nuestras cámaras de fotos, a duras penas podemos distinguir todas las escenas de Salamanca, pensemos cuando se contemplaba en el siglo XV a ojo desnudo y muchas veces solo a la luz de las velas.

Brunelleschi

El 15 de abril de 1446, cuando los hermanos Delli habían de estar finalizando el retablo de Salamanca, murió en Florencia Filippo Brunelleschi. No pudo concluir el proyecto que estaba realizando en ese momento: la linterna de la cúpula de la catedral de Florencia, una cúpula que él mismo había construido entre 1420 y 1434.

Brunelleschi nació en Florencia en 1377, un año antes que su gran rival en el terreno artístico Lorenzo Ghiberti. Su padre, el notario Brunellesco di Filippo, se aseguró de que recibiera la mejor educación posible, sobre todo en matemáticas, por si en algún momento se inclinaba por la actividad comercial.

Pero Brunelleschi entró muy joven a aprender el oficio de orfebre en el taller de Benincasa Lotti, llegando a ser aceptado en el gremio de orfebrería en 1404.

Tres años antes, en 1401, como señalamos en el capítulo anterior, Brunelleschi se había presentado al concurso para la realización de las puertas de bronce del baptisterio de la catedral de Florencia. El tema era el sacrificio de Isaac. Brunelleschi presentó una obra propia de la época, con todos los personajes asociados al relato: Abraham, Isaac, el ángel, el carnero, el asno y los criados de Abraham que los habían acompañado hasta el lugar del sacrificio.

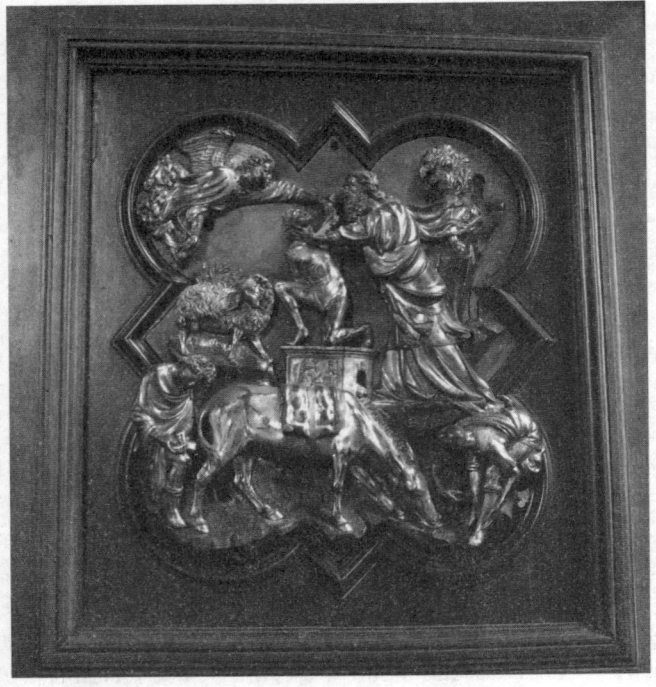

Propuesta de Brunelleschi para las puertas del baptisterio de la catedral de Florencia (siglo xv). Foto: Sailko.

Todo estaba contado con absoluta claridad. Incluso el momento en que Abraham iba a degollar a su hijo, Brunelleschi lo muestra con algo de crudeza, en una posición imposible para los seres humanos, pero que no dejaba ninguna duda al espectador de lo que estaba ocurriendo. Es decir, en esa línea didáctica propia de la iconografía medieval donde prima el relato sobre el naturalismo.

Por el contrario, Ghiberti, que también competía y que fue quien ganó, presentó un bronce con los mismos protagonistas, pero dispuestos de una forma más real. Sin forzar los cuerpos de los personajes, hay que mirar con detenimiento para identificar

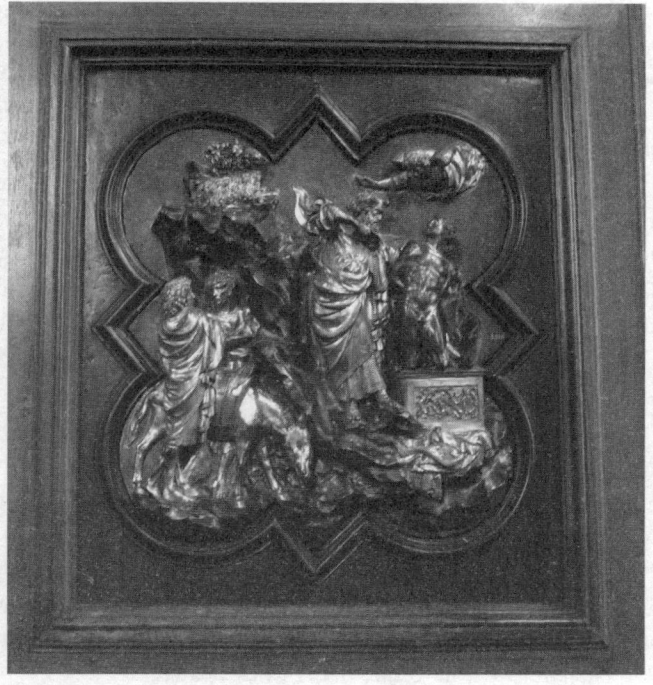

Propuesta de Ghiberti para las puertas del baptisterio de la catedral de Florencia (siglo xv). Foto: Richardfabi.

a cada cual. Por ejemplo, al ángel que detiene a Abraham y que se presenta en un escorzo atrevido saliendo del cuadro, o al carnero acurrucado en el roquedal. Es decir, Ghiberti primó la calidad estética de la obra sobre su didactismo, algo que queda acentuado en el caso de Isaac, que aparece representado como un efebo clásico.

Ghiberti estaba copiando soluciones que podía haber extraído directamente de la escultura romana imperial, quizás de algún sepulcro. Copiar esas obras de arte no era una novedad en 1400. Ya lo había hecho, y lo hemos visto anteriormente, Nicola Pisano ciento cincuenta años antes.

Pero cuando Pisano optó por esa forma de esculpir, no dejó de ser una libertad propia de artista. Lo que va a cambiar ahora con el bronce de Ghiberti es que, a partir de ese momento, los florentinos querrán practicar un arte que sea una réplica del Imperio romano.

El papa Gregorio XI había regresado desde Aviñón a Roma en 1377, precisamente para poner orden en los estados pontificios, que habían entrado en una coalición con Florencia para oponerse a la autoridad papal. Gregorio XI contaba con volver a Aviñón, mas en 1378 murió.

Los cardenales que se encontraban en ese momento en Roma eligieron como papa a Urbano VI. Pero los cardenales que aún permanecían en Aviñón nombraron por su parte a Clemente VII, considerado antipapa. En este caso, el rey de Francia, Carlos V, no pudo imponer su voluntad por la fuerza, pues desde 1377 volvía a estar en guerra contra los ingleses.

La situación se complicó aún más cuando en 1409 un grupo de cardenales venidos tanto de Roma como de Aviñón lograron convocar un concilio en Pisa, donde eligieron como sumo pontífice a Alejandro V, con lo que había ya tres papas.

Un nuevo concilio convocado en Constanza entre 1414 y 1418, bajo los auspicios del futuro emperador Segismundo, puso fin al cisma al conseguir que solo quedara un papa para toda la cristiandad latina, Martín V.

El emperador había tardado en acudir como árbitro del papado porque en el propio imperio se había vivido un nuevo interregno. Tras la muerte en 1378 del emperador Carlos IV, de la casa de Luxemburgo, había quedado como Rey de romanos su hijo Wenceslao, aunque nunca fue coronado emperador. El título fue reclamado por diferentes candidatos, hasta que Segismundo —hermano de Wenceslao—, logró ser coronado Rey de romanos en 1410, lo que posibilitó que organizara el Concilio de Constanza en 1414. Por fin, el 31 de mayo de 1433 fue coronado emperador en Roma por Eugenio IV, el sucesor de Martín V.

El resultado de esta inestabilidad en el papado y el imperio es que en 1400 Florencia disfrutaba de una gran autonomía. Además, tras la crisis provocada por la peste negra, la industria textil y, sobre todo, la banca florentina dominaban buena parte del mercado europeo.

La oligarquía encabezada por la familia Albizzi, optó por hacer crecer los dominios de la ciudad extendiéndose desde la vertiente oriental de los Apeninos, tras la ocupación de Castrocaro en 1403, hasta las costas del Tirreno, con la toma de Pisa en 1406.

Es en ese contexto donde se produce el concurso de las puertas del baptisterio y la apuesta por las formas artísticas romanas.

Ya hemos visto en el capítulo previo cómo Dante reclamaba desde Florencia un mundo italiano para los italianos un siglo antes de los acontecimientos que estamos narrando aquí. El momento parecía haber llegado y Florencia se armaba buscando sus raíces más destacadas. Ahí estaba el Imperio romano.

Brunelleschi lo comprendió de inmediato y, tras perder el concurso de las puertas del baptisterio, en 1402 partió para Roma en compañía de otro joven artista, Donatello. Brunelleschi pasó varios años en la Ciudad Eterna estudiando las antigüedades clásicas y, muy especialmente, sus proporciones y la forma de construir los edificios.

También tuvo una preocupación particular por representar la tercera dimensión en una superficie plana —un dibujo, un cuadro, un bajorrelieve—. El resultado fue el desarrollo de la perspectiva cónica —la basada en el punto de fuga y la línea del horizonte—, que tendría una gran repercusión en la pintura a partir del *quattro-cento,* pero también en la forma de presentar cualquier proyecto arquitectónico o escultórico. Lo curioso es que en su tiempo se consideró que Brunelleschi había recuperado la verdadera forma de pintar de los romanos. Cuando tres siglos después se descubrió Pompeya, se pudo observar que los romanos tampoco manejaban bien la perspectiva y que la cónica había sido un invento propio del florentino.

El resultado de los estudios que Brunelleschi hizo de la arquitectura clásica había de quedar plasmado en el Hospital de los Inocentes, construido a partir de 1419.

La fachada principal, que se abre sobre la plaza de la Anunciación, está conformada por un pórtico abierto de nueve tramos, cada uno de ellos limitado al exterior por columnas con capiteles corintios que soportan arcos de medio punto y que están cubiertos por bóvedas vaídas.

Cuando hoy vemos el pórtico de los Inocentes, no nos sorprende especialmente. No solo porque en la propia plaza de la Anunciación hay dos edificios posteriores que utilizaron la misma solución, sino porque esta forma de hacer un pórtico, ya fuera hacia la calle, ya en las crujías de los patios, habría de copiarse por doquier en los siguientes siglos.

Pero en los tiempos de Brunelleschi fue toda una novedad. Hemos ido viendo cómo los pórticos medievales se configuraban también con sucesión de columnas que soportaban arcos. Por lo general, desde el siglo XIII, arcos ojivales. Pero lo más interesante es que en estos pórticos no había un modelo único de composición. Ya no es solo que se pasase de utilizar arcos de medio punto a arcos góticos, de herradura, polilobulados o conopiales. Es que las

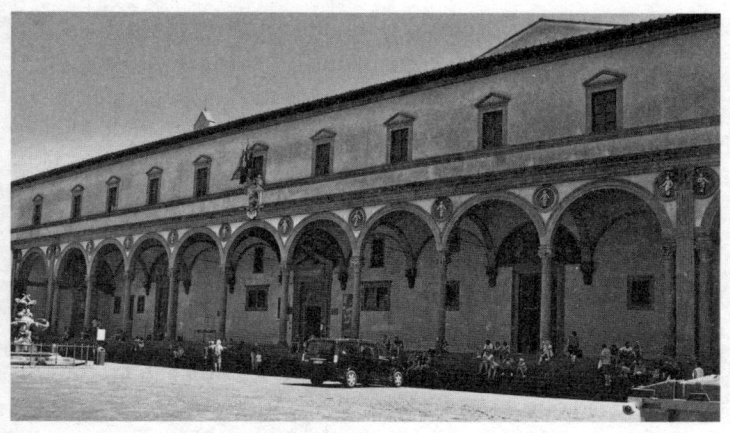

Fachada del hospital de los Inocentes de Florencia (siglo xv).
Foto: archivo del autor.

columnas podían ser sencillas o dobles, alternar columnas y pilares, ocolocar capiteles más o menos historiados. Y, sobre todo, las proporciones cambiaban: había soportes muy gruesos o estilizados, que llegaran hasta el suelo o que se apoyaran sobre un murete previo... Con lo que la relación entre el alto de las columnas y la luz de los arcos variaba.

Brunelleschi decidió establecer un repertorio cerrado. Recuperar unas proporciones que consideraba clásicas, una relación entre el diámetro de la columna, su altura y la luz de los arcos fija. Volver a utilizar los capiteles considerados clásicos: el dórico, el jónico y el corintio.

De esta forma, Brunelleschi sentó las bases del abecedario de la arquitectura clásica, que se iría completando en las décadas siguientes y que había de dominar el quehacer de los arquitectos por cinco siglos.

Pero hay dos curiosidades al respecto de este proyecto de Brunelleschi en Florencia. La primera es que prácticamente no había portales abovedados en el mundo romano clásico. Las entradas solían ser adinteladas —pensemos en el acceso al Panteón—. Quizás de los pocos pórticos con arcos de medio punto que conservamos del Imperio romano son los del palacio de Split de Diocleciano —una obra relativamente tardía, de comienzos del siglo IV—, con unos pórticos que no están situados en el exterior, sino en el atrio interior y que, además, Brunelleschi no pudo conocer.

La segunda curiosidad es que la principal obra que Brunelleschi nos legó, la cúpula de la catedral de Florencia, no sigue estos principios clásicos que él estaba recuperando, sino que se ajusta a las formas y las técnicas góticas que habían dominado la arquitectura bajomedieval.

Fue en 1418 cuando a Brunelleschi le llegó la oportunidad de desquitarse de su fracaso en las puertas del baptisterio. La fábrica de la catedral de Florencia lanzó un nuevo concurso. Esta vez para levantar la cubierta que había de cerrar el crucero de la catedral. Este proyecto ya estaba previsto desde finales del siglo XIII, cuando el primer arquitecto de la nueva catedral florentina, Arnolfo di Cambio —el mismo que levantó el edificio de la Signoria que vimos antes— pensó en ello y lo dejó reflejado en un cuadro de 1355, donde aparece cómo habría podido ser la cúpula, exactamente un cimborrio octogonal. De modo que Brunelleschi no propuso una forma que no estuviera ya prevista.

En el concurso de 1418, volvieron a presentarse Ghiberti y Brunelleschi. Pero esta vez, fue Filippo quien ganó. Conservamos la maqueta que pudo haber presentado al jurado y que, en esencia, es la obra que se llevó a cabo.

Hemos de pensar que Brunelleschi se enfrentaba a dos retos. Por un lado, hacer un proyecto similar al que ya propuso Arnolfo di Cambio en el siglo XIII: que el cierre de la catedral se acercara más a una cúpula que a una torre de crucero. Por supuesto, teniendo ambos arquitectos en mente la cúpula del Panteón de Roma, a la que, si bien no se llegó a superar en anchura, sí se hizo en altura.

El segundo reto al que se enfrentaba Brunelleschi era el verdaderamente complejo: cómo construir esa cúpula.

A partir de aquí, si bien la idea del Duomo partía, tal como acabamos de decir, del Panteón de Roma —el más clásico de los edificios clásicos—, su solución constructiva fue heredera directa de la tecnología gótica que hemos visto en los capítulos previos.

No tiene nada de sorprendente. La catedral de Florencia había sido concebida como un edificio gótico, con tres naves, más ancha la central, cortadas por un transepto que daba paso al presbiterio. Toda la estructura estaba levantada con arcos ojivales sobre pilares cruciformes y cubierta por bóvedas de crucería. En el crucero se mantenían los arcos torales ojivales, que son los que aprovechó Brunelleschi para levantar el tambor y la cúpula sobre este.

Estos arcos ojivales quedaban reforzados por los brazos del transepto, la nave central y el propio presbiterio, que funcionaban como inmensos contrafuertes. Cada uno de estos espacios había de quedar cubierto por su propia semicúpula que descargaba sobre una serie de arbotantes que, a su vez, descargaban sobre los pilares exteriores que formaban parte del muro perimetral.

Es decir, Brunelleschi ya tenía los cimientos góticos necesarios para construir su cúpula. Para ello, comenzó por levantar un tambor octogonal —por tanto, respetando la planta original— que le permitió regularizar la base de la futura cúpula.

Hasta aquí, mostró que seguía al pie de la letra las lecciones que había aprendido en el vecino baptisterio de la catedral, levantado entre mediados del siglo XI y comienzos del siglo XII, y que se cubrió con un cimborrio octogonal que se apoyaba sobre un tambor. Solo que este cimborrio era rebajado y el que quería hacer Brunelleschi era apuntado.

Brunelleschi había estudiado a conciencia el baptisterio, no solo por el concurso de las puertas, sino porque para explicar las bases de la perspectiva cónica lo dibujó como ejemplo.

A partir de ahí, comenzaron los cambios. Decidió que tanto el tambor como la cúpula se harían en ladrillo, con lo que reducía el peso de la estructura. Pero además, en el tambor abrió ocho óculos, uno por cada lado. De esta manera, aún aligeraba más ese tambor, al tiempo que iluminaba mejor el interior del crucero.

El siguiente paso fue levantar el cimborrio. Para ello, proyectó ocho nervios ojivales principales y otros dieciséis secundarios —a razón de dos entre cada nervio principal— que habían de unirse en la clave. El resultado fue un doble casquete, interior-exterior, a cada lado de esas nervaduras —con una serie de pasillos intermedios que permiten acceder hasta la linterna—.

La dificultad estribaba en instalar todo el andamiaje para montar esta estructura. Tradicionalmente, se ha dicho que no se pusieron cimbras como sí se había hecho en el Panteón. En realidad, hay un error en esa explicación. No se pusieron cimbras desde el suelo, pero sí un sistema de andamios sobre el que se apoyaron cimbras para montar los nervios, que se fueron desplazando a medida que avanzaba la obra.

Para solucionar esta cuestión de las cimbras, Brunelleschi diseñó una serie de máquinas capaces de desplazar todos estos elementos de construcción, algo en lo que también era heredero de la tecnología gótica, pues ya hemos visto antes cómo Villard de Honnecourt dibujó ese tipo de máquinas doscientos años antes de las obras de la cúpula de Florencia.

Brunelleschi además incorporó grapas y tirantes metálicos para asegurar toda la obra, algo que tampoco era una novedad. De nuevo, en la arquitectura medieval ya se dio. En el castillo de Vincennes, por ejemplo, esa construcción de mediados del siglo XIV que vimos antes.

Las obras del Duomo comenzaron en 1420 y estaban concluidas, hasta la base de la linterna, en 1436. Para esa linterna hubo un nuevo concurso, que también ganó Brunelleschi, si bien él no

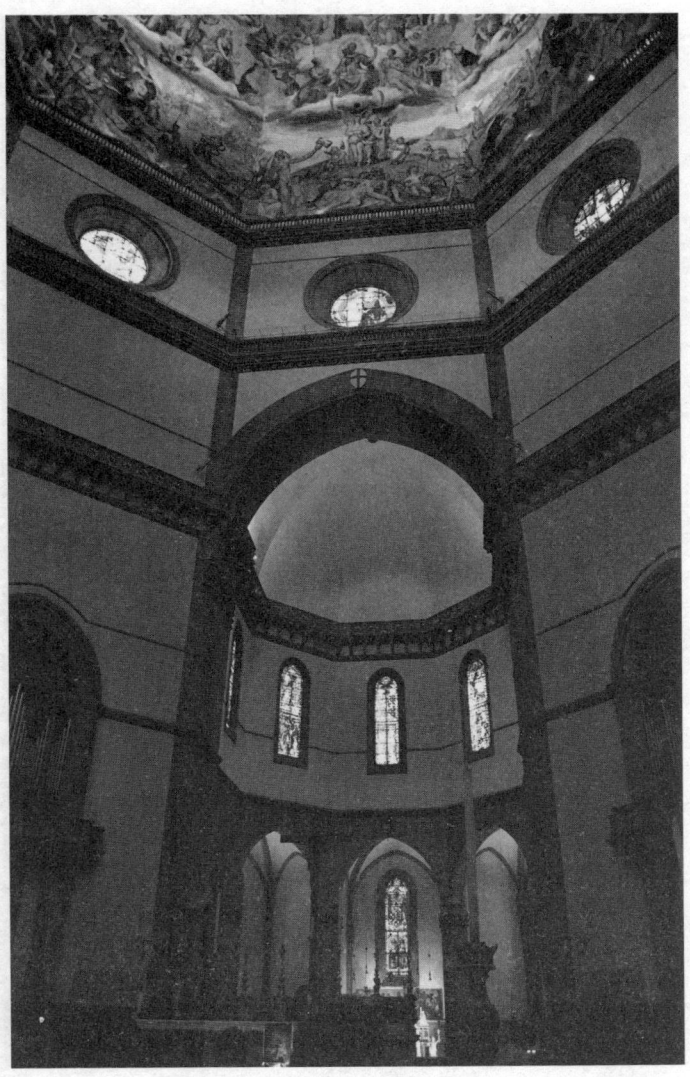

Interior del Duomo de la catedral de Florencia (siglo xv).
Foto: archivo del autor.

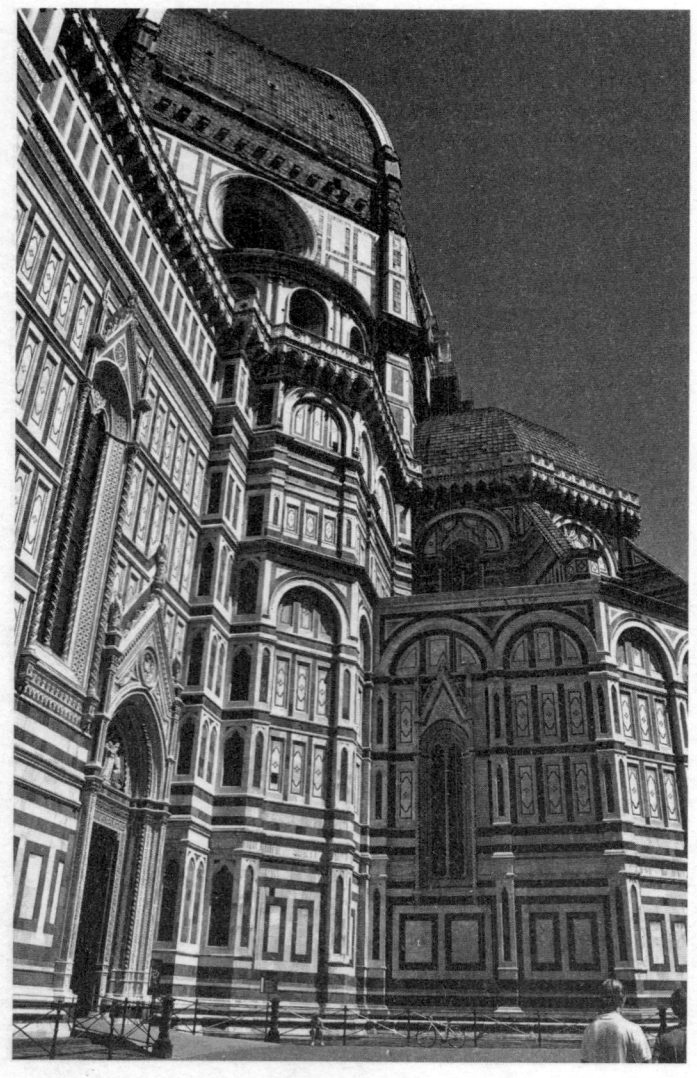

Vista exterior del Duomo de la catedral de Florencia (siglo XV).
Foto: archivo del autor.

llegó a ver su finalización, pues murió en 1446 y la linterna no se acabaría hasta 1461.

Puede llamar la atención, en esta larga explicación sobre cómo se construyó la catedral de Florencia, que se la haya considerado tradicionalmente el primer gran edificio del Renacimiento, cuando Brunelleschi en realidad siguió un proyecto ya planteado a finales del siglo XIII y lo construyó empleando toda la tecnología propia de la arquitectura ojival.

De modo que hemos de volver a ese otro proyecto más pequeño, el Hospital de los Inocentes, que sí fue un intento claro de recuperar la arquitectura romana. Generó, eso sí, una forma que los romanos no empleaban, ese pórtico de arcos. Pero para los contemporáneos de Brunelleschi, aquello no fue un problema. Como no lo fue asumir que la perspectiva cónica era la verdadera forma de pintar de los romanos, aunque no lo fuese.

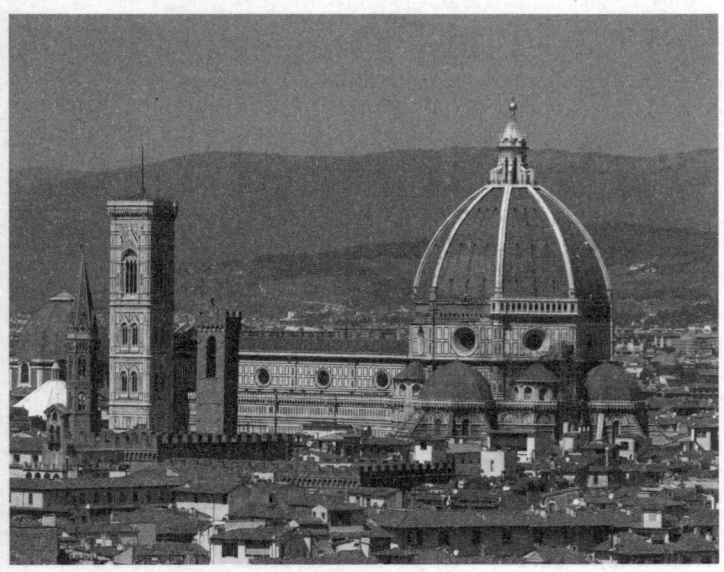

Catedral de Florencia (siglos XIII a XV).

En ambos casos, Brunelleschi hizo algo propio que se convirtió en clásico.

Lo importante es que el genio estableció un camino en la investigación sobre el arte de la Roma imperial, que habría de ser seguido por numerosos artistas toscanos durante la primera mitad del siglo XV, por toda Italia en la segunda mitad de este mismo siglo y ya toda la cristiandad latina durante el XVI.

En realidad, a lo largo de este libro, hemos visto la permanente obsesión de las autoridades medievales por imitar a Roma. Lo intentó Teodorico en su Rávena ostrogoda. Y Liutprando en su Pavía lombarda. Quisieron ser romanos Carlomagno en Aquisgrán, y los otónidas instalándose en la propia Roma. Lanfranco en Módena pensó que estaba haciendo una entrada monumental romana y Nicola Pisano copiaba sepulcros de la Roma clásica.

No hubo que esperar a Brunelleschi y sus contemporáneos para vivir obsesionados por el viejo imperio.

Pero a partir de 1400, lo que sí cambió fue la Roma a la que se asomaban.

Para todos esos reyes y artistas medievales que acabamos de citar, el modelo era la Roma de Constantino y, con ello, la Nueva Roma de Bizancio. Incluso para los omeyas, la Nueva Roma era el espejo en el que mirarse.

Pero Brunelleschi decidió ir a mirar más atrás. Cuando estudió el Coliseo, ya no estaba en la Roma cristiana del siglo IV, había viajado hasta la Roma clásica del siglo I. La paulatina aceptación de esa Roma fue fundamental. Por ejemplo, en las representaciones figurativas, donde ahora sí se buscaba el mayor realismo posible, imitando a las esculturas de la Antigüedad. Es cierto que eso podía desembocar en la idolatría, de ahí que las iglesias reformadas tras Lutero volvieran a rechazar las imágenes.

Ahora bien, el salto que propuso Brunelleschi —y Ghiberti, Donatello, Masaccio— tuvo éxito por razones que fueron más allá de los intentos de Florencia por independizarse del imperio.

Primero, que esa vuelta a la Roma clásica como seña de identidad propia frente a los bárbaros del norte, fue siendo asumida por el resto de ciudades italianas hasta que los papas de finales del siglo xv la tomaron por bandera.

Segundo, que el gran rival de la vieja Roma, la Nueva Roma de Constantinopla, que había sido la principal creadora de formas artísticas durante buena parte de la Edad Media, cayó en manos de los turcos otomanos en 1453 y ya no logró recuperarse.

Tercero, que los viejos reinos cristianos que habían asumido la liturgia romana —Francia y la España ya unida tras los Reyes Católicos— terminaron también por aceptar estas formas artísticas como demostración de su catolicidad en un mundo cristiano que se partía en dos tras la Reforma luterana. En el caso de España, además, los conquistadores del Nuevo Mundo se llevaron a América este arte de raíz clásica.

Cuarto, los propios países protestantes, durante el siglo XVII, se fueron volviendo clásicos y aceptando el arte de los reinos exitosos, primero de los Habsburgo y, más tarde, de los Borbones —tal como hemos visto que los omeyas copiaron a Bizancio por mucha rivalidad que hubiera entre ellos—.

Pero esta expansión del arte clásico supera con mucho las intenciones de este libro, que habíamos decidido centrarlo en los artistas y consumidores de arte de la época medieval.

Es cierto que cuando murió Brunelleschi en 1446, aún faltaban varias décadas —e, incluso, siglos— para que el arte clásico que él había comenzado a estudiar se impusiera en todo el Occidente. Que aún era fácil encontrar estructuras ojivales o figuraciones esquemáticas en Italia, España o Francia durante la segunda mitad del siglo xv y hasta la primera mitad del siglo xvi. Dos de los ejemplos más notables son las nuevas catedrales de Salamanca, iniciada en 1512, y Segovia, en 1525. Eran en esencia edificios góticos, más allá de todos los añadidos posteriores, en un mundo donde ya Bramante había comenzado las obras de la nueva basílica de San Pedro, epítome del arte clásico que había empezado a recuperarse en la Florencia de 1400.

¿Por qué levantar una catedral gótica en Segovia en 1525? Posiblemente, por la misma razón que le dio el emperador Carlos V a Lutero cuando este le invitó a la Reforma. Él no se haría luterano porque era el hijo, nieto y bisnietos de papistas. Todo su legado, lo que él era, se debía a la tradición heredada de sus antepasados y no era Carlos V quien iba a romper la tradición. Quizás por eso, cuando ordenó levantar la nueva catedral de Segovia, tras demoler la vieja como consecuencia de la revuelta de los comuneros, optó porque se siguiera el estilo de la previa. Para Carlos V, en ese momento, la tradición medieval encarnada en el gótico importaba. Y el arte lo hacen las personas, con sus fobias, sus gustos, sus querencias, sus decesiones. En definitiva, su voluntad.

Una posible bibliografía

Llegados aquí, este sería el momento de poner todas las fuentes, primarias y bibliográficas, que he empleado para hacer este libro.

La principal ya la mencioné en la introducción: las obras de arte y, sobre todo, la posibilidad de contemplarlas y estudiarlas en directo.

A partir de ahí, si quisiera poner todas las referencias que he utilizado, habría de buscar sitio para varios cientos, sino miles de ellas, desde documentos de archivo y restos arqueológicos a libros, artículos, informes de restauradores, actas de congreso…

De modo que me voy a ceñir a citar a los historiadores que más me han enseñado para entender el arte medieval y que el lector, si lo desea y para empezar, busque los trabajos de tan insignes investigadores.

El primer autor es el mayor colectivo intelectual que ha tenido nunca la humanidad y son los «bibliotecarios» que hacen posible Wikipedia. ¿Que Wikipedia no es una fuente válida para investigar? Dude de aquel que le diga esto. Primero porque todos los académicos utilizamos Wikipedia. Segundo, porque Wikipedia es la primera puerta a abrir hacia el conocimiento, de la misma manera que cuando yo era niño empezaba por consultar la Enciclopedia Espasa —por cierto, la Espasa la sigo teniendo en mi librería, frente a mí.

Para la forma de ver la arquitectura —la del presente, pero sobre todo la del pasado—, tuve la suerte de conocer y tratar con asiduidad en mi adolescencia a Fernando Chueca Goitia. Mientras mis amigos trataban de no perderse ningún concierto de sus cantantes favoritos, yo no me perdía una sola charla, una visita, una mesa redonda de don Fernando.

En el caso concreto del arte medieval, tengo una gran deuda contraída con Isidro Bango, mi primer profesor de Historia del Arte en mi primer año en la universidad. Es decir, entré a la historia del arte por la puerta grande.

También con Jean Chapelot, mi director de estudios en París, que me hizo entender que la historia es también arte, y arqueología, y pasar muchas horas en los archivos, y mirar la geografía, y entender a las personas —vamos que para eso él, y yo como su discípulo, venimos de la Escuela de los Annales.

Ya centrado en la historia medieval más política y social, he contado con el apoyo constante mientras he escrito este libro de José Soto Chica, que es cierto que es un gran historiador, pero que, además, es una grandísima persona.

Finalmente, citar a José Miguel Muñoz, Lourdes Diego y, sobre todo, Philippe Malgouyres, porque en mis debates con ellos y, sobre todo, en lo mucho que hemos discrepado, es donde he tenido que aprender a buscar los mejores argumentos para defender mis teorías.

Por supuesto, hay muchos más autores que he empleado, muchísimos más. Que me disculpen por no citarlos.

Agradecimientos

Ya solo me queda terminar agradeciendo a las personas que han hecho posible este libro. A Fernando Díaz Villanueva, sin cuyo empeño porque yo escribiese, no lo habría hecho. A mi editor Félix Gil, quien ha sabido mantener la tensión necesaria para que el libro salga adelante. A Antonio Brea y a Olga Molina, que tuvieron la paciencia de leer y corregir el manuscrito. Si hay errores, es porque no les hice caso. Y, sobre todo, a Loren Lemus, que sin ella nada sería posible.

Glosario de términos básicos

Adarve: camino situado en lo alto de una muralla por detrás de las almenas.

Ajimez: ventana arqueada, dividida en el centro por una columna.

Alarife: albañil, pudiendo ser desde un mero artesano al maestro de obras.

Alminar: torre de una mezquita desde donde se llama a la oración.

Ambón: atril desde donde leer o cantar parte de la liturgia cristiana.

Antifonario: libro litúrgico cristiano que contiene las antífonas y los responsorios que se cantan en una misa.

Arrocabe: tabla larga de madera que a modo de friso cubre el arranque de la armadura de una cubierta.

Ataurique: relieve decorativo en yeso o estuco.

Áureo: relativo al poder.

Bífora: ventana con dos vanos coronada por un arco.

Cenobio: monasterio.

Cimborrio: cúpula de planta poligonal.

Cimbra: armazón, por lo general de madera, que sostiene un arco u otra estructura durante su construcción.

Cratícula: ventana pequeña por donde toman la comunión las monjas.

Crujía: espacio comprendido entre dos muros de carga.

Díptico: pintura hecha con dos paneles que pueden cerrarse como si fueran un libro.

Ebúrneo: relativo al marfil.

Enjuta: cada uno de los triángulos curvilíneos que pueden quedar por encima del extradós de un arco.

Fíbula: hebilla para sujetar las prendas de vestir.

Fitna: guerra civil en el seno del islam.

Gineceo: espacio reservado para las mujeres.

Iconódulos: personas favorables al culto a las imágenes sagradas.

Mampuesto: piedra sin labrar.

Matacán: obra en voladizo en lo alto de un muro, con el suelo abierto, lo que permite realizar un ataque en vertical sobre el enemigo situado al pie de ese muro.

Mocárabe: elemento decorativo en yeso o madera formado por prismas yuxtapuestos colgantes.

Monodias: canto a una sola voz.

Muecín: en el mundo islámico, la persona que llama a la oración desde lo alto del alminar o minarete.

Musivara: persona que hace mosaicos.

Nártex: vestíbulo situado a la entrada de las iglesias paleocristianas y bizantinas.

Poliorcética: el arte de atacar y defenderse mediante el uso de la arquitectura (por lo general, construyendo castillos, fortificaciones…).

Sillar: piedra labrada que ofrece caras planas hacia el exterior.

Transepto: nave transversal que cruza la nave mayor y da a las iglesias forma de cruz latina.

Triclinio: comedor formal en el mundo grecorromano y, por extensión, una de las salas más nobles de la vivienda.

Wadi: palabra árabe para referirse al valle de un río que permanece seco la mayor parte del año.